考証 明智光秀

Daimon Watanabe

渡邊大門［編］

東京堂出版

はじめに

天正十年（一五八二）六月二日、本能寺で織田信長が明智光秀に討たれた。本能寺の変である。討たれた信長には、戦前戦後を通して多数の研究が積み重ねられてきた。しかし、信長を討った光秀に関しては、史料の少なさも相俟って、これまでの研究は乏しかったと言わざるを得ない。

戦後の光秀研究の基礎となったのは、高柳光寿『明智光秀』（吉川弘文館、一九五八年）である。同書により、光秀像が作られたと言っても過言ではない。その後も光秀の伝記、中でも本能寺の変に関する書籍は少なからず刊行された。

とはいえ、光秀の前半生は謎に満ちており、二次史料でしかうかがうことができない。また、読者諸氏にとって最も関心があると思われる本能寺の変に至っては、一次史料の誤読、二次史料への過度な依存、論理の飛躍によって、考え難い説すら提起されている。光秀の生涯全般よりも、本能寺の変だけに興味が集中しがちなのは難があり、克服しなければならないと考える。

二〇二〇年に光秀を主人公としたＮＨＫ大河ドラマ『麒麟がくる』が放映されるに及び、関連書籍が数多く刊行された。特筆すべきは、光秀研究の基本的な論文を収録した柴裕之編『シリーズ・織豊大名の研究８　明智光秀』（戎光祥出版、二〇一九年）、光秀の発給文書を集成した藤田達生・福島克彦編『明智光秀　史料で読む戦国史③』（八木書店、二〇一五年）が刊行されたことで、研究の土台が整ったことである。

さらに、光秀の生きた時代の織豊期の政治史、そして光秀の主君である信長の研究が飛躍的に進み、これまでの光秀に関する理解が大きく変化しつつある。本書のスタンスは、信頼できる一次史料に基づいた執筆を心掛け、同時に最新の学説を参照しつつ、真の光秀の姿に迫るものである。

本書は十四章で構成されており、光秀の出自の検討から始まり、その生涯を時系列にうかがうことができる。各章のテーマも合戦や政治に関わるものだけではなく、経済、文芸、芸能などを幅広く取り上げている。

読者の皆さんには、最初から読んでいただいてもいいし、興味のあるところから読んでいただいても構わない。本書を通して光秀の最新の研究に触れ、その真の姿を知っていただければ、望外の喜びである。

渡邊大門

二〇二〇年四月

乗谷
明智城(恵那)
谷城
岐阜城
明智城(可児)
佐目
土城

明智光秀関連地図

宮津城
福知山城
高島
黒井城
亀山城
比叡山
坂本
八上城
本能寺
姫路城
有岡城
山崎
三木城
備中高松城
洞ヶ峠
大坂本願寺
鞆
信貴山
岡豊城

明智光秀略系図

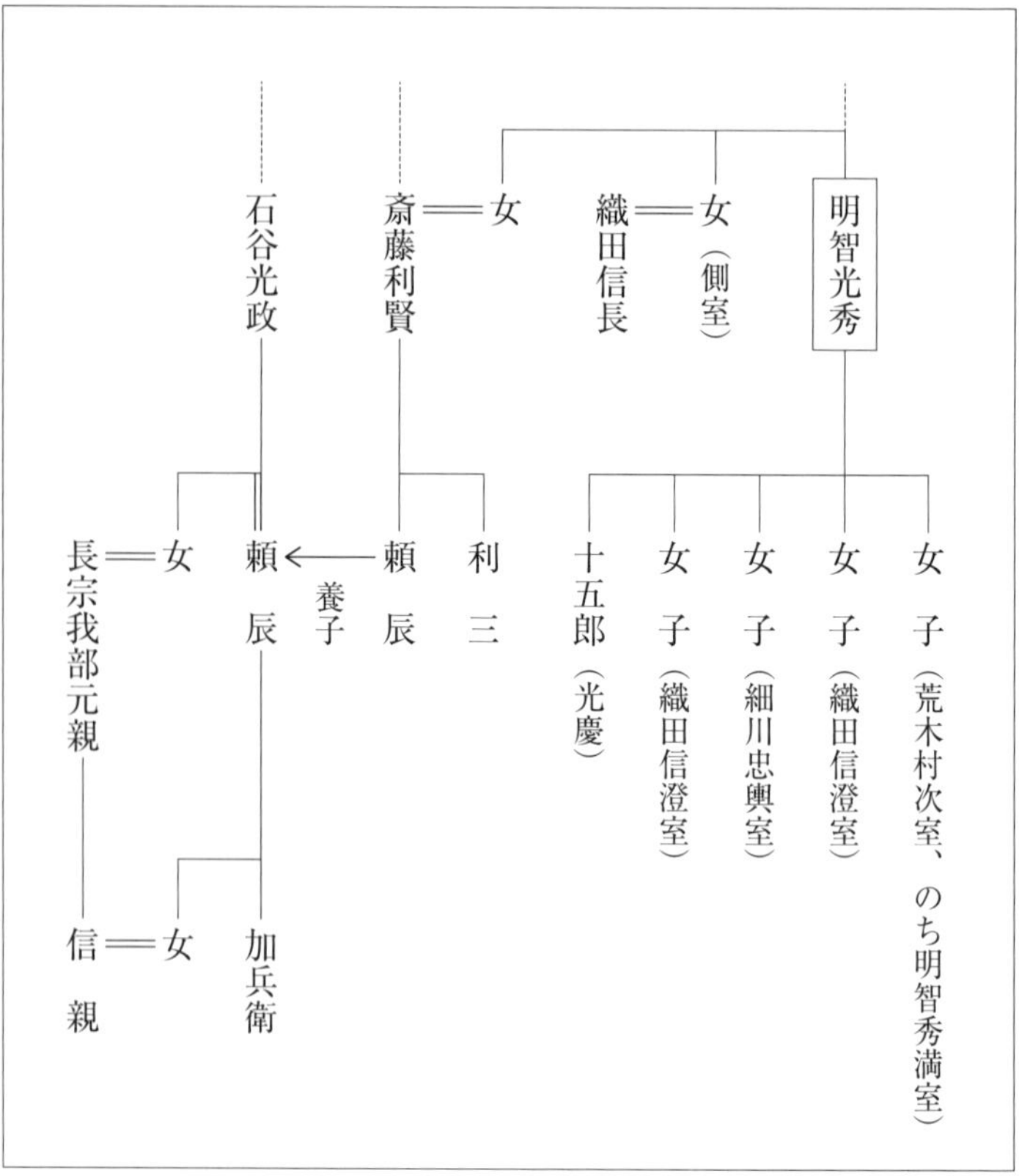
明智光秀
女（側室）
織田信長
女
斎藤利賢
石谷光政
女子（荒木村次室、のち明智秀満室）
女子（織田信澄室）
女子（細川忠興室）
女子（織田信澄室）
十五郎（光慶）
利三
頼辰
養子
頼辰
女
長宗我部元親
加兵衛
女
信親

第一章　明智光秀は美濃土岐明智氏出身なのか

木下　聡

光秀の出自をめぐって

明智光秀は美濃国出身で、土岐一族の一人である。一般読者向けの書籍では、だいたいこの説明がなされているのではないか。

光秀の生涯を、軍記ではなく、史料に基づいて、実証的にまとめた伝記は、太平洋戦争後になってようやく出始める。その嚆矢とも言える高柳光寿『明智光秀』では、光秀は土岐氏の庶流ではあったものの、世に知られるほどの家ではなく、とにかく低い身分から身を起こしたと述べ、土岐氏庶流であることは認めている。

一方、桑田忠親『明智光秀』では、明智氏を称してはいるが、父の名もはっきりしないほどの、低い身分の武士と推測され、美濃出身の武士であるにしても、名族明智氏の直系とは実証しがたいとし、さらに本能寺の変直前の著名な連歌の「時はいま」の「時」を、明智の本姓「土岐」に暗示させた解釈は、後世のこじつけであり、これにより光秀が土岐一族明智氏子孫だと広まったのではないかと見ている。つまり土岐一族であることを否定してはいないものの、土岐明智氏の子孫ではない可能性も指摘している。

どちらも光秀は低い身分出身であるとし、土岐氏庶流かどうかに焦点を当てており、美濃出身であることに疑義を呈していない。この光秀を低階層出身とする見方は、宣教師フロイスの本国への通信中にも「元は低い身分の人物」と見える（「耶蘇通信」）ように、光秀の生きた当時から存在していた。

さて、光秀が美濃国出身であるとするのは、やはり「明智」の苗字による部分が大きいだろう。江戸時代に流布してよく知られた『明智軍記』は、少なくとも元禄六年（一六九三）以前の成立だが、当然の前提のように、光秀は美濃土岐氏の庶流明智頼兼《よりかね》の末裔であるとし、東美濃明智に在城していたと記述している。

こうした光秀が土岐氏庶流であるとする認識は、江戸時代の種々の軍記にも見え、近現代でもそれは踏襲され、土岐氏庶流であるのならば、美濃国出身であるのは疑う余地のない前提とされていたのである。

要するに、

光秀は明智を苗字とする

→明智氏といえば土岐一族

→土岐一族だから美濃国出身

という図式が、共通認識としてできあがっていたわけである。

しかし、光秀の生きた同時代の史料の中には、その血筋が果たして土岐明智氏に連なるのかどうかを示す史料はもちろんのこと、出身地が美濃国である、光秀がどこで生まれたかを明示した史料も、実は現在確認されていない。現在それらの情報を明示してくれるのは、光秀が死んでから百年以上経ってから作成された書物ばかりである。

光秀の出自、つまり家柄、出身地は、現在においてもいまだ確定した事実ではないのである。

光秀は美濃国出身なのか

現在、光秀の出自を探るべく、よく行われている作業は、光秀と同時代の史料に見える断片的な情報をまとめて、そこから光秀が美濃出身、美濃にゆかりのある人物だと導いているものである。それらの断片は、光秀に関する様々な書で用いられているが、まずは列挙する。

最初に挙げられるのは、光秀と親交があり、史料的価値も高い、吉田神社の神官である吉田兼見《かねみ》の日記『兼見卿記』である。元亀三年（一五七二）十二月十一日の記事に、光秀から兼見に対し、「濃州親類の方から」新造の山王社敷地に対して祈禱をお願いしたいと申し上げている、と手紙で伝えていて、美濃国に光秀の親類がいることが判明している。

時期的には、光秀がまだ足利義昭《よしあき》麾下に属し、近江で所領を得ている頃で、信長から美濃国内で所領をもらっている徴証はないので、この親類は昔から美濃国内在住であったと考えるのが自然だろう。これにより、少なくとも光秀は美濃国に縁のある人物であることがわかる。

次に、遊行《ゆぎょう》上人《しょうにん》同念の記録である「遊行三十一祖　京畿御修行記」である。これには、天正八年（一五八〇）正月に、同念が近江坂本（滋賀県大津市）にいる光秀のもとへ使者を派遣した時に、「惟任《これとう》（光秀のこと）方、もと明智十兵衛尉といひて、濃州土岐一家牢人たりし」と、光秀はかつて明智十兵衛尉といって、美濃土岐一族で、浪々の身だった、と記されている。さらに、光秀は越前の朝倉義景《よしかげ》のもとに身を寄せ、長崎称念寺（福井県坂井市）門前に十年ほど住んでいたので、同念の使者はその旧情によって坂本で一泊したとも記されている。

この記録は現在写本しか残っていないが、筆者の同念は、天正十五年に死去している。先の記述は、少なくとも光秀生存中に記されたと見られ、光秀が土岐一族であるとの認識が世の中にあったことがわかる。

そして「立入左京亮宗継入道隆佐記」は、光秀を「美濃国住人ときの随分衆也」と表記した史料として知られる。記主である立入宗継《たてりむねつぐ》は、光秀と同時代人で、天皇家の金銭・米の保管・管理・出納・調達を担った人物である。ただし、この書自体は、性格としては立入宗継が見聞したことを記した覚書を、後年に子孫が書写したものなので、リアルタイムで記されたのかは判別できない。

この「随分衆」は、そのまま字義通りに解釈すれば、身分・立場が相当な者といった意味になる。

つまり光秀は美濃出身で、土岐氏の中でもひとかどの者である、という意味になる。一方最近、『勝山記』（妙法寺記とも）の記述から、「随分衆」とは随身する衆、つまり足軽衆と理解すべきとする説が出されている。ただ『勝山記』の該当記述は、名の知れた武士を指して「随分衆」と述べていると解せるし（むしろそう見るのが妥当ではないか）、「高野山文書」の文禄元年（一五九二）頃と見られる某書状中にも「随分衆」は見えるが、こちらは明らかに相応に立場のある者たちという意味で使われている。

そもそも土岐氏に足軽衆がいたかどうかは全くの不明である。立入宗継がどのような意図を持って「随分衆」としたかは確定できないが、やはり土岐氏の中でも勢威のある家出身という認識で記したのではないか。

とはいえ、「美濃国住人」とあるのは、立入宗継の情報源が、伝聞なのか、土岐一族であることからくる認識なのか（土岐が美濃国住人であることを示すとも考えられる）、直接光秀から聞いたのか不明なため、確定した情報とは言えない。記述自体も、光秀が死去してからかなり時間が経過した頃に記された可能性もある。

またこれらとは別に、信長と光秀とを結ぶ人物として注目されているのが、光秀の妹で、信長の女房衆の「ツマ木」の存在である。この女性は、興福寺多聞院英俊《たもんいんえいしゅん》の日記『多聞院日記』や、興福寺と東大寺間でいさかいとなった、受戒をする師僧である和上《わじょう》選出についての記録「戒和上昔今禄」に見え、政治的にも重要な働きをしていることが指摘されている。論者によっては、この「ツマ木」

を信長の妾と見る向きもあるが、単なる女房衆の一人であると理解するのが妥当である。光秀の実妹とは考えにくく、妻の妹であろうことと、光秀の妻が美濃国土岐郡妻木郷（岐阜県土岐市）の領主妻木氏とされていることからすれば、この「ツマ木」の存在は、光秀と美濃国との関係を見るうえで重要となろう。

光秀と近江との関係

これらの情報から、従来通りの光秀美濃国出身説が極めて可能性が高いとされているのだが、これに対して最近注目されているのが、近江国出身説である。これは近年見出された、寛文十二年（一六七二）成立とされる「江侍聞伝録」や、それより十数年後の貞享年間（一六八四〜八八）に成立した「淡海温故録」の記述によるもので、出身を示す部分の記述は同じである。

その記述とは、土岐氏庶流の明智十左衛門が、当時の土岐当主である成頼《しげより》（一四四二〜九七）から離れ、美濃国から近江国へと来た。そこで近江守護六角高頼《ろっかくたかより》（?〜一五二〇。成頼とほぼ同世代）の扶持を得て、近江国犬上《いぬかみ》郡佐目《さめ》（左目とも。現在の滋賀県多賀町）に居住して定着し、その二、三代後が光秀であるとするものである。

現段階では、一番早い時期に示された光秀の出身説であるが、それでも光秀歿から九十年の歳月が経っていることには注意せねばならない。土岐一族は、南北朝・室町期に多く分流し、後述のように明智氏自体も途中で分裂しているため、明智氏の誰かが近江にやって来て土着した可能性は大いにある。問題はそれを光秀と直結してもよいかであって、近江に移っていた明智氏の存在が、後年光秀と強引に結びつけられた可能性もある。少なくとも、光秀と同時代の史料に、光秀が近江出身、生まれであることを示すような徴証が見つからないと、現状難しいだろう。

そのほかに知られている説として、「若州観跡録」(東京大学史料編纂所架蔵謄写本、寛政七年〔一七九六〕)に見える記事がある。光秀は若狭小浜の鍛冶冬広の次男で、幼少の頃から鍛冶の職を嫌って兵法を好み、近江へ赴いて佐々木家に仕えた。ある時、佐々木家の使者として尾張織田家へ派遣され、その立ち居振る舞いや弁舌に惚れ込んだ信長が、佐々木家へ頼み込んで、家臣としてもらい受けた。そして、その後丹波を平定した光秀が、若狭から冬広(前者と別人で、光秀の甥にあたるとあるから、光秀兄の子)を招き、多く作刀してもらったため、丹波には冬広作の刀が今でも多く残り、冬広は光秀の推挙によって若狭大掾の受領も得た、という話である。

光秀のほかの伝承と全く性質が異なるので、なぜこうした伝承が生まれたかは、それはそれで興味深いが、この話には光秀と室町幕府との関係が全く見えないので、さほど気にする必要はないだろう。

以上から、光秀が美濃国に所縁があることは確実であるが、やはり美濃国出身、生まれであると確定できないのが現状である。寺の過去帳や文書、光秀が死んでから早い時期に編纂された書物など、新たな史料の発掘が待たれるところである。

土岐明智氏とはどんな一族なのか

次に光秀の血筋について見たい。

一般に光秀は土岐一族であるとされている。当時、明智氏には土岐氏系と遠山氏系の二つが美濃に存在していた。

土岐氏系は、美濃国可児《かに》郡明知庄（岐阜県可児市・御嵩町）を苗字の地としていると言われている。

一方の遠山氏系は、恵那《えな》郡明知（岐阜県恵那市）を苗字の地としている。この遠山氏は、源頼朝に仕えた御家人加藤景廉《かげかど》を祖とする家で、本姓は藤原氏であって、源氏の土岐氏とは全く血筋は異なる。

この両明智氏は、共に室町幕府に仕える奉公衆、つまり将軍直臣として、平時には将軍と御所の警固、戦時には将軍の軍事力となるため、京都に恒常滞在して活動していた。

応仁の乱後も両明智氏はなおも京都にとどまっていたが、遠山明智氏は、明応二年（一四九三）に起きた明応の政変頃を境に、京都から姿を消している。そして土岐明智氏も、同じ頃より京都から離れ、美濃に在国するようになっている。

遠山明智氏が在国するようになってから幕府とどのような関係を築いていたかは不明だが、宗家の遠山氏自体が幕府と距離を取っており、同様のスタンスであっただろう。一方の土岐明智氏は、「土岐文書」から、少なくとも永正末頃まで幕府との関係を保っている。

こうした経緯から、信長時代に京都で明智といえば、土岐明智氏のほうが連想されたであろう。とはいえ、遠山明智氏は永禄頃にまだ美濃国に健在であり、土岐明智氏のほうはすでに没落していた。にもかかわらず、光秀について「遠山」一族であるとする伝承は全く見当たらず、せいぜい遠山明智氏の支配領域を出生地とする伝承が残るぐらいである。とすると、光秀は土岐明智氏を標榜し、周囲の人々もそのように見ていたのは間違いない。

ちなみに土岐一族中での明智氏の位置づけとして、相国寺《しょうこくじ》蔭涼軒主《いんりょうけんしゅ》の日記『蔭涼軒日録』の延徳三年（一四九一）五月十五日の記述に、「土岐一門ははなはだ衆多し、大なる者七員これ有り、池尻・今峯・鷲巣・明智・河津・佐良木・外山以上七員」とあるように、十五世紀末段階で、数ある土岐一族の中でも特に有力な七家の一つに数えられている。

土岐明智氏は、室町幕府内では奉公衆・外様衆に列している。奉公衆は、前述のように将軍と御所の警固をする直臣集団で、五番、つまり五つのグループに分けられており、明智氏はそのうち四番衆に属している。外様衆とは、奉公衆よりも上の身分で、天皇のいる禁裏御所警固などを務めている。奉公衆四番衆は、明智兵庫頭を名乗る者が代々務めており、一方外様衆は明智中務少輔が務めていた。

つまり土岐明智氏は、十五世紀段階の土岐一族中では、実際の勢力も家柄も高く、土岐の「随分衆」と言われるのにふさわしい家であった。

なお、光秀が明智氏以外の出自であるとする伝承もいくつか存在する。例えば、大正四年（一九一五）刊行の土岐琴川『稿本美濃志』は、伝説の一つとして、武儀郡西武芸村中洞（岐阜県山県市）の源三左衛門の長女が、土岐美濃守子四郎基頼《もとより》に嫁して産んだのが光秀であり、山崎合戦から逃れた光秀がこの地に戻って隠れ住み、関ヶ原合戦に参加しようとして溺れ死んだとの話を載せる。

この基頼とは、土岐成頼の末子で、土岐頼芸《よりのり》（斎藤道三によって美濃国を追われた人）の叔父にあたる元頼のことかと思われ、光秀を明智氏ではなく、土岐一族の出身としているものの、時代的には合わない（元頼は光秀が生まれるより二十年以上前に死んでいる）。

また「明智氏一族宮城家相伝系図書」は、光秀が石津《いしづ》郡多羅《たら》（岐阜県大垣市）で生まれたとする記述でも知られるが、光秀の父にあたる明智光綱《みつつな》の妹婿である、堂洞《どうほら》城（岐阜県富加町）の城主進士（山岸）勘解由信周の次男が光秀であるとしている。この史料は、道三の名前を「秀龍」としており、これは基本六角義秀なる架空の人物から名前の一字を拝領して名乗ったとするものなので、どんなに早くとも義秀が出てくる「江源武鑑」よりあとにできたものとなり、十七世紀末以降の成立になる。

山岸信周とは、岸信周ともいい、織田信長が美濃を攻略する中で、東濃の加世田城（岐阜県富加町）を城主もろとも寝返らせたのち、斎藤龍興の命で近くの堂洞城に入れ置かれて情勢をうかがったものの、信長の攻撃によって討死した武将である。

これだけの実績では、光秀の実父とするには知名度も実力もないように感じられるが、『美濃国諸旧記』では、主君斎藤龍興《たつおき》に対して何度も良策・諫言をしたものの、一向に聞き入れられず、結局龍興は滅びることになったと述べており、知勇忠義を兼ね備えた武将として扱われている。

また、前述の「若州観跡録」の説では、武士ではなく、鍛冶職人を出自とすることになるが、これはあまり気にする必要はないだろう。

土岐明智氏の中で光秀はどこに位置づけられるか

土岐明智氏の系図の中で最もよく知られ、用いられている『続群書類従』所収「明智系図」は、沼田藩主土岐家伝来「土岐文書」との間に密接な関係があり、むしろ「土岐文書」をもとに組み立てられたのではないかと指摘されている。この「明智系図」を示すと、

頼重―頼篤―国篤―頼秋―頼秀―頼弘―頼定―頼尚┬頼典―光隆―光秀
　　　　　　　　　　　　　　　　　　　　　　└頼明―定明

となる。しかし、実際の頼尚は元来庶流であり、系図には作為が見受けられ、「土岐文書」も、頼尚が伝来することに矛盾しない文書のみが伝えられたのではないかと見られている。

明智氏は、南北朝期に美濃・尾張・伊勢三ヶ国守護を兼ねた土岐頼康《よりやす》の従兄弟頼重《よりしげ》に始まり、三宅唯美氏の復元や様々な史料を突き合わせると、

国篤┬某（長寿丸）――頼宣（玄宣《げんせん》）――政宣
　　└某（小法師丸）――頼尚┬頼典
　　　　　　　　　　　　　└彦九郎（頼明？）

となる。もともとは奉公衆四番衆である頼宣《よりのぶ》―政宣《まさのぶ》の家が、国篤流明智氏の惣領であった。この父子

は歌道にも堪能で、当時の京都の史料に散見される。しかし頼宣（入道玄宣）は、従兄弟頼尚《よりひさ》・頼典《よりのり》父子と所領をめぐって争い、一度は幕府から勝訴を得るものの、明応四年の幕府の裁定では、知行を折半するよう命じられている。その後、頼宣・政宣の系統は姿を消し、以後は頼尚父子がいわば本家を乗っ取る形になる。

文亀二年（一五〇二）になると、頼典が頼尚から義絶され、所領は頼尚次男彦九郎へと譲られている。この彦九郎は、永正年間に幕府と何度も交渉しており、十代将軍足利義稙《よしたね》が永正十七年（一五二〇）に京都から逐電する直前に、守護土岐氏の協力で兵部大輔に任官している。そして明智氏の史料上の足取りはここで途絶える。

「土岐文書」を伝えた沼田藩主土岐氏は、この彦九郎の名を頼明、その子を定明《さだあき》とし、その定明の子定政《さだまさ》が徳川家康に仕えて功あり、ついには大名へと立身した家になる。世代としては不審なところはない。この定政は、上記「明智系図」では光秀の又従兄弟《はとこ》にあたり、明智定明と菅沼定広《すがぬまさだひろ》娘との間の子で、定明は天文二十一年（一五五二）に斎藤道三との戦いで戦死し、定政は母の実家菅沼氏に身を寄せたという。

ただ最近、沼田藩主土岐氏の伝来した文書中に、土岐定政と光秀とが従兄弟であるとの記載があることが見出された。光秀の親類を考えるうえでも今後重要な要素となるかもしれない。

通字の疑問

ここで光秀に立ち返ると、光秀の父の名前は系図や諸書によって異なり、監物《けんもつ》光国・玄蕃頭《げんばのかみ》光隆・安芸守光綱など、官途名もばらばらである。しかも先の系図を見てもわかるように、土岐明智氏は代々多く「頼」字を用いているにもかかわらず、光秀とその父（また叔父光安《みつやす》も含め）は「光」字を使い、「頼」字を用いていない。

こうした代々当主が名前に使う字（通字という）は、足利将軍家が「義」→「氏」→「義」と変えたように、途中で変更することもあるが、だいたい何らかの政治的な契機があるか、そうでなければ、庶流の者が本家に取って代わった場合などで起こりうる。

この名前に関わる疑念は、定明・定政父子にも共通する。こちらは定明が室に迎えた三河菅沼氏が「定」字をよく用いていること、定政が当初菅沼氏を名乗っていたことからすれば、菅沼氏の通例に従って「定」字を付けた名を用いた定政が、父の名をよく覚えていなかったため、自分の「定」と祖父とされる人物の「明」を組み合わせて作成した名前と考えられる。

同様に光秀の場合も、光秀の父の名前が不明であったため、「光秀」の名から、その父も「光」字を上にいただく名であろうと、後世の人間が考えて、それぞれが勝手に創作した結果、官途も名前も異なる人物ができあがってしまったわけである。

なお「光」字に関連して言うと、光秀と同世代の幕府構成員に「光―」の名を持つ者が多く確認される。奉公衆の安威光脩・大草光友・狩野光茂・小田光家・沼田光兼・本郷光泰・水主光清、奉行衆の治部光任・中沢光俊・松田光秀などで、土岐一族でも、唯一在京奉公していた土岐石谷《いしがい》氏に光政がいる。また在京はしていないが、土岐頼芸の弟五郎も光親の名である。一世代前と一世代後には、こうした傾向はない。

これは若狭武田元光《もとみつ》からの偏諱で、十五世紀以降、幕府に属する者が、有力大名の名をもらう行為はいくつも確認されている。十二代将軍足利義晴《よしはる》の前期に重視された大名が元光であったので、この頃「光―」の名が増えていたのである。

もし、光秀が早くから幕府と関係を持っていたならば、その「光」は武田元光から得たとも考えられる。『続群書類従』所収「明智系図」にある、光秀母が武田義統《よしずみ》妹（信豊娘）とある所伝は信頼に足らないが（そもそも信豊は元光の子で、光秀と同年代で、全く時代が合わない）、若狭武田氏とどこかで関係があった可能性もあるだろう。むろん、全く関係ない可能性が高いが、ここでは指摘のみしておく。

光秀は足軽だったのか

では、光秀は土岐明智氏に連なる人物なのか。よく知られた事実として、足利義輝《よしてる》・義昭時代の幕臣の名を列挙した「光源院殿《こうげんいんどの》御代《おんだい》当参衆《とうさんしゅう》幷《ならびに》足軽《あしがる》以下衆覚《いかのしゅうおぼえ》」（「永禄六年諸役人附《つけ》」とも）中に、義昭時代の足軽衆として「明智」があり、これが光秀であるとされている。この史料の前半に記された、義輝時代の永禄六年（一五六三）頃段階を示す部分では、光秀の名がないので、それから義昭時代までの間に幕府に属したと見られている。

この足軽衆については、近年様々な論者が説明を加えている。それらをまとめると、細川・伊勢などの旧臣など、もとは将軍直臣ではなかった人々が構成員に含まれ、反三好氏勢力なども取り込まれていると指摘されている。

付け加えるならば、「足軽衆」の言葉が史料上に見えるのは、永禄元年十二月に足利義輝が三好氏と和して京都に戻ってきてからなので（幕府の「足軽」自体は、『言継《ときつぐ》卿記』の同年閏六月に見えるが、それと「足軽衆」の身分はおそらく異なる）、足軽衆は二度にわたる将軍義輝の京都没落と三好氏の勢力拡大によって人員を大きく減らしていた幕府構成員を補うため、新設された直臣集団と言える。身分的には、外様衆・奉公衆よりも下に位置づけられる。

土岐明智氏は、前述のように外様衆・奉公衆であったわけだから、光秀がその子孫として幕府に仕える場合、その家柄を継承するはずである。幕府と疎遠になっていた家から音信があった場合、六角家中に包摂されていた佐々木一族のように、明らかに大名家臣となっているのでなければ、基本的に幕府は従来通りの家柄でもって対応しているからである。

にもかかわらず光秀は、奉公衆よりずっと格下であり、幕府にとって新参者で、もとは陪臣にあった者が属す足軽衆に列していたわけなので、光秀が土岐明智氏の嫡流でないのは歴然である。光秀のほうから自分が土岐明智氏の直系子孫であると申し出ていれば、奉公衆になっていた可能性もあるだろうが、光秀にはそれを示しうる手立てがなかったのだろう。前述の「戒和上昔今禄」によれば、光秀は足利尊氏の「御判御直書」を持っており、自分の家柄を示すために幕府に提出していた可能性もあるが、その場合でも光秀が奉公衆になれなかったのは、これだけでは土岐明智嫡流でないと幕府側に判断されたことになる。

そうすると、光秀が土岐明智氏の流れを汲んでいたとしても、かなりの傍流で、土岐・斎藤氏の家臣であったというのが実情であろう。大名旧臣扱いであれば、足軽衆にされるのは自然だからである。しかも光秀が幕府に仕えた頃には、所領を失って領主としての性質は持っておらず、越前の朝倉義景に属していたわけだから、奉公衆ではなく、足軽衆とする幕府の判断も妥当だろう。

土岐明智氏直系の子孫ではなかった光秀

以上のように、光秀が土岐明智氏直系の子孫ではあり得ないことは確実である。土岐明智氏の一族であるかどうかは、光秀本人の自意識、当時の人々の認識などからすると、一族の末端に連なる蓋然性は高いが、確定的とまでは言えない。『美濃国諸旧記』などが述べるように、道三に光秀の叔母（いわゆる小見の方）が嫁いでいたのであれば、道三から明智苗字をもらった可能性があるとの指摘も考慮に入れるべきだろう。

このように、光秀の出自をめぐる問題は、いまだ確定的でないことばかりである。現在確認されている史料ではこれ以上は望めないため、新史料の発掘により、今後さらに検討が深められていくことが期待されている。

【主要参考文献】

井上　優「「淡海温故録」における明智十兵衛の正体　光秀は近江国で生まれたか？」（『現代思想』四七巻一六号、二〇一九年）

小和田哲男『明智光秀・秀満――ときハ今あめが下しる五月哉』（ミネルヴァ書房、二〇一九年）

木下　聡「明智光秀と美濃国」（『現代思想』四七巻一六号、二〇一九年）

桑田忠親『明智光秀』（講談社文庫、一九八三年、初刊一九七三年）

柴裕之編著『図説 明智光秀』（戎光祥出版、二〇一八年）

柴　裕之「総論　惟任（明智）光秀論」（柴裕之編著『シリーズ・織豊大名の研究8　明智光秀』戎光祥出版、二〇一九年）

高柳光寿『明智光秀』（吉川弘文館、一九五八年）

谷口研語『明智光秀　浪人出身の外様大名の実像』（洋泉社歴史新書y、二〇一四年）

中脇　聖「明智光秀の出自は土岐氏なのか」（渡邊大門編『戦国史の俗説を覆す』柏書房、二〇一六年）

早島大祐『明智光秀――牢人医師はなぜ謀反人となったか』（NHK出版新書、二〇一九年）

三宅唯美「室町幕府奉公衆土岐明智氏の基礎的整理」（柴裕之編著『シリーズ・織豊大名の研究8　明智光秀』戎光祥出版、二〇一九年、初出一九八八年）

洋泉社編集部編『ここまでわかった本能寺の変と明智光秀』（洋泉社歴史新書y、二〇一六年）

渡邊大門『明智光秀と本能寺の変』（ちくま新書、二〇一九年）

第二章　明智光秀と足利義昭・細川藤孝

山田康弘

大河ドラマでの足利将軍

二〇二〇年のNHK大河ドラマ『麒麟がくる』は、明智光秀の生涯を描いたものである。そして、このドラマには足利将軍が二人も登場する。十三代将軍足利義輝《よしてる》と最後の将軍（十五代将軍）義昭《よしあき》である。これまでの大河ドラマでは、義昭以外、戦国時代の足利将軍はほとんど登場しなかった。また、その義昭にしても「愚かな将軍」といった描かれ方のされることが多かった。

しかし、今回は義昭だけでなくその兄・義輝までが登場し、しかも、義昭はこれまでとは少し違った描かれ方がされるようである。というのは、大河ドラマを紹介するNHKのホームページを見ると、義昭については「政治的手腕に富み、抜群の先見性と外交力がある」と紹介されているからだ。大河ドラマにおいて、義昭がこれほど「好意的」に評価されたことは、これまでなかったのではあるまいか。

さて、本章の課題は、この義昭と明智光秀との関係を概観することである。しかし、光秀が義昭の家臣であった期間は短く、それゆえこの二人の関係をあれこれと伝える史料も少ない。そこで本章では、光秀と同じく義昭に仕え、後年、光秀とは縁戚になる細川藤孝《ふじたか》（幽斎《ゆうさい》）も併せて取り上げつつ、光秀と義昭の関係を概観していくことにしたい。

戦国時代の足利将軍は無力にあらず

明智光秀が仕えた足利義昭は、最後の足利将軍である。では、足利将軍というのは、戦国時代にどのような存在だったのだろうか。まずは、この点について簡単に解説しておこう。

しばしば「足利将軍は、応仁の乱（応仁・文明の乱。一四六七～七七年）によってすっかり権力を失ってしまった」などといわれるが、最近の研究によって「どうもそうではなかった」ということが次第に明らかになってきている。もとより、将軍が大名たちを強力に統制していたわけではなかったが、将軍は戦国時代（＝応仁の乱以降）においても、大名たちに対してなお一定程度は影響力を持ち続けていた。それは、多くの大名たちが将軍との関係を重視し、将軍からの命令についても（自分たちの「生存」を損なうようなものでなければ）それなりに受け入れていたからである。

大名たちがこうした態度をとっていた理由の一つは、彼らにとって将軍が依然として「役に立つ」

からであった。例えば、将軍は多くの大名たちと人脈を持っており、それゆえ大名たちは、敵の大名と何か交渉（和平交渉など）をしたい場合、「顔の広い」将軍に間に立ってもらうことで、交渉に不可欠な「交渉開始のきっかけ」を手に入れられることがあった。

また、将軍は大名たちに様々なランクを持つ「栄典」（＝爵位・称号）を授与していた。そしてこういった栄典は、戦国時代でも世間で「大名たちの社会的な格を示すモノサシ」と認識されていたから、大名たちは将軍からライバルより高いランクの栄典をもらうことができれば「自分は、ライバルより格上」ということを世間に示すことができたのだ（山田：二〇一一）。

このように、将軍は戦国時代においても、大名たちにとっては「役に立つ」存在であり、それゆえ、大名たちは将軍との関係を重視し、将軍の命令についても一定の範囲内で受け入れていた。例えば、将軍から「献金せよ」との命令が下されたならば、戦国期でも意外に多くの大名たちがこれに応じていた。

戦国時代の中頃にあたる十二代将軍足利義晴《よしはる》の治世期（一五二一～四六年）を例に挙げると、大永《だいえい》四年（一五二四）から始まった将軍御所造営の際には、将軍の献金命令を受けて越前朝倉氏や若狭武田氏が実際に銭貨を将軍のもとに納めたことが確認され、天文《てんぶん》七年（一五三八）の将軍家仏事の際には大坂本願寺、天文八年（一五三九）の将軍御所造営に際しては越前朝倉氏や河内畠山氏、天文九年（一五四〇）の禁裏《きんり》（皇居）修理に際しては越前朝倉氏・大坂本願寺・河内畠山氏・駿河今川氏、同じ天文九年に実施された将軍家仏事に際しては越前朝倉氏・伊勢北畠氏・能登畠山氏・周防大内氏・河内畠山氏・豊後大友氏といった大名たちが将軍のもとに献金していたことが史料から確認される。

以上のように、将軍は戦国期においても大名たちに一定程度、影響力を持っていたのであり、そうしたことから戦国期歴代将軍の中には、将軍の持つこういった大名たちへの影響力をうまく使い、将軍としての存在感を高めようと試みる者もあった。その一人が十三代将軍の足利義輝《よしてる》である。

義輝は、畿内最大の勢威を持つ有力大名・三好《みよし》氏を味方につけ、また、向背を繰り返していた重臣(伊勢貞孝《いせさだたか》)を排除して権力基盤を固めたうえ、対立し合っている各地大名たちの間に立って紛争の調停を図り、それによって将軍としての存在感を内外に示していった(山田:二〇一九)。しかし、それゆえに義輝は次第に重臣の三好氏に恐れられることになり、ついに永禄《えいろく》八年(一五六五)五月十九日、義輝は三好氏当主・三好義継《よしつぐ》に京都の将軍御所を急襲され、殺害されてしまうのである。

細川藤孝とは何者か

この結果、義輝の一歳下の弟で、当時奈良において僧侶をしていた足利義昭にも危険が迫った(義昭は当時、奈良・興福寺一乗院《いちじょういん》の僧侶であった)。そこで彼は、亡き義輝の近臣だった細川藤孝の助けを借りて、直ちに奈良を脱出した。ところで、この細川藤孝とは何者か。

藤孝は、後述するように父も養父も足利将軍の側近だったエリート武将である。晩年には「幽斎」と号して一流の文化人となり、また、織田信長や豊臣秀吉に仕えて大名になったうえ、彼の子孫は江戸時代には肥後熊本（熊本県熊本市）の藩主となって繁栄した（ちなみに、細川護熙《もりひろ》元首相は直系の子孫である）。

さて、藤孝の父は三淵晴員《みつぶちはるかず》という人だったらしい。この晴員には姉がいた。彼女は佐子局《さこのつぼね》（のちに剃髪して清光院《せいこういん》と号した）といって、十二代将軍義晴に仕え、その信頼を得て政治面において活躍した。おそらくこのことも影響したのだろう、弟の晴員もまた将軍義晴に仕えて信任され、ついにその近臣となって義晴を支えた。なお、晴員の「晴」は義晴から名前の一字を賜ったものであろう。名前の一字を賜る、というのは信頼の証と考えてよい。

藤孝はこの三淵晴員の子として生まれ、幼少時代に細川晴広《はるひろ》という人物の養子になった。この晴広というのは、三淵晴員と同じく将軍義晴に仕えていた近臣である（晴広の「晴」も将軍義晴から賜ったものであろう）。つまり藤孝は、父の同僚の家に養子に入ったというわけである。ちなみに、藤孝の幼名は「熊千代」といったようだ。なお、藤孝の嫡男忠興《ただおき》も、その嫡男忠隆《ただたか》（のちに廃嫡）も幼名は熊千代であり、これは父・祖父たる藤孝の幼名を引き継いだのだろう。

ところで、藤孝を養子とした細川晴広の父は、細川高久《たかひさ》といって、将軍義晴の最側近たる「内談衆《ないだんしゅう》」の一員であった。この内談衆というのは、義晴が政務（具体的には主として裁判）を円滑に遂行すべく、近臣の中から政務に練達し、信頼しうる者七～八名を選抜して編成した側近グループのことである（山田：二〇〇〇）。細川高久はこうした内談衆の一員に選ばれて将軍義晴を支えたのであり、したがってその息である細川晴広は、将軍に最も近しいエリート集団に属していた、ということになる。

つまり細川藤孝は、実父である三淵晴員もその姉（藤孝にとっては伯母）である佐子局も将軍に近侍していたうえ、養父である細川晴広もその父（藤孝にとっては養祖父）たる細川高久も、いずれも皆、将軍近臣だったわけである。藤孝は長ずるに及んで養家を継承し、十三代将軍足利義輝（義晴の子）に仕え（藤孝という名は、この義輝（前名は義藤《よしふじ》）から名前の一字「藤」を賜ったものであろう）、次いでその弟である十五代将軍義昭の近臣となるが、そういった彼の歩んだ道は、その経歴を考えれば当然といってもよかろう。

細川とはどのような家だったのか

ところで、藤孝の継いだ「細川」というのはどのような家だったのだろうか。細川というと、管領《かんれい》（＝足利将軍の重臣筆頭）にも就任しえた有力大名・細川氏が著名であるが、藤孝の家はこの細川氏とは直接的には関係がない。すなわち、藤孝の養父細川晴広の祖は、もとは近江国（滋賀県）の豪族佐々木大原氏の出身で、八代将軍足利義政《よしまさ》の近臣となって活躍し、その褒賞として「細川」の名字を義政から賜った（将軍が近臣に褒賞として名族の名字を与えることは、当時よくあった）。それが、藤孝の養家たる「細川」の家なのであり、これを藤孝は継承したのである。

したがって、しばしば藤孝については「管領・細川氏一門で、戦国期末に和泉国（大阪府南部）の大名であった細川元常《もとつね》の養子となり、「細川」名字を継承した」といわれることが多いのだが、それは事実誤認である。このような誤認が生じた原因は江戸時代にある。すなわち、江戸時代初期の寛永《かんえい》十八年（一六四二）、江戸幕府は、のちに『寛永諸家系図伝《かんえいしょかけいずでん》』と呼ばれることになる諸大名・諸臣の家譜を編纂せんとした。そして、その一環として幕府の担当者（大田備中守資宗）から藤孝の出自や養父について、その直系の子孫たる熊本藩主細川家（当主は細川光尚《みつとし》）に対して質問が下された。

そこで、いまだ存命していた熊本細川家の先々代当主細川忠興（藤孝の嫡男。光尚の祖父）は、父の藤孝について「細川伊豆トヤラン、細川刑部少輔トヤランニ、ヤシナハレ」ていた（＝細川伊豆守とか細川刑部少輔という人に養われていた）と答えた。だが、忠興はこれについて自信がなかったらしく、妹（浄勝院）に尋ねた。ところが、この妹もこの件については詳細を悉知しておらず、そこで、彼女は「しゆゑい」という九十一歳の老尼（熊本細川家に古くから仕えていた者だろう）に尋ねた。

すると、「しゆゑい」は「細川伊豆守は、細川刑部少輔の親であり、藤孝の祖父にあたる」と証言した。だが、どの系図を見ても細川伊豆守などという人物は所載されていないことから、熊本藩では「しゆゑい」の証言は老耄《ろうもう》ゆえの事実誤認だ、と判断してこれを無視した。そして、細川管領家の系図に細川元常（戦国末に活躍した和泉国の大名）が「細川刑部」と出てくることからこの元常こそが藤孝を「ヤシナ」った細川刑部少輔その人だと判断し、のちに藩の史書『綿考輯録《めんこうしゅうろく》』を編纂する際にもそのように記載した。

この結果、「藤孝は細川元常の養子になってその細川の名字を継いだ」とされ、最近になるまでこれが「正しい」とされてきたのだが、実は「しゆゑい」の証言は事実誤認ではなかった。細川伊豆守・同刑部少輔という父子は実在していたのであり、それが先ほど述べた、細川高久・晴広父子であって、高久は「細川伊豆守」、その子・晴広は「細川刑部少輔」と称して十二代将軍義晴に近臣として仕えていた（これは同時代史料で数多く確認することができる）。

つまり、「しゆゑい」や細川忠興が述べていた、藤孝を養った細川伊豆守・刑部少輔というのはこの細川高久・晴広のことで、藤孝はその「細川」家を継いでいたのである（山田：二〇〇九）。

明智光秀はいつ頃から足利義昭に仕えたのか

さて、足利義昭は永禄八年（一五六五）五月、兄である十三代将軍義輝が三好氏によって殺害されると、細川藤孝らに守られながら奈良を脱出し、七月には近江国の和田《わた》（滋賀県甲賀市）、次いで年末には矢島《やじま》（同守山市）に逃げた。そして列島各地の大名たちに対し、上洛して兄の仇である三好らを討ちたいので協力せよ、と求めた。するとこれにいち早く応じ、義昭の上洛戦に供奉《ぐぶ》することを表明した大名があった。尾張国（愛知県北西部）の大名織田信長である。義昭はこれを知って大いに悦び、側近となった細川藤孝を信長のもとに差遣して上洛準備を進めた。

しかし、当時信長は、北隣の美濃国（岐阜県南部）の大名斎藤氏（斎藤竜興《たつおき》）と交戦中だったことから、すぐには上洛できない状況にあった。そこで義昭は（おそらく信長の要請で）斎藤氏に対して信長との和睦を命じた。この結果、永禄九年（一五六六）三月頃に信長と斎藤氏との間で和睦が成立した。

これによって、信長は義昭を奉じて上洛できるようになったが、この直後に信長は和睦を破り、斎藤氏との再戦を決意してしまった。そのため、信長・義昭の上洛戦は延期ということになり、しかも同じ頃、義昭の起居する矢島が三好方（三好三人衆。義昭の敵、十四代将軍義栄《よしひで》を奉じていた）に攻められそうになった。それゆえ、危機に陥った義昭は、やむなく永禄九年七月末に矢島を脱出して北陸に奔り、越前国（福井県北東部）の大名朝倉氏を頼った。

こうして義昭は越前に滞在することになった。ところで、「この越前の地で義昭に仕えることになったのが明智光秀であった」とよくいわれる。しかし、これが史実なのか否か、どうもはっきりしない。ちなみに、越前滞在中の義昭近臣たちの名を筆録した『光源院殿御代当参衆幷足軽以下衆覚』という史料（『群書類従』雑部・巻五一一）には「足軽衆」（雑兵の足軽ではなく、中級の将軍直臣）の一員として「明智」という名が出てくるのだが、これが光秀だという可能性はあるものの確証はない。

謎多き光秀の出自

また、光秀については出自も明白でない。本能寺の変直後、奈良に住むある僧侶（多聞院英俊《たもんいんえいしゅん》）は、その日記に「光秀は、もとは細川藤孝の中間《ちゅうげん》（＝下級の従者）だった」と書いた（『多聞院日記』天正《てんしょう》十年六月十七日条）。これを信じれば、光秀は細川藤孝と何か関係があり、そこから義昭に仕えることになった、といった見方が成り立ちそうだが、このことを裏づける証拠は今のところない。本能寺の変の頃、光秀と藤孝は親戚になっていたから（光秀の息女が藤孝の嫡男・忠興の室になっていた）、そこからの連想で「光秀は藤孝の中間だった」という見方が出されたのかもしれない。

また、よく「光秀は美濃国の豪族・明智氏の一族だった」といわれるが、これも定かではない。ただ、美濃に縁があったことは確かなようである。というのは、光秀が織田信長の家臣として注目され始めた頃、光秀はある神社の神主（吉田兼見《よしだかねみ》）に「美濃国の親類が、地元の神社の敷地に新たに城を築いたところ、怪異が起きた。お祈りしてもらいたい」と依頼しているからである（『兼見卿記』元亀《げんき》三年十二月十一日条）。この事実から、光秀には美濃に城を持てるほどの親類がいたことがわかるが、いかなる親類なのかは不明である。

このように、光秀の出自には不明なところが多いのだが、光秀のように一代で高名になった者の出自が定かでないのは普通のことである。また、戦国時代でも家柄はそれなりに重視されてはいたが、「自分の先祖は誰か」といったことに無関心な武将も多かった。

例えば、細川藤孝の子供たちは、先にも述べたように父の幼少時代や養父・養祖父のことについてほとんど知らなかった。このことは、戦国期～江戸時代初期では「出自はいかなるものか」といったことについて、取り立てて関心が持たれないケースもあった、ということを示している。さすれば、明智光秀の出自についても（現代のわれわれは、とかく光秀の出自を詮索したがるが）光秀本人はもとより周囲の者たちも、あれこれ詮索するような志向をそもそも持ち合せていなかった可能性もあろう。

さて、足利義昭は永禄九年（一五六六）に越前に移座し、当地の大名朝倉氏（朝倉義景《よしかげ》）に上洛戦に協力するよう求めた。だが朝倉氏は、すぐには応じなかった。そうした中、永禄十一年（一五六八）七月に織田信長が越前の義昭に対し、「上洛戦に協力する」との旨を伝えてきた。信長は前年の夏、ついに美濃斎藤氏を滅ぼし、上洛できる状況になっていたのだ。

そこで義昭は信長の求めに応じ、越前を発って信長の本拠・岐阜（岐阜県岐阜市）に到った。すると信長は永禄十一年九月に義昭を奉じて上洛戦を敢行し、十四代将軍足利義栄《よしひで》（義昭の従兄弟）を奉じていた三好三人衆（三好長逸《ながやす》・三好宗渭《そうい》・石成友通《いわなりともみち》）をたちまち追い払い、わずか一か月ほどで京都・畿内を席巻した。

この結果、永禄十一年十月に義昭は京都において念願の十五代将軍に就任することになった。ところが、この直後に義昭は政敵・三好三人衆の反撃を受けた。すなわち、信長が京都を留守にしている隙をつかれ、御座所としていた京都の本国寺《ほんこくじ》（本圀寺）を襲われたのだ（永禄十二年正月。この事件を「本圀寺の変」という）。

この時、義昭と家臣たちは必死で防戦した。そしてその義昭家臣の中に「明智十兵衛」（光秀のこと）もいたという。これは『信長公記』（信長の家臣だった太田牛一《おおたうしかず》が後年に記した、信長の伝記）が伝えていることであり、これを信じれば、光秀は遅くともこの時点までには義昭の家臣になっていた、ということになろう。

明智光秀はなぜ「二人の主君」を持ったのか

その後も光秀は義昭の家臣（「奉公衆《ほうこうしゅう》」という）として諸記録に出てくるのだが（『言継卿記《ときつぐきょうき》』元亀元年正月二十六日条ほか）、義昭家臣としての活動は、細川藤孝に比べればあまり目立たない。細川藤孝は義昭の家臣、というよりその重臣として活躍した。例えば、永禄十一年九月に信長と義昭が京都に進撃した際には、藤孝は先鋒の将の一人として大兵を率いて真っ先に京都へ入っており（『多聞院日記』同月二三日条ほか）、次いで義昭直属軍の「大将」として、信長軍の「大将」たる佐久間信盛《のぶもり》（信長の重臣）らと共に大和国（奈良県）に転戦し、奈良を制圧している（同十月十日条ほか）。

またこれ以降も、藤孝は義昭の「御供衆《おともしゅう》」（将軍に近侍する役職）として義昭の近くに侍坐し、取次役などを担ったり、京都南郊の要衝だった勝龍寺城《しょうりゅうじじょう》（京都府長岡京市）を預かり、さらにしばしば義昭直属軍（二～三千人ほどの規模があった）の将として三好三人衆ら政敵と戦っていたことが当時の史料から確認される（『言継卿記』元亀元年六月二十日条、『兼見卿記』元亀二年二月九日条ほか）。

一方、光秀にはこうした義昭の家臣としての華々しい活躍はさほど見られない。むしろ光秀は、京都では義昭の家臣というよりも信長の家臣としての活動が次第に目立ってくる。例えば、光秀は京都で羽柴秀吉・丹羽長秀《にわながひで》といった信長家臣たちと連名で公文書を出したり、信長の命令で公家（＝天皇近侍の貴族）らの領地調査を実施したりしている（『言継卿記』元亀元年三月六日条ほか）。

また、信長が上洛してくると、しばしば自分の屋敷を宿舎として提供し（『言継卿記』元亀元年二月三十日、七月四日条）、あるいは信長の「奏者《そうじゃ》」（取次役）を務めたりしている（『兼見卿記』元亀三年三月十二日条）。信長が光秀の屋敷をしばしば京都での宿舎に使っていたことは、古来より主君が家臣邸で裏切りに遭い、殺害される、というケースがしばしば見られたことを考えれば、信長の光秀に対する篤い信頼感の表れと判断してよかろう。こうした中、次第に光秀は信長に重用され、元亀二年（一五七一）には信長から近江国志賀郡を賜り、坂本（滋賀県大津市）を居城としたという（『信長公記』）。

このように光秀は、将軍義昭の家臣でありながら信長にも仕え、いわば二人の主君を持っていた（メインは信長か）。なぜこういった「二人の主君に仕える」といった不思議な立場が可能だったのか、といえば、それは当時、将軍義昭と信長が互いに協力し合い、連立政権をつくって京都・畿内を支配していたからであろう。

すなわち、義昭は信長から軍事力を提供され、それによって畿内を席巻し、念願の将軍位を手にした。一方、信長は自らの行動を「将軍の上意によるもの」とすり替えることでその正当化を図り、また、大名たちに「顔の広い」義昭を利用し、対大名外交を有利に展開したりした。それゆえ、義昭の家臣と信長の家臣も協力し合って仕事をしたのであり、その結果、光秀のように「義昭と信長のそれぞれから命令を受け、働く」こともあったのだ。

「五カ条の条書」の謎

しかし、義昭と信長はその後対立し、元亀四年（一五七三年。天正元年）二月に義昭が反信長の兵を挙げたことで、ついにこの二人は袂を分かつことになった。なお、両者の間には以前から対立の兆しがあった。例えば、永禄十三年（一五七〇）正月には信長が義昭に五カ条にわたる要求書、すなわち「五カ条の条書」を突きつけている。そして、これによって信長は義昭に対して「諸国の大名などに御内書《ごないしょ》（将軍が花押《かおう》をすえた格式の高い公文書）を下す際には、信長の許可をとり、信長の副状《そえじょう》を添えるべし」（第一条）とか、「義昭がこれまで下した裁判の判決文はすべていったん無効とし、改めて裁判をやり直して判決文を下せ」（第二条）といった、極めて厳しい要求を呈した。

ちなみに、この条書は信長から義昭に出されたものであるが、よく知られているように光秀と日《にち》乗《じょう》（義昭・信長に仕えていた僧侶）宛てになっている。将軍は武家社会では至尊の存在であり、したがって信長といえども将軍たる義昭に直接、文書を出すことは許されなかったから、信長は光秀と日乗宛てにしたのだろう。光秀は先に述べたように信長と義昭の双方に仕え、日乗もまたそうであったので、宛名に使うには好都合であった。

なお、話が少し脇道に逸れるが、この「五カ条の条書」には右端（「袖《そで》」という）に義昭が了解したことを示す印判（ハンコ）が押されており、「義昭は信長から突きつけられた、この五カ条の要求をすべて受け入れた」という形になっている。しかし、将軍が印判を使う、というのは極めて珍しい。通常、将軍は花押（サイン）を使うものであり、印判を使うのは病気などで花押が書けない場合などに限られる。

義昭もまた花押を使い、印判を使用したケースは今のところこの「五カ条の条書」しか確認されていない。このことを考えれば（もちろん、今後義昭の印判使用例がほかにも発見されるかもしれないが）「五カ条の条書」に押された義昭の印判は後世に偽造されたものであった、という可能性も排除することができない。

こういった疑いを持つのは、義昭は「五カ条の条書」に記された信長からの要求をその後すべて無視していたからである。例えば、義昭は信長から「御内書を下す際には信長の副状を添えるべし」と要求されたが、義昭がその後これを守っていた形跡はない。このことは「義昭は印判を押したにもかかわらず信長からの要求を無視した」という解釈だけでなく、「印判それ自体が後世の加筆だった」という可能性もうかがわせよう。この点は後考を俟ちたいと思う。

明智光秀の義昭からの離反

さて、義昭は元亀四年（一五七三）二月に反信長の兵を挙げ、五年に及んだ信長との連携を解消した。義昭をこのような決断に向かわせたのは、甲斐の武田信玄が西上戦を始めたからだろう。この直前の元亀三年十月に甲府を出陣した武田軍は、破竹の勢いで進撃し、十二月には三方原《みかたがはら》（静岡県浜松市）において信長と同盟する徳川家康を打ち破ったうえ、信長の本国・美濃や尾張をうかがうような勢いを見せていた。

こうなると、信長としては美濃・尾張防衛に注力せざるをえず、それゆえ義昭のいる京都・畿内の防衛についてはどうしても手薄にせざるを得ない。しかし、京都周辺には朝倉氏（朝倉義景）や浅井《あざい》氏（浅井長政《ながまさ》）といった反信長派の勢力が蠢動しており、したがってこのままでは京都の義昭は反信長派に攻め込まれ、危機に陥る状況にあった。そこで、義昭は信長との連携をここで解消し、信玄や朝倉・浅井といった反信長派に鞍替えすることに決したのだろう。

しかし、武田信玄は元亀四年四月に病死し、その結果、武田軍が美濃・尾張に侵攻してくる可能性はなくなった。そこで美濃・尾張の防衛から解放された信長は、直ちに京都へ乗り込み、義昭を攻めてこれを降参させた。その後、義昭は七月に再び京都近郊の真木島《まきしま》城（京都府宇治市）に籠城して信長に兵を挙げたが、信長によってたちまち屈服せしめられ、二歳になる嫡男（成人後に僧侶となり、義尋《ぎじん》と称した）を信長へ人質に差し出して京都を追放された。

この時、明智光秀は義昭を見捨て、細川藤孝らと共に信長に臣従した。光秀はこれまで義昭と信長という二人の主君に仕えていたわけだが、ここで義昭との主従関係を完全に解消したわけである。戦国社会には「去就の自由」というのがあり、譜代ではない新参の家臣は主君に不満ならば主従関係を解消してもよい、という観念があったから、将軍家の譜代家臣でない光秀が義昭を見捨てたことは、譜代の将軍家臣であった細川藤孝に比べれば選択しやすかったであろう。

とはいえ、戦国時代でも主君は大事な存在とされ、「夫婦や親子の関係以上に主従関係は重要だ」とされていた（黒田：一九九六）。したがって、光秀や細川藤孝が主君義昭を見捨てて信長に仕えたことは、世間から「逆臣」として指弾されかねなかった。ただ、光秀らにとって好都合だったのは、信長のもとに人質として義昭の嫡男義尋がいたことである。それゆえ、信長に仕えることはこの義尋に仕える、ということにもなったから、義尋の存在は光秀らが「逆臣」として世間から糾弾されることをかなり防ぐ効果をもたらしたのではないかと思われる。

ちなみに、この義尋は信長の膝下で成長した。そして、本能寺の変から五年後の天正十五年（一五八七）八月、奈良に下って興福寺大乗院の僧侶となり、慶長《けいちょう》十年（一六〇五）十月十七日、三十四歳で歿している（『大日本史料』同日条）。

その後の光秀と義昭

さて、こうして将軍義昭は元亀四年（一五七三）七月に信長によって京都を追放され、紀伊国（和歌山県）に逃れた（和歌山県由良町の興国寺を本拠とした）。しかし、義昭はこのあと逼塞《ひっそく》してしまったわけではなかった。彼は天正四年（一五七六）二月に西国の雄・毛利氏（毛利輝元《てるもと》）の勢力圏内である備後国鞆《とも》（広島県福山市）に駆け込むや、毛利氏の協力を手にすることに成功し、次いで大名たちに対して信長を打倒すべく挙兵せよとの号令を発した。これを受け、各地の有力大名たち――毛利氏、上杉氏（上杉謙信）、武田氏（武田勝頼《かつより》）、大坂本願寺（顕如《けんにょ》）らが、たちまち信長打倒の兵を挙げた。

もっとも、大名たちが立ち上がったのは義昭の号令を受けて、というよりも、信長の勢威があまりにも巨大化しつつあったからであろう。信長は前年の天正三年（一五七五）五月に「長篠の戦い」で武田勢を大破し、八月には越前一向一揆《いっこういっき》（本願寺門徒）を討って越前国（福井県東部）を奪還し、十月には大坂本願寺を降伏せしめ、十一月には権大納言・右近衛権大将という、足利将軍並みの高位を朝廷からもらい受けた。この結果、日本列島には「一強他弱」（信長の「一強」）という、大名たちにとってその生存を脅かしかねない危険な状況が生まれつつあった。それゆえ、大名たちは義昭からの呼びかけに応じ、信長を封じ込めるべく立ち上がったのだろう。

しかし、反信長派大名たちによる信長封じ込めは、結局のところ成功しなかった。それは、①天正六年（一五七八）に上杉謙信が急死し、それに伴う混乱によって反信長派の有力者であった上杉氏が次第に没落していくというハプニングが起きたことに加え、②反信長派の大名たちの間で連携が十分に成立しえなかったことが大きな要因といえる（山田：二〇一九）。反信長派は互いに距離が離れすぎて緊密な連絡が取りにくかったうえに、全体を統制する強力なリーダーも不在だったことから十分に団結することができず、それゆえ次第に信長に各個撃破されていった。

すなわち、天正八年（一五八〇）には大坂本願寺が信長に降参して大坂を退去し、次いで天正十年（一五八二）には武田氏（武田勝頼）が信長によって滅ぼされた。また、同じ天正十年には上杉氏（上杉景《かげ》勝《かつ》）も柴田勝家《かついえ》を指揮者とする織田の大軍に包囲され、さらに、義昭を擁していた毛利氏も羽柴秀吉麾下の信長軍によって圧迫されるなど、義昭の企望した信長封じ込め策は挫折寸前となった。

一方、この間、明智光秀は信長の部将として実績を重ねたことから次第に信長に重用され、ついには信長によって宿将の一人に抜擢されて丹波国（京都府・兵庫県の一部）や近江国（滋賀県）の滋賀郡などを領し、畿内や山陰方面の差配を任されるに至った。ちなみに、細川藤孝もまた信長の有力部将となり、天正八年（一五八〇）には丹後国（京都府北部）を任されて宮津《みやづ》（京都府宮津市）を居城とした（『信長公記』ほか）。この間、細川藤孝の嫡男忠興のもとに光秀の息女（有名なガラシャである）が輿入れし、光秀と藤孝は縁戚となっている。

こうした中、天正十年（一五八二）六月二日、周知のように光秀は突然信長に反旗を翻し、これを本能寺に襲って討ち果たした。しかし、これまたよく知られているように、光秀はこの直後の六月十三日、羽柴秀吉の軍に京都近郊の山崎（京都府大山崎町）で大破せしめられ、ついに敗亡するに至ったのである。

光秀が義昭と連携した可能性はあるのか

さて、この「本能寺の変」をめぐっては、歴史を一変させた大事件であるがゆえに、現在に至るまで様々な議論が出されている。そして、その中には光秀と旧主である将軍義昭との連携を指摘する説もある（藤田：二〇一八）。この二人の連携を明示する史料は今のところまだ十分に揃っているとは言い難いのだが、もし光秀が本能寺の変直後にすぐに敗亡していなければ、義昭との連携を模索していた可能性は論理的にはいいには十分にありうる。

というのは、光秀と同じく信長宿将だった柴田勝家や羽柴秀吉が本能寺の変後、義昭と連携していたからである。すなわち、信長横死後、羽柴秀吉と対立した柴田勝家は義昭に接近し、義昭を通じて上杉氏や毛利氏らと手を組もうとした。また、羽柴秀吉も天正十一年（一五八三）に柴田を打倒したあと、徳川家康や織田信雄《のぶかつ》（信長の次男）らによって「秀吉包囲網」が形成されると義昭に接近した。

このように、柴田も秀吉も義昭との連携を図っていた。これは、義昭が多くの大名たちと人脈を有し、それゆえ義昭との連携は他大名と手を組む「きっかけ」を得るうえで有用だったからであろう（山田：二〇一九）。さすれば、光秀もまた本能寺の変後、上杉や毛利といったかつての反信長派大名たちと連携する必要があっただろうから、その「きっかけ」を得るべく義昭に接近し、これと連携した可能性は高いといえる。

また、光秀にとって信長は主君であり、そして先にも述べたように、戦国社会においても「主従関係は夫婦や親子関係以上に重要」とされていた。それゆえ、光秀は信長を討ったあと、世間から「主君に背叛した逆臣だ」と指弾されかねなかった。したがって光秀としては本能寺の変後、この問題に対処しなくてはならなかったはずで、とすればその一環としても光秀が義昭に近づいた可能性がある。

なぜならば、足利将軍（義昭）は「天下諸侍の御主」（＝武家の棟梁）として、戦国末においても大名以下世間で一定の尊崇をなお受けていたからである。さすればもし光秀がこのような将軍義昭と手を組み、主君・信長の弑逆を「将軍の上意によるもの」という形にしたならば、世間から「逆臣」と指弾されることを回避するのに幾許《いくばく》かでも寄与しただろうと考えられる。

ちなみに、本能寺の変が起きる四年前の天正六年（一五七八）、信長の宿将である荒木村重《むらしげ》は義昭の説得もあって信長を裏切り、反信長派の毛利氏に寝返った（義昭は侍臣の小林家孝を荒木のもとに差遣して説得した）。その際、荒木は世間から「逆臣」と指弾されることを避けようとしたのであろう、この主君（信長）に対する裏切り行為を「将軍義昭の上意に基づく行為であった」という形にしている。こうした荒木のケースも勘案したならば、光秀もまた「主殺し」の汚名を避けるために本能寺の変後、義昭と連携した可能性は十分にあるのではないだろうか。

もう一つの可能性

本章では、明智光秀と足利義昭との関係を概観してきた。光秀は義昭と「緊密な関係」にあったとはいえない。光秀が義昭に仕えていた期間は短く、最大に見積もっても十年にも満たなかったうえ、光秀は義昭と同時に信長にも仕えており、むしろ信長に近しい立場にあった。さらに、光秀の出自は未詳ながら、細川藤孝のように親族に将軍側近が何人もいたエリートだったわけもない、と考えられるからだ。ただし、光秀が本能寺の変以降も今少し長く存命していたならば、柴田勝家や羽柴秀吉のケースから類推して、義昭との連携を模索していた可能性はあろう。

では、本能寺の変前から光秀が義昭と密かに接触し、これと連携していた、という可能性はどうだろうか。

光秀にとって、本能寺の変前に義昭と連携する動機はある。光秀が信長を討つことは「主殺し」であり、それに伴って予想される世間からの指弾を回避するうえで、光秀にとって義昭との連携は有用だったろうからだ。

また、本能寺の変前では光秀は信長陣営、義昭は反信長陣営にいたわけだが、光秀が信長の目を盗んで義昭と接触することが不可能だったわけでもない。というのは、すでに述べたように義昭は侍臣（小林家孝）を使って信長陣営にいた荒木村重と密かに接触し、荒木に信長からの離反を促してこれを成功させているからである。ちなみに、信長はこうした義昭や荒木の動きを事前に全く探知していなかった（だから荒木の造反を知って驚いた）。戦国時代には現代のように監視カメラなどはなく、それゆえ秘密裏に敵陣営の者と接触することは、現代人が考えるほどには難しくはなかったと言えよう。

とはいえ、光秀にとって本能寺の変前に、信長の目を盗んで敵陣営にいる義昭と接触し、これと手を組むというのはかなりリスキーなことである。もし信長に察知されれば光秀の命運はここで絶たれかねないからであり、さすれば実際にはこうしたことは難しかったのではないだろうか。

ただし、光秀が本能寺の変前、「義昭と手を組んだ」と自ら「称する」ということは可能である。すなわち、「信長打倒は義昭の承認を受けている」と「称する」（あるいは、ほのめかす）ことによって、信長を討つことに伴って予想される「逆臣」の汚名を縮減せしめ、味方を募っていく、というのであり、これは戦術的には十分にありえよう。もとより、現段階では光秀が本能寺の変前に義昭との連携を「称していた」ことを明示する史料は見つかっていない。しかし、あるいはいつの日かそうした史料が発見されるかもしれない。この点は今後の楽しみとしておこう。

【主要参考文献】

黒田日出男『歴史としての御伽草子』（ぺりかん社、一九九六年）
藤田達生『織田信長――近代の胎動』（山川出版社、二〇一八年）
山田康弘『戦国期室町幕府と将軍』（吉川弘文館、二〇〇〇年）
山田康弘「細川幽斎の養父について」（『日本歴史』七三〇号、二〇〇九年）
山田康弘『戦国時代の足利将軍』（吉川弘文館、二〇一一年）
山田康弘『足利義輝・義昭――天下諸侍、御主に候』（ミネルヴァ書房、二〇一九年）

第三章　明智光秀と近江

渡邊大門

光秀と近江

明智光秀と近江との関係は、かなり深い。信長から重用された光秀が、初めて領したのが近江国志《し》賀《が》郡である。本章では、光秀と近江との関係を考えることにしよう。

近年、話題になっているのは、明智光秀が近江国多賀《たが》（滋賀県多賀町）の佐目《さめ》という場所の出身だったとする説で、そのことを記すのは『淡海温故録《おうみおんころく》』という史料である（井上：二〇一九）。同書は十七世紀前半に成立した、近江の歴史を書いた史料であるが、同時代の史料ではない。同書の記述を要約すると、「明智氏は美濃の土岐《とき》氏に背いて浪人し、六角《ろっかく》氏を頼って近江に移り住んだ。明智氏が移住してから、二、三代後に誕生したのが明智光秀である」ということになろう。

現在の佐目には、光秀の生家と伝わる「十兵衛屋敷」の跡地など、光秀ゆかりの伝承地がある。同様のことを記述した史料には、やはり江戸時代初期に成立した『江侍聞伝録《ごうじもんでんろく》』なる史料も存在する。それらの史料により、光秀が誕生したのは佐目だったと主張されているが、根拠が薄弱である。そもそも後世に成立した二次史料では根拠たり得ず、伝承の類も同様と言えよう。

ほかにも、光秀と近江を関連づける説がある。

近年、「光秀はもともと医者だった」という説が現れた。事実ならば、衝撃的な説である。その根拠となるのが、永禄九年（一五六六）十月二十日の奥書を持つ『針薬方《はりくすりかた》《しんやくほう》』（熊本県立美術館寄託）という医薬書である。そこには、近江との関連も書かれていた。

同書の奥書には、米田貞能《こめださだよし》の花押が据えられている。米田氏は、のちに熊本藩細川家の家老になった家柄である。同書には光秀が「高嶋田中城」（滋賀県高島市）に籠城した時の口伝であること、沼田勘解由左衛門尉が大事に相伝して、近江坂本（同大津市）で貞能が写したとの記述がある。沼田氏は、足利義昭《よしあき》に仕えていた人物である。

この奥書を根拠として、光秀がすでに永禄八年の時点で、琵琶湖西岸部を支配していたとの説すらある。つまり、光秀は京都から若狭・越前に至る交通ルートを押さえていたことになろう。しかし、この奥書には難がある。奥書の日付の頃、若狭にいた義昭は越前に移るべく、朝倉氏と交渉を行っていた。そのような状況下で、貞能が若狭からわざわざ近江坂本に移動し、『針薬方』を写す余裕があったのかという疑問が残る。また、同書の記述は戦国時代の近江の状況に合致しておらず、当時の光秀が周辺地域に発給した文書は、一点すらも残っていないとの指摘がある（太田：二〇一九）。

ほかにも論証方法に疑問点が多く、現時点では『針薬方』の奥書は疑問視されている。光秀を医者とすることや近江を支配していたことを史実と見なすには、根拠が薄弱なようだ。

越前朝倉氏との戦い

光秀と近江との関係を取り上げるには、近江浅井《あざい》氏や越前朝倉《あさくら》氏との攻防が重要な意味を持つ。信長が畿内で勢力を伸長すると、強い危機感を抱く者も出てきた。朝倉氏もその一人で、早い段階から反信長の態度を示し対立していた。そこで、元亀元年（一五七〇）四月、信長は若狭からの侵攻ルートにより、朝倉氏の領国へ攻め込んだ。

織田軍は敦賀《つるが》郡に侵攻して手筒山《てづつやま》城（福井県敦賀市）を落とし、金ヶ崎《かねがさき》城、疋田《ひきた》城（以上、同敦賀市）の攻略に成功。そして、いよいよ朝倉氏の本拠地一乗谷《いちじょうだに》（福井市）に攻め込もうとした時、盟友だった浅井長政《ながまさ》の裏切りを知った。信長は妹のお市を長政に嫁がせていたので、驚天動地の心境だったに違いない。

同年四月三十日、信長は金ヶ崎城に明智光秀と羽柴秀吉を入れると、朽木《くちき》越えで琵琶湖西岸のルートを辿り、命からがら京都に逃げ帰った（金ヶ崎退き口）。ただ、この史料は足利義昭配下の一色藤長《いっしきふじなが》が得た伝聞に基づく情報（『武家雲箋』所収文書）であり、確実なものではないという指摘もある。実際に殿《しんがり》を務めたのは、秀吉だった可能性が高い。

四月三十日深夜、京都に戻った信長は、光秀と丹羽長秀《にわながひで》を若狭に遣わし、若狭武田氏の家臣武藤友益《むとうともます》の母親を人質に取った。二人は大飯《おおい》郡の武藤氏の城を破却すると、五月六日に現在の福井県小浜市から滋賀県高島市を経由（針畑越《はりはた》え）して京都に戻った。信長が二人を若狭に遣わした理由は、浅井氏の裏切りによって、岐阜―京都間や越前方面の通路が塞がれたため、湖東方面の通路を確保しておく狙いがあったという。

普通に考えると、単に二人が往復するだけで、通路を確保することなどできない。武藤友益は信長が兵を挙げた時、朝倉方に与していた。むしろ、信長は友益が裏切ったため、いち早く兵を送り込んで降参させ、人質を取って手なずけることにより、態勢を立て直そうとしたのだろう。

その後、信長は浅井氏への対策として、湖東から湖南方面にかけて家臣を配置した。宇佐山《うさやま》城（滋賀県大津市）に森可成《よしなり》、守山《もりやま》（同守山市）に稲葉一鉄《いなばいってつ》（良通《よしみち》）父子と光秀家臣の斎藤利三《としみつ》、永原《ながはら》（同長浜市）に佐久間信盛《のぶもり》、長光寺《ちょうこうじ》（同近江八幡市）に柴田勝家、安土（同近江八幡市）に中川重政《しげまさ》を置き、浅井軍からの攻撃に備えた。

一方の浅井長政は、鯰江《なまずえ》城（同東近江市）に兵を入れると共に、近隣の市原野郷の助力を得て、信長が岐阜に戻る通路を防いだ。両者ともに、すっかり総力戦の様相を呈していた。

姉川の合戦と大坂本願寺

元亀元年（一五七〇）六月以降、六角承禎《しょうてい》父子が軍勢を率い、伊賀衆や甲賀衆などの助力を得て、野洲《やす》川の近くで織田軍と戦ったが、敗北して退けられた。その後、織田軍は浅井方の家臣に調略を仕掛け、家臣を寝返らせることに成功。信長は、長政の居城である小谷城《おだに》（滋賀県長浜市）近くの虎御前山《とらごぜやま》（同長浜市）に陣を置くと、近隣地域に火を放つなどした。以降も、浅井氏との小競り合いなどもあったが、いまだ決定打には至らなかった。

六月二十八日、長政は約五千の兵を率いて出陣。これに朝倉景健《かげたけ》の率いる約八千の兵が合流し、姉川（同長浜市）に向かった（兵数は諸説あり）。長政は野村郷に陣を置き、織田軍と対峙した。一方の三田村《みたむら》（同長浜市）に着陣した朝倉軍に対して、信長の救援に駆けつけた徳川軍が対応。同日の午前六時頃に姉川を挟んで戦いが始まると、織田・徳川軍が浅井・朝倉連合軍に勝利を収めた。浅井・朝倉連合軍の戦死者は多数に上ったが、一方の織田・徳川軍も大きな痛手を被った（『言継卿記《ときつぐ》』）。七月四日、信長は義昭に戦勝報告をするため上洛すると、同月七日には岐阜へと戻った。

信長は浅井・朝倉連合軍との一戦で勝利を収めたが、それは反信長勢力が決起した序章にすぎなかった。七月二十一日、阿波に逃れていた三好三人衆は七、八千の兵を率い、摂津国に侵攻して野田《のだ》城、福島《ふくしま》城（以上、大阪市福島区）に陣を敷いた（『言継卿記』）。細川信元《のぶもと》（昭元《あきもと》）、かつて美濃を支配した斎藤龍興《たつおき》らのほか、四国の有力な諸氏が参陣していた。野田、福島という地域は大坂本願寺に近く、このことがのちに大きな禍根となる。

八月二十日、信長は岐阜を出発して京都に入り、二十五日には摂津へと出陣。その軍勢には将軍の奉公衆や公家衆も加わっており、総勢で六万余、あるいは二、三万とも記されている（『尋憲記《じんけんき》』など）。信長は、天王寺《てんのうじ》（大阪市天王寺区）に着陣した。一方で、信長は三好三人衆の率いる諸勢力に調略を仕掛け、三好為三《いさん》を寝返らせることに成功していた。八月三十日には、足利義昭も約二千の兵と共に摂津国に出陣する。

信長は大坂本願寺の近くに砦を築いたのち、陣を天満《てんま》（大阪市北区）から海老江《えびえ》（同福島区）へと移した。信長は野田城、福島城に大砲を撃ち込んで有利に戦いを進めると、三好三人衆は和睦の交渉を持ちかけてきた。

この申し出に対し、信長は落城が間近と考えて和睦交渉を拒否した。こうした状況に敏感に反応したのが、大坂本願寺の顕如《けんにょ》だった。九月以降、信長の動向に危機感を募らせた顕如は、美濃・近江の門徒に対して檄を飛ばし、仏敵の信長との戦いを命じた。顕如は野田城などが落城すれば、やがて自分たちが攻撃目標になると予想したのだ。こうして、信長と大坂本願寺は、約十一年にわたる長期戦に突入した。

九月十日、北近江の浅井久政《ひさまさ》・長政父子は、大坂本願寺と同盟関係を結んだ（『顕如上人御書札案留』）。十月一日になると、大坂本願寺は阿波の篠原長房《ながふさ》と同盟関係を締結し、互いに誓紙《せいし》を交わした。こうして、阿波・讃岐からは、三好三人衆の約二、三万の兵が摂津国へ渡ってきた。それ以前の九月十二日、すでに大坂本願寺は織田軍と交戦状態に入っており、佐々成政《さっさなりまさ》は九月十四日の春日井堤《かすがいつつみ》（大阪市都島区）の戦いで怪我を負っていた。

浅井・朝倉連合軍の挙兵

同じ頃、大坂本願寺や三好三人衆の動きに呼応した浅井・朝倉連合軍は、約三万の兵と共に近江を南下し、坂本付近に迫った。元亀元年（一五七〇）九月二十日、森可成の籠る宇佐山城は、浅井・朝倉連合軍の攻撃で落城。可成自身も討死にし、付近一帯は放火されて火の海となった。

勢いを得た浅井・朝倉連合軍は、同年九月二十一日に近江と山城の国境付近の逢坂《おうさか》を越えて、醍醐《だいご》、山科《やましな》方面に侵攻して火を放った。その一報を受けた信長は、光秀らを京都に戻した。同年九月二十三日、摂津の陣を引き払い、直ちに義昭と共に帰京。信長は挨拶に訪れた吉田兼見《かねみ》に対して、比叡山から白川（京都市左京区）を経て近江を越える、山中《やまなか》越えのルートの遮断を依頼し、自らは坂本に軍を進めた。

その間、三好三人衆は河内の高屋《たかや》城（大阪府羽曳野市）や山城の御牧《みまき》城（京都府久御山町）を攻め、攻撃を受けた野田・福島の両城の普請を行った。また、尾張・美濃方面の交通を遮断すべく、一向一揆が挙兵したが、それらの動きは羽柴秀吉によって封じられた。同年十一月になると、伊勢長島（三重県桑名市）の一向一揆が蜂起し、織田信興《のぶおき》（信長の弟）が籠る小木江《こきえ》城（愛知県愛西市）に攻め入んだ。結果、敗北した信興は自害して果てた。信長は摂津方面の三好三人衆や大坂本願寺、近江の浅井・朝倉連合軍から挟撃されるような格好になった。

近江に至った織田軍は、穴太《あのう》、田中、唐崎《からさき》（以上、滋賀県大津市）に軍勢を配置し、信長自身は宇佐山城に本陣を置いた。その際、光秀も織田方の軍勢に加わり、穴太に陣を置いたが（『信長公記』）、九月二十六日には一色藤長ら幕府衆と共に帰陣（『言継卿記』）。そのほか、八瀬《やせ》、大原《おおはら》（以上、京都市左京区）方面には山本氏らが、勝軍地蔵山《しょうぐんじぞうやま》（同左京区）には三好為三ら二千の軍勢が陣を敷いていた。

九月二十五日、織田軍と浅井・朝倉連合軍は青山《あおやま》、壺笠山《つぼかさやま》（以上、滋賀県大津市）で交戦に至り、やがて戦いは一乗寺《いちじょうじ》（京都市左京区）などに展開した。十一月二十五日、猪飼《いかい》氏ら堅田《かたた》衆が信長に与し、事態は急変した。信長は家臣の坂井政尚《まさひさ》を堅田（滋賀県大津市）に入れたが、浅井・朝倉連合軍は反撃に転じ、政尚らは討たれた。

勅命講和と和睦の成立

戦いの結果、浅井・朝倉連合軍は多数の戦死者や怪我人を出し、織田軍も相当な数の戦死者を出した（『尋憲記』）。元亀元年（一五七〇）十一月下旬になると、にわかに情勢に変化が出てきた。浅井・朝倉連合軍は堅田を死守したとはいえ、長い冬を乗り切る余力がなかった。三好三人衆に与同していた篠原長房は、松永久秀《ひさひで》の調略に応じて和睦に踏み切った。長らく信長に敵対し続けた六角承禎父子も、和睦に応じた。

こうした機運もあり、十一月二十八日に義昭と関白二条晴良《はれよし》が三井寺《みいでら》（滋賀県大津市）で面会し、和睦に向けて話し合いの場を持った。条件の交渉は、晴良が中心となって進めた。結果、近江北郡の所領に関しては、浅井長政が三分の一、残り三分の二を信長に配分することでまとまった。しかし、比叡山は信長に根強い不信があったのか、和睦には容易に応じなかった。

十二月九日、正親町《おおぎまち》天皇は比叡山領を安堵するという綸旨《りんじ》を出すと、信長は義昭に対して綸旨に同意する旨の誓紙を提出。やがて、比叡山が和睦を受け入れると、朝倉義景《よしかげ》も和睦に同意した。その後、義昭の家臣三淵藤英《みつぶちふじひで》の子と信長の二人の子が朝倉方に人質として渡され、朝倉方も織田方に二人の子を人質として送り、和睦は成立した。

その間の光秀について、少し話をしておこう。九月二十六日に近江から帰陣した光秀は、勝軍山城（京都市左京区）に入ったが、その後の動きはほとんどわからない。十一月十三日、光秀は勝軍山城を出て、吉田神社（同左京区）の吉田兼見のもとを訪れた。光秀は石風呂（蒸し風呂）を満喫したあと、兼右《かねみぎ》（兼見の父）を誘って勝軍山城に戻った。以後も光秀は、吉田神社と勝軍山城を往来したようである。

光秀と宇佐山城

時期は確定できないものの、元亀元年末から元亀二年（一五七一）にかけて、光秀はかつて森可成が城主を務めた宇佐山城を与えられたと考えられる。『信長公記』元亀元年五月六日条には、「志賀の城・宇佐山拵《こしらえ》、森三左衛門（可成）をかせられ」との記述がある。

宇佐山城は、近江神宮の裏手にある宇佐山（標高三三六メートル）の頂上に築城された。城跡は本丸と二の丸、三の丸が今も確認でき、背の高い石垣が随所に残っている。城跡からは琵琶湖や湖西の平野が一望でき、要害の地だったのは明白である。

森可成の時代に関しては、『多聞院日記』永禄十三年（一五七〇）三月二十日条に次の通り書かれている。


内々三井寺、大津、松本可有見物之通ナルニ、今度今道北、ワラ坂南、此二道ヲトメテ、信長ノ内、森ノ山左衛門城用害、此フモト二新路ヲコシラヘ、是へ上下ヲトヲス、余ノ道ハ堅トヾムル故、三井寺へ通ル物ハ道ニテ剝取ト申間、乍思不参見、渡了、残多者也、新路ノ大ナル坂ヲ超ヘテ、山中ト云所ヲ通リ、白川へ出、東山ノ辺ヲ通ル、

英俊《えいしゅん》は三井寺、大津などを見物しようとしたが、南北の道が封鎖されていた。信長配下の森可成は、宇佐山城の麓に新しい道を二つ造り、そこを通行させたという。後段では、新しい道から比叡山の山中を越えて白川《しらかわ》（京都市左京区）へ至り、東山《ひがしやま》まで道が通っていたと記す。つまり、宇佐山城は近江と京都を繋ぐ交通の要衝地にあった。同時に、街道を監視する役割もあったようだ。

元亀二年七月三日、光秀が宇佐山城を出て、上洛したことがわかる（『元亀二年記』）。宇佐山城を与えたのは義昭ではなく、信長だったのは疑いない。これ以前から光秀は、義昭のもとを離れることを切望していた。先述した通り、宇佐山城は比叡山の麓に位置し、山中を抜けて京都の白川に至る、湖

西における交通の要衝地にあった。信長がこの地を光秀に任せたのだから、その力量を高く買っていたことがうかがえる。

比叡山の焼き討ちと光秀

信長は浅井・朝倉と和睦を交わしたが、長くは関係が続かなかった。元亀二年（一五七一）二月、浅井氏の家臣で佐和山城《さわやま》（滋賀県彦根市）を守備していた磯野員昌《いそのかずまさ》が、突如として織田方に寝返ったのだ。佐和山城は美濃と近江の結節点にあり、交通の要衝地だったので、浅井氏にとっては大きな痛手となった。

信長は磯野氏の代わりに、家臣の丹羽長秀を佐和山城に送り込んだ。五月、信長は長島の一向一揆と戦ったが、敗北。その間には、顕如の子教如《きょうにょ》と朝倉義景の娘との縁談がまとまり、両者の同盟関係が築かれた。八月、信長は浅井氏を攻めるために出陣し、さらに金森《かなもり》（滋賀県守山市）まで軍を進めた。金森は、近江の一向一揆の拠点だった。結果、一向一揆は信長に降参し、人質を差し出した。

比叡山も反信長の姿勢を鮮明にし出した。そもそも比叡山は信長との和睦を渋っていた節があり、実際に回答も滞っていた。交渉を担当していた二条晴良は憤慨しており、それは信長も同じ気持ちだった。信長は比叡山が要請に応じることなく、また一応は和睦が成立したものの、近江から撤退した無念を晴らそうと考えた（『信長公記』）。こうして決行されたのが、悪評高い比叡山の焼き討ちである。

比叡山の焼き討ちに際しては、光秀も一役買っていた。同年九月二日、光秀は和田秀純《ひでずみ》に書状を送っている（「和田家文書」）。和田氏は、宇佐山城からほど近い雄琴《おごと》（滋賀県大津市）の土豪だった。秀純は近隣の土豪の八木氏と共に光秀に与することを約束し、鉄砲や弾薬の補給を受けて、仰木《おおぎ》（同大津市）を攻略することになった。信長は志村《しむら》城（同東近江市）を攻略し、その後は長光寺（同近江八幡市）に全軍を結集する計画だったという。光秀は、信長から近江の土豪を調略する役割を与えられていた。

信長が比叡山の焼き討ちを実行したのは、同年九月十二日のことだ。その様子は、『信長公記』に詳しく記されている。比叡山内の建物や経典は残らず灰燼と帰し、山内の僧侶、女性、子供も捕らえられ、悉く首を打ち落とされた。それは目も当てられぬ光景であり、比叡山には焼けた建物とおびただしい死骸だけが眼前に広がった。

信長は無宗教者だから、徹底的に宗教を弾圧したというが、それは誤った理解である。信長には寺社に所領の寄進をするなど、信仰心があった。信長が大坂本願寺や比叡山などに断固たる交戦を臨んだのは、単に彼らが宗教者としての本分を守らず、信長に歯向かったからにすぎないのだ。

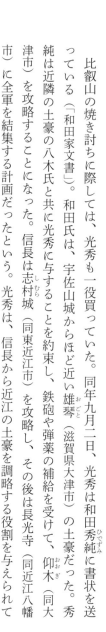

光秀と坂本城

比叡山の焼き討ち後、信長は直ちに家臣に恩賞を与えた。佐久間信盛は湖南地方の野洲郡と栗田《くりた》郡を与えられ、六角氏の旧臣である進藤《しんどう》、青地《あおち》、山岡《やまおか》の三氏を新たに与力として付けた。これにより、信長は美濃から近江を経て京都に至る経路を確保できた。

光秀に対しては、志賀郡が与えられた。志賀郡は現在の大津市域を占めており、比叡山の東麓に位置していた。光秀が居城である坂本城を築いたのは、比叡山麓の坂本だった。坂本は山中越えによって京都の白川に至るという、交通の要衝地だった。それは陸路だけでなく、琵琶湖の湖上ネットワークを生かした、水上交通の起点でもあった。とりわけ堅田は自治が行われており、堅田船という船団を保有していた。ルイス・フロイスは、堅田を「甚だ富裕なる町」と評した（『日本史』）。

光秀にも、近江や山城に本拠を持つ有力な与力が付けられていた。与力となった磯谷《いそがい》氏は山中、渡邊氏は田中（京都市左京区）、山本氏は岩倉《いわくら》（同左京区）と、山中越えのルートに本拠を構える土豪ばかりで、彼らは光秀と入魂《じっこん》の吉田兼見の親類でもあった。高野《たかの》（同左京区）に本拠を持つ佐竹《さたけ》氏も、この頃に光秀の与力になったと考えられる。

光秀が築いた坂本城の記録は、『兼見卿記』元亀三年（一五七二）閏正月六日条で確認できる。この日は雪が降っていたが、坂本城の普請が行われた。『兼見卿記』同年十二月二十四日条によると、坂本城には天主（天守）が築かれており、兼見は大変驚いたという。ルイス・フロイスの『日本史』には、坂本城が豪壮華麗で安土城に次ぐ名城と高く評価している。

天正六年（一五七八）一月、堺の豪商で茶人の津田宗及《そうぎゅう》は、坂本城で催された茶会に出席した。その後、宗及は安土城（滋賀県近江八幡市）に向かったが、坂本城内から船に乗って、琵琶湖を利用した。

また、近年の発掘調査により、中国から輸入されたと考えられる青磁、青白磁、白磁などのほか、大量の瓦、壺、甕《かめ》、碗、鉢、擂鉢《すりばち》、天目《てんもく》茶碗、銭貨、鏡、刀装具、鋲《びょう》などの遺物が発掘された。光秀の高い立場をうかがえる調度品と評価できよう。

義昭の挙兵

義昭は軍事力でこそ圧倒的に信長に劣っていたが、現職の将軍であるという最大の強みがあった。信長と決裂したにしても、各地には義昭に協力しようとする有力な諸大名が存在したのである。甲斐の武田信玄や越後の上杉謙信などが代表であり、近隣では越前の朝倉義景や北近江の浅井長政がいた。ところが、それらの大名は遠方であったり、周囲の敵対勢力との対応のために動きが取れなかったというのが現実だった。いずれにしても、義昭が信長への反旗を可能にしたのは、有力大名が馳せ参じてくれるという大きな期待があったからだと言えよう。

元亀四年(一五七三)二月、ついに義昭は二条城で挙兵し、信長に軍事行動を起こした。『信長公記』には「公方様御謀叛」と書かれており、信長の認識では義昭の行動は謀反だった。その間、義昭は御《ご》所《しょ》の防備を固め、信長の軍勢に備えていた様子がうかがえる。義昭が挙兵すると、光秀は信長陣営に与して戦った。同時に義昭は、配下の山岡光浄院(景友《かげとも》)と光秀の与力だった磯谷、渡辺の両氏に対し、今堅田《いまかたた》(滋賀県大津市)に軍勢を送り込み、石山《いしやま》(同大津市)に砦を築くよう命令。石山砦には、救援として伊賀・甲賀衆が入っていた。

磯谷、渡辺の両氏は、光秀を裏切ったのである。二月十日、山岡氏らは兼見のもとに預物を持参した。預物とは金銭などのことで、万が一に備えて第三者に預ける慣行があった。しかし、兼見は申し出を拒絶する一方、光秀には見舞いを行っている。兼見と光秀との間には、厚い信頼関係があった。もちろん、信長が敵対した石山砦を見過ごすはずがない。

二月二十四日、信長の命を受けた光秀、柴田勝家、丹羽長秀、蜂屋頼隆《はちやよりたか》らは、勢多《せた》（瀬田。同大津市）方面から石山砦に侵攻し、攻撃を仕掛けた。二日後の二十六日、光秀らの軍勢に石山砦は落され、砦は破却された。その際、山岡光浄院（景友）は、織田方に与した兄景隆《かげたか》の説得を受けて降伏・開城した。天正元年に義昭が追放されて以後は、信長の配下になった。

二月二十九日、光秀らは義昭に与同する今堅田に攻め込んだ。丹羽、蜂屋は南部から陸路で今堅田を攻め、光秀は琵琶湖上から囲舟で攻略し、戦いは光秀らの勝利に終わった。これにより志賀郡の大半は織田方の勢力が優勢となり、光秀の足元も安泰となった。役目を終えた柴田、蜂屋、丹羽の諸氏は帰陣した（『信長公記』）。

光秀と近江の家臣たち

戦いの中で、光秀は革島《かわしま》氏に書状を送っている。革島氏は山城国葛野《かどの》郡革嶋南荘（京都市西京区川島）

に本拠を置き、織田方に与していた。元亀四年（一五七三）に推定される二月十四日付けの光秀書状は、革島忠宣《ただのぶ》に宛てたものである（「革嶋家文書」）。忠宣は二月十三日の木戸《きど》（滋賀県大津市）表の戦いで数カ所の怪我を負いながらも、敵を討ち取った。光秀は忠宣の手柄を称えると共に、怪我の養生に努めるよう申し伝えている。

同じく元亀四年に推定される二月二十四日付けの光秀書状は、革島秀存《ひでまさ》に宛てたものである（「革嶋家文書」）。いまだに今堅田（同大津市）に敵が籠ってるが、近日中に落とせるだろうから、安心してくださいと述べている。また、忠宣の手の怪我も良くなるようにと申し伝えた。光秀は秀存の周囲で雑説（根拠のない噂）があり、心もとないだろうと述べ、御用があれば承ると書いている。いまだに情勢が落ち着かないがゆえの配慮だろうか。

四月二十八日、光秀は船大工の三郎左衛門に書状を送った（「渡文書」）。三郎左衛門は、船大工として坂本近辺に居住していたのだろう。光秀は一連の近江での戦いにおける、三郎左衛門の功を称え、屋地子《やじし》（地代）、諸役、万雑公事《まんぞうくじ》（年貢以外の様々な夫役や雑税の総称）の免除を申し伝えた。

光秀が勝利を得たといっても、多くの家臣らが戦死するなど、決して人的な損失は免れなかった。討死にした配下の千秋輝季《せんしゅうてるすえ》もその一人で、父の月斎は悲嘆に暮れるばかりだったという（『兼見卿記』）。五月十四日、光秀は戦死した配下の者（十八名）を弔うため、西教寺《さいきょうじ》（同大津市）に戦死者一人につき一斗二升を寄進した。西教寺は、光秀ら明智一族の菩提寺でもある。

光秀を裏切った山本対馬守は、再び信長と義昭が決裂した天正元年（一五七三）七月、光秀から本拠の静原山《しずはらやま》（京都市左京区）に攻撃を受け、十月に討ち取られた。山本氏の首は、伊勢に在陣中だった信長のもとに送られたのである。磯谷久次《ひさつぐ》は大和の吉野（奈良県吉野町）に潜伏していたが、天正六年に吉野の郷民によって殺害された。

光秀が支配していた近江関係の家臣では、猪飼氏、大中寺氏、川野氏、堀田氏、小黒氏、八木氏、和田氏などの存在が確認できる。うち猪飼秀貞《ひでさだ》は、明智姓を与えられていた。姓を与えられるほどだから、光秀から全幅の信頼を寄せられていたのだろう。

浅井氏・朝倉氏の滅亡

義昭を屈服させた信長は、すぐさま近江浅井氏、越前朝倉氏の討伐に動いた。元亀四年（一五七三）七月二十六日、京都を発った信長は、巨大船に乗って近江高島郡へ出陣した。近江高島郡は、江北の浅井氏と越前から南下する朝倉氏の結節する地点だった。信長は陸路からも軍勢を差し向け、木戸城、田中城を次々と落した。木戸・田中の両城は光秀に与えられた。この勝利により、湖西方面で織田方は優位になった。

天正元年（一五七三）八月になると、浅井氏の配下にあった阿閉《あつじ》氏、浅見《あさみ》氏が裏切り、信長の配下に加わった。同じ頃、越前の朝倉氏は余呉《よご》、木之本《きのもと》（以上、滋賀県長浜市）まで出陣し、信長の軍勢と交戦。その際、信長は自ら出陣して蹴散らすと、逃げる朝倉軍を追撃した。織田軍は越前へ退却する朝倉軍を激しく追撃し、敦賀（福井県敦賀市）付近に至るまで、朝倉軍の約三千の兵が討たれたという。中には、朝倉氏の一族や重臣が含まれるなど、朝倉氏にとって大きな痛手となった。

八月、織田軍は敦賀から越前国内に攻め込むと、義景は一乗谷を捨てて賢松寺《けんしょうじ》（福井県大野市）に逃亡。一乗谷に住んでいた武士・町人も織田軍に恐れをなして、散り散りになって逃げ出した。その間、義景の母、嫡男阿君丸《くまぎみまる》は織田軍に捕縛され、無残にも殺害された。同年八月二十日、朝倉景鏡《かげあきら》（義景の従兄弟）が織田方に寝返ったことが決定打となり、最終的に義景は自害して果てたのである。こうして、朝倉氏は滅亡した。

越前朝倉氏の討伐後、次に信長がターゲットにしたのは、朝倉氏と同盟を結んでいた江北の浅井氏である。八月二十六日、越前を発した信長は、浅井氏の居城である小谷城に近い虎御前山に陣を敷いた。翌八月二十七日に羽柴秀吉が小谷城の京極丸に攻め込むと、その翌日に浅井久政（長政の父）が自害に追い込まれた。

九月一日には小谷城が落城し、長政自身も自害して果てた。長政の妻のお市（信長の妹）と娘の三人（茶々《ちゃちゃ》、初《はつ》、江《ごう》）は辛うじて城を脱出したが、嫡男でわずか十歳の万福丸《まんぷくまる》は織田軍に捕縛され、関ヶ原（岐阜県関ケ原町）で磔刑《たっけい》に処せられた。三人の娘はとりあえず信長が引き取ったものの、これにより浅井氏は滅亡した。大いに軍功を挙げた秀吉には、浅井氏の旧領が給与された。

戦後、信長は浅井久政・長政の首に箔濃《はくだみ》（漆を塗り金粉を施すこと）を施し、家臣に披露した。この逸話は、信長の残酷性を表す措置と見る向きもあるが、首に敬意を払った死化粧との見解もある。

光秀による近江支配

光秀による近江支配に関する史料は、実に乏しいと言わざるを得ない。先述の通り、元亀二年（一五七一）の比叡山焼き討ち後、光秀は近江坂本に本拠を置いた。近江は信長配下の諸将が支配しており、栗太・野洲の二郡は佐久間信盛が、高島郡は磯野員昌が支配していた。以下、光秀の支配について、いくつかの事例を取り上げることにしてみよう。

天正二年（一五七四）七月八日付けの光秀書状は、伊藤宗十郎に宛てたものである（『思文閣古書資料目録』二二三号所収）。内容を確認しておこう。尾張・美濃の唐人方、呉服方の商売役（商売にかかる税）について、信長の朱印をもって仰せ付けられた。坂本辺りについても、商人以下へそのことを周知させるよう、舟奉行・町人へ申し付けることを命じたものである。つまり、光秀の支配下にあった坂本においても、商人らに商売役の賦課を命じたのだ。

一方で、在地支配についても関係する史料がある（以下、「伊藤晋氏所蔵文書」）。高島郡打下《うちおろし》（滋賀県高島市）と志賀郡小松（同大津市）との間では、鵜川《うかわ》（同大津市）の帰属をめぐって長期にわたり相《そう》論《ろん》が続いていた。その間、室町幕府や近江守護の六角氏がたびたび裁定を両者に下したが、争いは止むことがなかった。光秀は志賀郡を支配して以降、その裁定を行っていたことが明らかになっている（長谷川：二〇〇九、鈴木：二〇一一）。

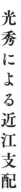

天正三年に比定される十月二日付けの光秀判物《はんもつ》は、小松荘惣中に宛てたものである。内容は小松荘内の鵜川の年貢について、打下の百姓から鵜川の帰属をめぐって問題となっているが、小松荘内の者が鵜川の田地を刈り取り、約束の通り光秀方に納入するよう求めた。つまり、光秀は鵜川の帰属を小松荘に認めたことになろう。

同じく天正三年に比定される十一月二十一日付けの光秀判物は、小松（荘）惣中に宛てたものである。この史料の内容は、志賀郡と高島郡の境目について、以前の通り「北小坂四拾八体」（鵜川四十八体石仏群）に限ることを通告している。鵜川四十八体石仏群は、白鬚神社から北へ旧西近江路を約六〇〇メートル進んだところに位置し、鵜川地域に含まれている。小松荘は光秀の指示に従って鵜川の田地を管理するようにし、もし打下から違乱があった場合は、報告するよう伝えた。

この裁定によって、光秀は高島郡と志賀郡との群境を決定した。高島郡を支配していたのは、先に触れた浅井氏旧臣の磯野員昌だった。天正六年に磯野氏が出奔したあとは、津田信澄《のぶずみ》が領した。天正六年に比定される一月二十九日付けの光秀判物は、伊藤氏の一族四名に宛てたものである。内容は鵜川の開墾について、伊藤氏一族が奉行すべきことを命じたものである。その措置を怠った場合は落ち度とし、特に力を入れるよう命じた。そして、境目などのことに関しては、信長の朱印状によって仰せつけるので、牓示《ぼうじ》（境界線を示すもの）に注意するよう伝えた。

高島郡は光秀の支配下になかったので、上級権力である信長に裁定を求めた。その裁定結果に基づき、光秀は高島郡と志賀郡との国境を定めたと指摘されている。

山門領などの押領

志賀郡を領した光秀は、たびたび山門領など寺社領を押領した。

元亀二年（一五七一）十月、光秀は廬山寺《ろざんじ》（京都市上京区）を延暦寺の末寺であると号して、その寺領を押領した（「蘆山寺文書」）。しかし、蘆山寺は延暦寺と同じ天台宗ではあるが、その末寺ではない。残念ながら、その後の状況は詳しくわかっていない。

元亀二年十一月、光秀は三門跡（曼殊院《まんしゅいん》、青蓮院《しょうれんいん》、妙法院《みょうほういん》）領の近江舟木荘《ふなき》（滋賀県近江八幡市）を押領した（以下、『言継卿記』による）。光秀は三門跡領を延暦寺領であると号して、押領に及んだという。そこで、延暦寺は室町幕府を通して、信長に三門跡領の還付を依頼しようとした。しかし、幕府の対応は遅々として進まず、状況は改善しなかった。

このままでは埒が明かないので、朝廷から信長に綸旨を下し、事態を打開しようとした。綸旨の内容は、三門跡領が光秀に押領されたことを述べ、門跡領は「朝恩天下安全」のためのものであるが、すでに支配がままならない状況であると訴えた。そこで、以前のように三門跡領を問題なく支配できるよう、取り計らいを依頼したものである。光秀は信長の配下にあったので、信長を頼るよりほかはなかった。

乏しい近江支配の記録

光秀と言えば近江のイメージが強いものの、その関連史料は極めて乏しく、支配の実態を探ることは困難である。

しかし、光秀が信長に従って各地を転戦し、近江坂本に本拠を与えられたことは、その後の運命を決定づけたと言ってもよいだろう。以降、光秀は畿内各地を中心にして転戦するようになり、やがて京都支配の一端にも携わった。大和支配にも関与する。さらに、信長から丹波を与えられるなど、重臣としての地位を不動のものにした。つまり、光秀が近江を与えられたのは、信長から厚い信頼を得ていたことの証左ともなろう。

一方で、課題が残るのも事実である。冒頭で示した「光秀近江出自説」は地元を中心にして、急速に広まっているが、今一度根拠となる史料を精査する必要がある。『針薬方』に書かれている、永禄九年（一五六六）十月に光秀が田中城（滋賀県高島市）に籠城していた件についても、同様に史料の性質を精査し、光秀が医者だった説も含めて再検討する必要があろう。

【主要参考文献】
井上　優「「淡海温故録」における明智十兵衛の正体——光秀は近江国で生まれたか？」（『現代思想』四七巻一六号、二〇一九年）

太田浩司「史料で読み解く　明智光秀の生涯」（サンライズ出版編『明智光秀ゆかりの地を歩く』サンライズ出版、二〇一九年）
鈴木将典「明智光秀の領国支配」（戦国史研究会編『織田権力の領域支配』岩田書院、二〇一一年）
谷口克広「元亀年間における信長の近江支配体制について――織田宿将の分封支配をめぐって」（『日本歴史』四七一号、一九八七年）
谷口研語『明智光秀　浪人出身の外様大名の実像』（洋泉社歴史新書y、二〇一四年）
長谷川裕子「湖西の村の「生存史」――鵜川をめぐる小松・打下の三百年闘争」（蔵持重裕編『中世の紛争と地域社会』岩田書院、二〇〇九年）
福島克彦『明智光秀と近江・丹波――分国支配から「本能寺の変」へ』（サンライズ出版、二〇一九年）
村井祐樹「幻の信長上洛作戦」（『古文書研究』七八号、二〇一四年）

第四章　明智光秀と京都支配

秦野裕介

光秀と京都の関わり

明智光秀は京都には浅からぬ縁があった。光秀と京都の関わりは多岐にわたるが、本章では主として光秀が京都代官として京都の市政に携わった時期、すなわち永禄十二年（一五六九）に上京してから、天正三年（一五七五）に丹波攻めの総大将となって京都の市政の担当から外れるまでを述べていく。

織田政権の京都支配について、主要な働きをしたのは村井貞勝《さだかつ》である。彼は「天下所司代」と呼称され、様々な職務を果たしていたことが明らかにされている。例えば所領安堵（権利の保証）や役の賦課・免除、寺社統制、検断権（警察・刑事裁判権）、朝廷との交渉などである。貞勝の果たした職務については朝尾直弘氏（朝尾：一九六九）以降、様々に議論されている。近年では谷口克広氏が村井貞勝について触れている（谷口：二〇〇九）。そして、貞勝と共に明智光秀もまた京都支配を担当していたことは、貞勝について触れる時に必ずといっていいほど言及される。

光秀と貞勝を並べて「両代官」と呼ぶことがあり、この時期の光秀の地位を「京都代官」と呼ぶことも多い。しかしながら、光秀が「京都代官」として活躍したのは天正三年までで、それ以降、彼は丹波攻めに取りかかることになり、京都支配は貞勝に委ねられることになる。

　では、いつから光秀が「京都代官」だったのか、については少し難しい問題が横たわる。というのは、光秀は当初は足利義昭と織田信長に両属する関係であり、義昭追放前と追放後では性格が少し変わるからである。義昭と光秀の関係については第二章に譲り、本章では必要に応じてこの時期の光秀について言及するにとどめたい。また光秀は、この時期は本拠地を近江に置いており、近江支配については第三章で述べられているので、その点も必要に応じて概要に触れるにとどめる。

京都代官とはどういう役職だったのか

　織田信長が足利義昭を擁立して上洛したことで、信長は京都の市政にも携わることとなる。ただし信長は京都に常駐することはなく、基本的には岐阜、のちには安土におり、実際の京都市政は信長が任命した「京都代官」と呼ばれる役職を置いて、彼らに任せていた。

　義昭と信長が、それまで京都を制圧してきた三好三人衆を駆逐し、征夷大将軍に任命されたのは永禄十一年（一五六八）の十月のことである。年末には信長は岐阜に帰り、五人の家臣を残していった。村井貞勝・佐久間信盛《のぶもり》・丹羽長秀《にわながひで》・明院良政《みょういんりょうせい》・木下秀吉である。貞勝は行政官僚として信長に仕えており、明院良政は信長の右筆であった。長秀・信盛・秀吉は信長の部将である。

翌年正月、三好三人衆が義昭の将軍御所であった本圀寺《ほんこくじ》を襲撃する本圀寺の変が起きた。奉公衆と近江・若狭の国衆の奮戦と、急を聞いて駆けつけた周辺の守護や国衆によって三好三人衆は撃退されるが、本圀寺という寺院の仮御所では脆弱すぎるということで、信長は二条烏丸《からすま》に新たな御所を造ることにした。

それ以降は室町幕府の再建が大きなテーマになる。その中で義昭は、信長に副将軍もしくは管領《かんれい》への就任と斯波《しば》武衛《ぶえい》家の継承を持ちかけるが信長はそれを拒否し、室町幕府の中には入らずに外から室町幕府と協調する方針を選んだ。この時期はしばしば二重政権と評されるが、信長側からは村井貞勝らが、義昭からは細川藤孝《ふじたか》・和田惟政《これまさ》らの武人と内政担当者として足利義昭の「足軽衆」（黒嶋：二〇一二）であった明智光秀が加わっている。

では、明智光秀と共に京都で仕事にあたった面々のプロフィールを眺めておこう。

光秀と共に京都の市政に携わった人にはどんな人がいたのか

村井貞勝（?～一五八二年）もまた光秀と同じく前半生が不明な人物で、『太閤記』には近江国出身と伝える。生年も不明であるが一五二〇年頃だろうと言われている（谷口：二〇〇九）。信長の吏僚として活躍し、京都にあまりいつかなかった信長（河内：二〇一八）に代わって、「京都代官」「天下所司代」として京都の市政を担当し、天正十年（一五八二）六月、本能寺の変で信長や織田信忠《のぶただ》と運命を共にした。

佐久間信盛（一五二八?～一五八二）は部将として、時には吏僚として信長家臣団の筆頭として活躍するが、天正八年（一五八〇）、十九条の折檻状《せっかんじょう》を突きつけられ、高野山に追放となり、彼が担当していた「近畿管領」の地位は明智光秀に引き継がれることとなる。

丹羽長秀（一五三五～一五八五）は主として美濃攻めの軍功で台頭し、佐久間信盛失脚後には柴田勝家に次ぐ地位に上り詰める。本能寺の変の時には織田信孝の四国派遣軍の副将として派遣され、本能寺の変に際しては羽柴秀吉の軍に参戦して山崎合戦で光秀を破る。その後は秀吉に従い、越前と加賀の一部を与えられた。

明院良政（?～?）については詳細不詳である。右筆であり、活躍期間も短く、元亀元年（一五七〇）頃には死去したと考えられている。

木下秀吉（一五三七～一五九八）は信長の小者から身を起こし、信長の上京の頃には有力部将にまで伸し上がっていた。本能寺の変の頃には中国攻めに従事しており、「中国大返し」で山崎合戦を制圧して天下人となっていく。

次に足利義昭の周辺人物である。

細川藤孝（一五三四～一六一〇）は将軍近習の三淵晴員《みつぶちはるかず》の子として生まれ、細川晴広《はるひろ》の養子となり、十三代将軍足利義輝《よしてる》暗殺後には義昭を支えて幕府の復興に尽力する。しかし、信長との関係が深かったために信長と義昭の対立が深まると信長に仕え、信長のもとで出世する光秀の与力となり、息子の忠興《ただおき》と光秀娘の玉《たま》（ガラシャ）の婚儀を通じて光秀と密接な関係を結ぶことになる。本能寺の変に際しては光秀に加担することを拒否し、剃髪して玄旨《げんし》、雅号を幽斎《ゆうさい》と名乗る。

和田惟政（一五三〇?〜一五七一）は甲賀の有力豪族から幕府奉公衆となり、足利義昭擁立に力を尽くした。義昭の将軍就任後は信長と義昭に両属する形で活躍し、三好三人衆の一人三好長逸《ながやす》と手を組んだ荒木村重《むらしげ》と交戦して敗死した。

光秀上京す

明智光秀の前半生は、ほぼ不明である。生年すら不詳であり、父親の名前も判然としない。美濃の守護職だった土岐《とき》氏の支流の明智氏に生まれ、斎藤道三《どうさん》に仕えたのち朝倉義景《よしかげ》に仕え、その後は足利義昭に仕えた、という物語が人口に膾炙《かいしゃ》しているが、現在では少なくとも細川藤孝に仕えていたのではないかと見られている（金子：二〇一九、渡邊：二〇一九）。あるいは浪人医師であったという見解も出されている（早島：二〇一九）。いずれにせよ、歴史の表舞台に光秀が登場してくるのは京都代官時代である。

光秀がいつ史料上に現れるかといえば、「光源院殿御代当参衆《こうげんいんどのおんだいとうさんしゅう》并《ならびに》足軽以下衆覚《あしがるいかのしゅうおぼえ》」（黒嶋：二〇〇五）とされている。永禄十年か同十一年の成立と見られている。近年『針薬方』「奥書」に注目して永禄九年に引き上げる議論もある（早島：二〇一九）が、さしあたりこの頃までの光秀が不明であることは間違いがない。そして、現在確定されている光秀発給の初出文書は永禄十二年、光秀が京都に在住している時である。この文書は朝山日乗《あさやまにちじょう》、村井貞勝と共に発給した文書である。この文書について少し見ていきたい。

光秀の初出文書――朝山日乗との協働

現在、陽明文庫に所蔵されている二月二十九日付けの朝山日乗・村井貞勝・明智光秀連署状が光秀の初出文書である。この文書は奥野高広著『増訂織田信長文書の研究』と藤田達生・福島克彦編『明智光秀 史料で読む戦国史』所収の「明智光秀文書集成」に収められている。以後『織田信長文書』は「信十五」、「明智光秀文書集成」は「光二」という形で表記する。

この文書は『織田信長文書』補遺十五号文書（信補十五）、「明智光秀文書集成」二号文書（光二）である。

ここで新たに出てきた朝山日乗（?～一五七七）は日蓮宗の僧侶で、大友宗麟《そうりん》と毛利元就《もとなり》の和睦の使者となったり、村井貞勝と共に禁裏の修理を担当したりしている。キリシタン排斥を図り、和田惟政を陥れようとして最終的に信長の信頼を失い、失脚した。

貞勝・日乗と共に連署している、この時の光秀の立場は明らかではない。渡邊氏は「信長の家臣として発給したもの」（渡邊：二〇一九）としている。

内容は「公方様・御台様」の「御座所近辺」における士卒の寄宿の禁止を「仰せ出された」ことを伝えている。この「公方様」に関しては足利義昭であろうが、「御台様」が誰か、という問題がある。というのは義昭には正室、つまり「御台様」はいなかったからである。これについては信長の正室である濃姫の可能性が指摘されているが（奥野：一九八八）、宛先が「近衛《この え》殿御門外」「同五霊図師」となっていることを考えれば濃姫である可能性は低いと考える。「近衛殿」の「五霊」つまり「御霊殿」は近衛家の女性の住んだ場所であり、本来の近衛殿が消失したのちは近衛家当主の在所となっていた。当時、近衛家当主の前久《さきひさ》は義輝暗殺事件への関与を疑われて追放されていたので、御霊殿にいたのは前久の姉妹で足利義輝の後室ではなかったか。そして彼女であれば「御台様」として扱われるのも、義昭とセットで出てくるのも納得がいく。

もう一つ、「仰せ出され」の主語が問題である。ここは信長と義昭の可能性があるが、いずれとも決しがたい。

この文書のポイントは、貞勝と光秀だけでなく朝山日乗が出てきているという点である。日乗は立場の複雑な人物で（渡邊：二〇一九）、当時は朝廷・幕府・信長の三者に従う、という形であった。近衛家と将軍家に関わる問題ということで、信長の臣下の中でも朝廷に関係の深い日乗が引っ張り出されたのであろうか。ここでの光秀の役割は、幕府との関係が深いというところであろう。

日乗と光秀の協働で有名なのは「五カ条の条書」（信二〇九）である。この文書は足利義昭が袖（文書の右端）に黒印を捺し、信長が日下（日付の下）に朱印を捺して、日乗と光秀に宛てるという形態をとっている。この文書の詳細はここでは言及しないが、日乗と光秀が義昭・信長の二重政権の中に占めた位置づけを物語っており興味深い。

もう一つ日乗と光秀の協働として挙げられるのが、日乗と光秀の二人が公家衆の所領安堵のために知行地一覧を提出させていることである（『言継《ときつぐ》卿記』元亀元年三月六日条）。これについては貞勝の所司代の職務を光秀も分担していたと評価されている（高柳：一九五八）。

賀茂荘の軍役をめぐる木下秀吉との協働

光秀が、一方で幕府に属しながら信長にも属していた両属の状態であったことは古くから言及されてきたところである（高柳：一九五八）。では、光秀の両属状態はどちらに重きを置いたものだったのだろう。

それをうかがわせる文書が賀茂荘の軍役などをめぐる、永禄十二年（一五六九）四月十四日付けの「明智光秀・木下秀吉連署状」（光三・信一八九）である。春日社領であった山城国賀茂荘（京都府木津川市）では田畑を隠して税を免れる「隠田《おんでん》」を行っていたが、義昭と信長によって摘発され、賀茂荘は四百石の納入と百人の軍役を課せられることとなった。

この文書では「御下知の旨に任せて四百石の納入と百人分の軍役を務めるようにと、その意を得た」とされている。「御下知」は義昭の、「その意」とは信長の意向を示しており、義昭の意を受けた信長の意をさらに受けた文書となっている（渡邊：二〇一九）。

この文書は同年四月十日付けの室町幕府奉行人連署奉書とセットになっており、この文書に署名している光秀と秀吉は明らかに信長の臣下として活動していることがうかがえる。

この文書には後日談があり、賀茂荘の出した軍役に関する請状（誓約書）が失われ、その尻拭いのために光秀が奔走させられている（光九）。この十二月十一日付け「明智光秀書状」について早島氏は「織田家中の木下秀吉と義昭配下の光秀」としている（早島：二〇一九）。ただ、光秀の立場が完全に両属していたとは考え難く、義昭との主従関係はむしろ希薄であったとする渡邊氏の見解もあり（渡邊：二〇一九）、この文書についても考察する余地はある。

また早島氏は「賀茂郷の人々は、頭をさげさせている二人の男が、のちに天下の覇権を争うことになるなど知る由もなかっただろう」（早島：二〇一九）とするが、確かにこの光景と、この二人のその後の運命を考えると非常に面白い文書である。

中川重政・丹羽長秀・木下秀吉との協働

光秀と中川重政《しげまさ》・丹羽長秀・木下秀吉の連署状は若狭武田氏の武田元明《もとあき》への忠誠を武田氏家臣に求めた文書（光五）（光六・信二二二）があるが、京都の市政に関しては禁裏御料所の丹波国山国荘《やまぐに》（京都市右京区）に関する文書（光四・信一六五）（光七・信一六六）と、曇華院《どんげいん》領大住荘《おおすみ》（京都府京田辺市）

の安堵を認めた文書（光一〇・信二一五参考）がある。

中川重政（生歿年不詳）は、織田信長の叔父の孫という説や斯波義銀《よしかね》という説があるが判然としない。信長に早くから仕え、京都の所務担当となり、信長の馬廻として活躍する。安土城の城代を務め、本能寺の変後は織田信雄《のぶかつ》（信長の次男）に仕え、小牧・長久手の戦いに参戦するが、その後の消息は不明である。

丹波国山国荘は光厳《こうごん》法皇が常照皇寺《じょうしょうこうじ》を開くなど禁裏とは以前から関係を持っており、特に戦国時代には京都と近いために禁裏御料所として貴重な収入源になった。しかし宇津《うつ》氏により妨害され、禁裏の窮乏の原因となった。宇津頼重《よりしげ》（生歿年不詳）は波多野《はたの》氏と組んで松永長頼《ながより》らとも合戦を繰り広げていたが、義昭と信長は入京したのちに禁裏御料所の回復に乗り出し、宇津頼重に対して妨害の停止を命じたのである。

「光四・信一六五」文書は禁裏御倉職《みくらしき》であった立入宗継《たてりむねつぐ》（一五二八～一六二二）に宛てられている。禁裏御倉職は禁裏御料所の年貢を預かり、納入する過程で金融業も営むようになった。宗継は正親町《おおぎまち》天皇の勅使として信長と面会しており、信長と朝廷の間を取り持つ人物であった。したがって、この文書は信長から宗継へ宛てた文書であると言えよう。そして、この光秀の活動は幕臣としてではなく、信長の家臣としての活動であったと考えられる。

「光七・信一六六」文書は頼重宛ての文書であり、二通とも文中に「信長朱印を以って」という文言があるところから、明らかにこの問題については禁裏の意向を信長が取り次ぎ、それを信長家臣が伝達していることになろう。この段階では、信長の「京都代官」は光秀のほかに長秀・重政・秀吉がいたということになる。

「光一〇・信二二五参考」文書は、曇華院領山城国大住荘を安堵したものである。これは、後奈良《ごなら》天皇第七皇女の曇華院聖秀女王（一五五二〜一六二三）の所領を幕臣の一色藤長《いっしきふじなが》（?〜一五九六?）が押領したことを停止したものである。この問題については、信長の右筆武井夕庵《たけいせきあん》（生歿年不詳）と秀吉の連署状（信二一七）や夕庵と幕臣で細川藤孝の兄三淵藤英《ふじひで》（?〜一五七四）の連署状（信二一八）、夕庵書状（信二一九）が信長朱印状（信二一五）を受けて出されているので、ここに光秀独自の役割を見つけるのは難しいが、少なくともこの時期の光秀が信長家臣として活発に活動していることはうかがえる。

この問題は、最終的には元亀二年七月まで引きずる。藤長は曇華院の押領を続け、信長は上野秀政《ひでまさ》と光秀に書状を宛て（信二八九）、さらに秀政と藤英に宛てて書状を出して義昭に藤長の押領停止を申し入れている（信二九〇）。この一連の動きに見える光秀の立場を、渡邊氏は義昭の取次的な要素が強いものと見ている（渡邊：二〇一九）。

光秀の単独文書

光秀が単独で出している文書はいくつかあるが、京都の市政に関する文書で興味深いのが阿弥陀寺清玉上人《せいぎょくしょうにん》宛ての明智光秀書状（光八）である。阿弥陀寺領の安堵の文書であるが、この文書とセットになっているのが永禄十二年四月二十五日付けの室町幕府奉行人連署奉書、同年六月十五日付けの和田惟政書状である。

まず、室町幕府奉行人連署奉書においては「仰せくださるるところなり」と義昭の「仰せ」が示され、それを受けた惟政書状では「御下知の旨に任せ」となっており、それに付された光秀書状では「御下知をもって仰せ付けらるるの由、尤もに候」と惟政書状に比べると義昭の「御下知」から距離を置いた表現になっている。また、光秀が義昭の命令を補完する形になっており、光秀が信長の代官として行動していることがうかがわれる（高柳：一九五八）。これについては、清玉上人が義昭の命令だけではなく信長の保証を欲したことを表しており、信長と義昭の二重政権の構造をよく示している（渡邊：二〇一九）。

松田秀雄・塙直政・島田秀満との協働

『言継卿記《ときつぐきょうき》』元亀二年（一五七一）十月九日条によると「公武御用途として相懸けらるる段別の事」という松田秀雄・塙直政《ばんなおまさ》・島田秀満《ひでみつ》・明智光秀連署奉書が「五六百通」出された、という（光一四～一九、信三〇〇）。

内容は、公武の御料所・寺社本所領に対し、免除の地・私領・買得地・屋敷などを問わず、田畠段別一升ずつを十月十五日から二十日の間に納税するように命じている。

この集まった米の用途は、同年十一月十日付けの明智光秀・島田秀満・塙直政連署状に明らかである。「光二二」の「立入文書」には「禁裏様へ参る御米の事」という題が付けられ、また「信三〇三」には「禁裏様御賄いとして」という書き出しが付けられており、これらの文書が朝廷の費用を捻出するためのものであることが示されている。それは「八木（米）」を京中の一町あたり五石ずつ利率三割で強制的に貸し付け、その利子を朝廷の費用に充てるというものである。奥野氏はこれを「信長の復古政治として、大きな意義を持つ政策」（奥野：一九八八）と評している。

ここに名前を連ねた人物について見ておくと、塙直政（？～一五七六）は信長の馬廻から始まり、信長入京後は蘭奢待《らんじゃたい》切り取りの奉行や京都市内の市政を担当し、義昭追放後は山城・大和の守護を兼ねている。島田秀満（生歿年不詳）は信長の奉行人である。松田秀雄（生歿年不詳）は詳細も不明だが、幕臣だったのは確かである。信長の家臣と幕臣の混成部隊だったと考えられ、一番奥（文書の左端）に署名している秀雄が全体を統括する立場、日下に署名している光秀が実務者と考えられている（渡邊：二〇一九）。

足利義昭との訣別

信長と義昭の関係はかなり早くから悪化していたかのように考えられがちだが、実際には様々な萌芽は見られるものの、決定的に悪化したのは元亀四年（一五七三）、信長・徳川家康連合軍が武田信玄に敗北してからと考えられ、むしろ光秀と義昭の訣別のほうが早かった。

元亀二年十二月、光秀は義昭側近の曾我《そが》助乗《すけのり》に宛てて書状を認めている（光二二三）。光秀は自分のことについて「とニかくニゆくすへ難成身上事候」（とにかく将来が見通せない身の上です）と述べており、「御暇を下され」るように取り成しを頼んでいる。光秀は「かしらをもこそけ候様ニ」という決意まで述べており、かなりの覚悟であったことがうかがえる。

このあたりの事情をうかがわせるのが「光二二」の曾我助乗宛ての光秀書状である。この元亀二年十二月二十日付けの書状では「下京壺底分地子銭」を「公儀への御取成以下を頼み入り候に付きて」助乗に進上すると記されている。

この頃の光秀は、山門領（延暦寺領）の押領をめぐっていくつかのトラブルに巻き込まれていた。そのきっかけは、この年の九月に行われた比叡山焼き討ちである。比叡山焼き討ちの際、光秀は非常に積極的に関わり、活躍したようで、「光一二三」文書では延暦寺に近い仰木の人々について「是非共なてきり」にせよと命令している。従来は光秀が信長を諫めていたかのように考えられてきた比叡山焼き討ちであるが、「光一二三」文書は光秀が忠実に信長の意向に従って動いていたことを示す史料として知られている（小和田：二〇一九）。

その奮戦の結果、光秀は志賀郡の支配を任され、宇佐山《うさやま》城（滋賀県大津市）の城主となり、近江支配に乗り出すこととなるが、その過程で洛中の延暦寺領の所領も抑えてトラブルになったと思われる

（柴：二〇一九、金子：二〇一九、早島：二〇一九）。

『兼見《かねみ》卿記』元亀三年九月二十四日条および十月十四日条には、延暦寺の僧である蓮養坊と光秀のトラブルについての記載がある。吉田兼見は蓮養坊とも光秀とも関係が深かったため、その仲介のために三淵藤英・細川藤孝兄弟を通じて光秀と交渉したが、結局うまくはいかなかったようだ。

山門領をめぐる光秀のトラブルは結局改まらなかったようで、信長が義昭に突きつけた「異見十七カ条」（信三四〇）では十三条目に光秀と義昭のトラブルが記されている。光秀が収納した地子銭を買い物の代金として義昭に渡したところ、山門領であると言いがかりをつけ、義昭は光秀から渡された代金を没収してしまった。義昭のうまさというか狡猾《こうかつ》さが表れているが、この行為は信長にとっても腹に据えかねることだったのだろう。

ここに信長と義昭の関係は決裂し、義昭は追放されるに至る。

村井貞勝との協働

光秀と貞勝が義昭追放後の京都で出した現存する初出の文書は、天龍寺塔頭《たっちゅう》妙智院《みょうちいん》領の西院安弘《さいいやすひろ》名《みょう》（京都市右京区）の問題である（光四三・信三三七）（光四四、信三三六）。妙智院は二度の渡明で知られる策彦周良《さくげんしゅうりょう》（一五〇一～一五七九）が住持を務めていた。

元亀三年（一五七二）九月十九日、信長は策彦周良宛てに西院安弘名の直務《じきむ》（直接支配）を認める黒印状を出しているが（信三三五）、その中で信長に対して策彦周良が色々と贈った物への礼が述べられている。そして信長は、詳細は武井夕庵が処理するだろうと述べている。その夕庵は木下秀吉と共に「西院妙智院領百姓中」の連署状を出している。ここでは妙智院に介在していた人物として石成《いわなり》友通《ともみち》が挙げられ、彼および百姓中に対して土地台帳を妙智院に提出させている。

しかしこれでは終わらなかったようで、結局義昭の没落後、改めて妙智院の直務を命じている。ここで妙智院の直務を妨害するものとして名前が挙がっているのが今井という人物で、詳細は不明であるが、今井が異議を申しても土地台帳に記されている以上、無視して寺に納入するよう命じている。天正元年（一五七三）からは、もっぱら貞勝と光秀が京都の市政を担当するようになるのである。

『来迎院文書』には、正親町天皇女房奉書が収載されている（信補三七）。ここには「大はら両寺たうちきやうの事、あけち、むら井へちきなく申つけ候とをりきこしめされ候」（大原両寺の当知行の事、明智・村井に遅疑なく申し付け候通り聞こし召され候）と、勝林院と来迎院の当知行（現在の権利を保証すること）を光秀と貞勝に申しつけたことが出てくる。

ここで注目されるのは、朝廷との交渉を光秀と貞勝が担っていることである。それまで朝廷との窓口となってきた義昭がいなくなった以上、朝廷と直接交渉するのは信長となった。それゆえに京都市政についても今までのようにはいかなくなり、より一層の行政的手腕が要求されたのである。義昭と信長の二重政権下では貞勝と光秀以外にも多くの人々が見えるのに、義昭追放後には貞勝と光秀に限られるのは、「天下所司代」にふさわしい能力を持っていたのが彼らだった、ということが言えるだろう。

光秀の居所

光秀の活躍場所は京都だけではなかった。彼は同時に近江国の湖西地域の支配を任され、森可成《よしなり》の戦死後、宇佐山城主を任されていた。近江支配については第三章で述べられているのでこれ以上言及しないが、近江国と山城の支配をも任されていた。それだけでなく光秀は、天正二年正月に大和国の松永久秀《ひさひで》が立て籠っていた多聞山《たもんやま》城（奈良市）の城代を任され、しばらく大和国に滞在したのち、二月には東美濃に出陣、九月には河内に三好義継《よしつぐ》を攻めている。

このように、軍事指揮官と京都の行政責任者という二足のわらじを履いて八面六臂ぶりを示している光秀は、京都ではどこにいたのだろう。『兼見卿記』元亀三年九月十五日条に「明智十兵出京なり、見廻の為罷り向かいおわんぬ、徳雲軒に逗留するなり」とある。「徳雲軒」とは施薬院全宗《やくいんぜんそう》のことである。光秀は自らの宿所を持たず、京都にいる時はもっぱら施薬院全宗のもとにいたことが早島氏によって明らかにされている（早島：二〇一九）。

三淵藤英の処遇と旧幕臣の取り込み

三淵藤英は細川藤孝の実兄で、足利義昭擁立に功績があり、義昭の重臣となった。義昭と信長の対立の中でいち早く信長に与した藤孝と異なり、むしろ藤孝の居城であった勝龍寺《しょうりゅうじ》城（京都府長岡京市）を攻めようとまでした。義昭の挙兵に従い、槇島《まきしま》城（京都府宇治市）に立て籠った義昭に呼応して二条城に籠城したが、降伏を余儀なくされ、義昭も追放された。藤英は信長に従って石成友通を討ち取るなどの戦功を挙げたが、天正二年七月、明智光秀に預けられ、嫡男と共に自害を命じられた。

藤英を預かり、その死を見届けることとなった光秀の心境はわからないが、藤英の最後を光秀が看取ったのは、光秀が幕臣としてかつて藤英と仕事をしていたことが大きいだろう。そして幕臣との所縁の深さによって、光秀の与力にかつての光秀の上司である藤孝が就くのである。天正六年には藤孝の嫡男忠興《ただおき》と光秀の長女玉《たま》（のちのガラシャ）の婚姻が執り行われ、両者は緊密に結びつくことになる。

ほかにも光秀の下には幕臣が配置されることとなった。旧幕臣が信長政権の下でどの程度利用されたかという点については議論があるが、義昭の旧臣が光秀の配下に配置されていたことは伊勢貞興《さだおき》（一五六二～一五八二）の事例から明らかである。

貞興は政所執事《まんどころしつじ》を代々務めた伊勢氏の当主である。しかし、貞興の祖父貞孝《さだたか》の代に足利義輝と対立して三好長慶《ながよし》政権に加わり、さらに六角義賢《ろっかくよしかた》と組んで長慶とも対立したため、義輝・長慶によって戦死することになる。政所執事には摂津晴門《せっつはるかど》が就任するが、義昭によって貞興に改替される。義昭挙兵時には藤英と共に二条城に立て籠るが、藤英を残してほかの昵近衆《じっきんしゅう》（室町将軍と親しい公家衆）と共に退去して信長に降伏し、光秀の重臣となる。

本能寺の変では信忠を攻め、山崎合戦では秀吉・織田信孝《のぶたか》軍の中川清秀《きよひで》相手に戦端を開く活躍を見せるが、光秀の殿《しんがり》を務めて戦死した。

多忙な天正二年

光秀と貞勝による京都代官の初発については先ほど述べたが、ここでは天正二年（一五七四）から三年の彼らの文書を見ていく。貞勝との連署状が目立つが、光秀の単独文書も存在する。貞勝と光秀、さらには山城守護に任じられた塙直政との役割分担については、いまだ明らかになっていない。

光秀単独の文書には天正二年の石清水八幡宮宛ての書状がある。これは光秀が多聞山城の城代だった時に裁決された案件であるが、石清水八幡宮領美濃国生津《なまづ》荘（岐阜県瑞穂市）の公用について、能村甚八郎に対する債務は返済している、として直務を認めたものである（光四七）。大和国に在陣している時にも職務をこなさなければならない光秀の多忙さがうかがえる。

天正二年は光秀にとって多忙を極めた年であった。一月には大和国の多聞山城の城代を務め、二月には美濃国に転戦して明智城救援に向かい、坂本城に戻ったのち、七月には山城国鳥羽（京都市南区）

に出陣し、そのまま河内国に出陣した。

この年、足利義昭の呼びかけに応じて挙兵した河内国若江城《わかえ》（大阪府東大阪市）の三好義継や同国飯盛山城《いいもりやま》（大阪府大東市・四条畷市）の遊佐信教《ゆさのぶのり》を討伐するため、光秀のほかに塙直政・蜂屋頼隆《はちやよりたか》・羽柴秀吉・丹羽長秀・柴田勝政《かつまさ》・長岡（細川）藤孝・佐久間信盛らを派遣し、両城を陥落させた（光五一、光五三）。

その合間にも光秀のもとには京都代官の仕事が舞い込んできていた。同年十一月十四日付けの光秀書状（光五三）では、相国寺《しょうこくじ》塔頭の光源院からの使者が遠路はるばる綿帽子と黒革単皮を贈ってくれたことを謝し、「彼ち（地か寺か）の儀、村民（村井民部少輔貞勝）入魂《じっこん》に申され候由、尤もに候。帰陣せしむにおいては、相談を遂げ、疎意あるべからず候」（原文は「罷相談」となっているが〔早島：二〇一九〕に従った）とある。「和州表に在陣の事に候」とあるので、十一月に入っても河内からさらに和泉国に転戦していることがわかる。

十二月には京都に戻ったのか、賀茂社に対して社領境内および散在地の安堵を認めた連署状が出されている（光五四・信四九二）。この文書で目につくのは、光秀が日下に署名していることである。日下に署名しているほうが訴訟の担当奉行、つまり訴訟を受けつけた実務の担当者であると考えられるが（早島：二〇一九、渡邊：二〇一九）、この点については項を改めて述べる。

光秀と貞勝の役割分担

現在、光秀と貞勝の天正年間の連署状は、塙直政も連署した一通と武井夕庵も連署した一通を含めて十三通が「明智光秀文書集成」に収載されている。このうち光秀が日下、つまり実務担当者となったのは五通（光五四・一四二・一四七・一五九・一六一）である。貞勝が六通なので、実務担当の頻度はそれほど差がないと言えるだろう。

光秀の日下署名文書は賀茂社関係（光五四・一四二・一六一）が三通と最も多く、妙心寺（光一五九）と山崎村民（光一四七。京都府乙訓郡）が一通ずつとなっている。賀茂社に関しては光秀が実務担当となっていたことがうかがえるが、両者の役割分担については今後の課題である。

ただ貞勝と光秀の分担を示す事例が一つある。

高倉永相《ながすけ》（一五三〇～一五八五）は義昭に与して二条城に室町殿昵近衆として立て籠ったが、降伏したことで信長に許された。その永相の家領の竹田村（京都市伏見区）の収益が永相に返却されることとなった。

この決定を伝える文書のうち、貞勝は百姓中に宛てた判物《はんもつ》を出し（信補一五五）、光秀は永相宛ての奉書（光五八、信補一五六）を出している。常にこの役割だったとは言えないが、この場合はおそらくは永相が訴えた時の担当者が光秀で、永相の窓口を担当していたのではないか。

竹田村と永相に関してはもう一つ文書があり（信補一五七）、これには「木下藤吉郎秀吉」の署名がある。秀吉は天正二年には「羽柴筑前守」を名乗るので、この文書は天正二年以前となる。一方、光秀奉書には「天正三」という年号が付せられており、署名も「惟任日向守」である。秀吉が京都の市政に関わっていたのが元亀年間（一五七〇～七三）であったことを考えれば、永相はかなり以前から竹田村に関わって問題を抱えていたことがうかがえる。

永相の抱えていた問題は、何も高倉家に限ったことではなかった。周知のように中世には公家の荘園は侵食され、公家の経済は危機に瀕していた。信長は以前から朝廷や公家の経済の立て直しに取り組んできたが、天正三年には公家に対する経済的援助をかなり積極的に行っている（神田：二〇一九）。高倉家の竹田村の収益返却は信長の政策の一端であり、天正三年は信長の公家政策の画期であった。信長は、この頃から公家衆に対して外護者として現れてくるのである。

惟任日向守光秀

天正三年（一五七五）七月三日、『信長公記』によれば信長は自身の官位昇進を断り、家臣に官途名乗りを与えたという。松井友閑《ゆうかん》には宮内卿法印、武井夕庵には二位法印、明智光秀には惟任《これとう》日向守、簗田広正《やなだひろまさ》には別喜右近《べっきうこん》、丹羽長秀には惟住《これずみ》という名前が付されたという。ほかに塙直政には原田備中が、羽柴秀吉には筑前守、村井貞勝には長門守がそれぞれ与えられた。

これについて金子氏は、しばしば朝廷に要求したかのように考えられるが、実際には朝廷は関わっていないという（金子：二〇一四）。また惟任・惟住・原田・別喜が九州の名族ゆかりの名前で、官途の日向守・筑前守・長門守が九州方面であることから、信長のターゲットが九州にあり、とされることもあったが、金子氏は政治的指向をこの出来事から読み取るのは難しいと説明する。

「惟任日向守」名義の最初の文書は、天正三年七月七日付けの光秀・貞勝・直政連署奉書（光五七、信補一五四）である。ここでは直政が「原田備中守」、貞勝が「村井長門守」、光秀が「惟任日向守」と署名されている。

内容は、壬生《みぶ》朝芳に野中郷（京都市左京区）の畑を安堵したものである。この文書に出てくる「黒瀬」は、かつて二十貫で野中郷を買得したが、信長は壬生家の債務を破棄し、野中郷の壬生家による直務を認めたのである。これも信長による朝廷・公家優遇策の一つであろう。ちなみに日下に署名しているのは山城守護の原田（塙）直政である。

丹波への出陣と京都両代官時代の終わり

惟任光秀の京都代官は、この壬生朝芳宛ての連署状と、その三日後の高倉永相宛てが最後となる。天正三年の六月七日付けの信長朱印状（信五一五）では、丹波の国人川勝継氏《かわかつつぐうじ》に対して丹波の宇津・内藤両氏が信長に対して逆心を持っているため、明智十兵衛を差し向ける旨を通達している。

六月十七日には同じく丹波国人小畠《こばたけ》永明《ながあき》宛てに同じ内容の朱印状を出し（信五二〇）、光秀も永明の当知行を安堵する奉書（光五六、信五二一）と書状を送っている（光五九）。光秀は丹波支配を命じられ、丹波攻略の責任者となったのであった。それに伴い、光秀は坂本と亀山（京都府亀岡市）に城を持つようになり、彼の京都代官としてのキャリアは終わったのである。

【主要参考文献】

奥野高広『増訂 織田信長文書の研究（上・下・補遺）』（吉川弘文館、一九八八年）

小和田哲男『明智光秀・秀満――ときハ今あめが下しる五月哉』（ミネルヴァ書房、二〇一九年）

金子拓『織田信長〈天下人〉の実像』（講談社現代新書、二〇一四年）

金子拓『信長家臣明智光秀』（平凡社新書、二〇一九年）

神田裕里『朝廷の戦国時代――武家と公家の駆け引き』（吉川弘文館、二〇一九年）

河内将芳『宿所の変遷から見る信長と京都』（淡交社、二〇一八年）

久野雅司『足利義昭と織田信長――傀儡政権の虚像』（戎光祥出版、二〇一七年）

久野雅司『織田信長政権の権力構造』（戎光祥出版、二〇一九年）

黒嶋敏「足利義昭の政権構想」（黒嶋『中世の権力と列島』高志書院、二〇〇九年、初出二〇〇四年）

柴裕之『図説 明智光秀』（戎光祥出版、二〇一九年）

柴裕之編著『シリーズ織豊大名の研究8　明智光秀』（戎光祥出版、二〇一九年）

諏訪勝則『明智光秀の生涯』（吉川弘文館、二〇一九年）

高柳光寿『明智光秀』（吉川弘文館、一九五八年）

谷口克広『信長の天下所司代――筆頭吏僚村井貞勝』（中公新書、二〇〇九年）

早島大祐『明智光秀――牢人医師はなぜ謀反人となったか』（ＮＨＫ出版新書、二〇一九年）

福島克彦『明智光秀と近江・丹波――丹波分国支配から「本能寺の変」へ』(サンライズ出版、二〇一九年)
藤田達生・福島克彦編『明智光秀　史料で読む戦国史③』(八木書店、二〇一五年)
渡邊大門『明智光秀と本能寺の変』(ちくま新書、二〇一九年)

第五章　明智光秀と信長配下の部将との関係
――筒井順慶・細川幽斎を中心に

片山正彦

光秀と関係が深い武将たち

本章は、織田信長の配下であった明智光秀と筒井順慶《つついじゅんけい》・細川幽斎《ゆうさい》との関係を概観するものである。

筒井順慶（一五四九～一五八四）は、奈良興福寺一乗院《いちじょういん》方の官符衆徒《かんぷしゅと》で、大和郡山城主。天文十九年（一五五〇）、父の順昭《じゅんしょう》の死により家督を継いだが、永禄三年（一五六〇）、松永久秀《ひさひで》のために筒井城を追われた。天正四年（一五七六）五月、明智光秀に助けられて織田信長から大和を与えられ、同八年に郡山に城を構えて大和一国を支配、同十年六月の山崎合戦では光秀に背いて羽柴秀吉に従い、秀吉からも領国を安堵された。

細川幽斎（一五三四～一六一〇）は、「藤孝《ふじたか》」の名でも知られる。一般的には、幕府奉公衆の三淵晴員《みつぶちはるかず》の長子（次男とも）とされ、天文九年（一五四〇）、晴員の実兄細川元常《もとつね》の養子となった。天正元年（一五七三）、信長から山城長岡を与えられ、「長岡」と改称した。天正十年の本能寺の変後、剃髪して家督を嫡男忠興《ただおき》に譲り、秀吉に応じた。

その一方で、幽斎の実際の養父は細川晴広《はるひろ》で、室町幕府六代将軍足利義教《よしのり》から細川姓を許された近江六角《ろっかく》氏一門の奉公衆大原氏の出身であり、管領《かんれい》細川家とは無関係とする説もある（京都府立山城郷土資料館：二〇一九）。幽斎は、十三代将軍足利義輝《よしてる》の前名義藤《よしふじ》の偏諱《へんき》を受け、御供衆に名を連ねた。義輝暗殺後は信長の推戴による将軍足利義昭《よしあき》誕生に奔走した。

幽斎は、義昭が槇島《まきしま》城（京都府宇治市）で蜂起すると信長についた。当初は勝龍寺《しょうりゅうじ》城（京都府長岡京市）を本拠としていたが、丹後拝領後は宮津《みやづ》城（京都府宮津市）を築いて嫡男忠興と共に執政した。本能寺の変の際に剃髪し「幽斎玄旨《げんし》」と号し、田辺城（京都府舞鶴市）を隠居所とした（京都府立山城郷土資料館：二〇一九）。本章では、彼を「細川幽斎」と表記する。

本能寺の変が起こるまでは、光秀・順慶・幽斎は共に信長の家臣として活動していた。信長の下で光秀は、順慶や幽斎を軍事的に従属させ、丹波・丹後・山城・大和の諸侍の上に立つ「近畿管領」とも言うべき地位にあったと評価する研究者もいる（谷口：二〇一〇）。

本章では、このような三者の関係性に留意しながら、概観していきたい。

光秀と幽斎の出会い

明智光秀の前半生については、これまでの研究でもよくわからない点が多く、生年も実父の名前を含む出自も諸説あって、いまだに議論が尽きない。したがって、光秀と順慶・幽斎がいつ頃から関係があったかを確定するのは難しい。

光秀と幽斎の関係については、通説に従えば、光秀は美濃（岐阜県）の土岐《とき》明智氏の一族で越前（福井県）に移住した。やがて朝倉義景《よしかげ》を頼って越前一乗谷《いちじょうだに》（福井市）に亡命中の足利義昭に仕えることになった。その際に、義昭側近の細川幽斎とも出会ったという。幽斎と光秀は、義昭と織田信長との橋渡しに奔走し、永禄十一年（一五六八）に信長によって義昭の上洛が実現したとされる（京都府立山城郷土資料館：二〇一九）。

また一説によれば、信長に仕える以前の光秀が越前の朝倉義景のもとにいたとしたならば、当時幽斎が仕えていた足利義昭一行が越前へ入ったのが永禄九年（一五六六）九月であり、朝倉の本拠しある一乗谷へ移ったのは年末のことである点、そして永禄十一年五月までには光秀が義昭の「足軽衆」になっていたと捉えられる点から、永禄九年の年末以降、十一年五月までの一年六カ月ほどの間に、光秀と幽斎は出会ったものと考えられている（谷口：二〇一四）。

光秀と順慶の出会い

光秀と順慶の関係については、どうだろうか。奈良興福寺の僧侶英俊《えいしゅん》の手による『多聞院日記《たもんいんにっき》』によれば、天正二年（一五七四）正月、光秀は松永久秀が退いた大和国の多聞山《たもんやま》城（奈良市）に城番として入れ置かれることとなった。この多聞山城在城中、光秀は城内で正月二十四日と二十六日の二度、連歌を興行している。

この間、武田勝頼《かつより》が東美濃の恵那《えな》郡（岐阜県中津川市・恵那市）へ侵攻、明智城（恵那市）を攻略したため、信長は二月五日に東美濃へ出陣、二十四日に帰陣している。この時、「信長陣」の様子を知らせる細川幽斎宛ての光秀書状がもたらされている（『尋憲記《じんけんき》』天正二年二月十八日条）。光秀は、信長に同道していたらしい。幽斎は奈良にいたらしく、多聞山城の留守を預かっていた（谷口：二〇一四）。

同年三月には、大和国衆である順慶や高田・岡・箸尾《はしお》らが上洛し、信長へ人質を提出した。『細川家記』によれば、この時、光秀の子を継嗣のいない順慶の養嗣子とすることを信長から命じられたという。この縁組については実現しなかったようだが、この頃には光秀と順慶に接触があったかもしれない。

幽斎書状に見える光秀と順慶

天正二年に推定される九月二十九日付けの幽斎書状（細川家文書）には、光秀や順慶の名前が見られるので、確認しておこう。

この幽斎書状によれば、彼は信長に従い、順慶や光秀らと共に大坂本願寺や三好の軍勢と戦っていた。「去十八日」（九月十八日）に若江《わかえ》方面（大阪府東大阪市）へ向かおうとしていたところ、堀溝《ほりみぞ》（大阪府寝屋川市）辺りに大坂本願寺や松山（三好家臣）が一揆を結んで二万ほどの軍勢で出張ってきた。佐久間信盛《のぶもり》・塙直政《ばんなおまさ》・順慶がまず若江を通過し、次いで光秀と「我等」（幽斎）の軍勢がそのあとを通過した。飯盛《いいもり》の麓辺り（大阪府大東市・四條畷市）に着いたところで一戦に及び、すぐに追い崩して相手の首七・八百ほどを討ち取ったという。翌日には「玉櫛堤《たまくしてい》」（大阪府東大阪市付近）方面へ攻め上り、「高屋表《たかや》、六段、木本」（大阪府羽曳野市・大阪市平野区・八尾市）などを放火し、そのまま「萱振《かやふり》」（大阪府八尾市）へ押し詰め、幽斎の軍勢は一番に攻め入ったという。この時、光秀と幽斎・順慶は、信長軍の部将として共に戦ったのである。

翌天正三年四月、信長は京都より南へ向けて出陣し、三好笑岩《しょうがん》が籠城する高屋城（大阪府羽曳野市）を攻めた。その後、三好笑岩は降伏し、信長は家臣の塙直政に命じて高屋城を含めた河内国中の城を悉く破却させた（『信長公記』巻八）。

信長の部将としての働き

天正四年（一五七六）には大坂本願寺攻めが行われたが、その際、信長から大和国の支配権を委ねられていた原田（塙）直政が討死にした。代わって、順慶が大和国の支配を委ねられることになり、信長からの使者として光秀が遣わされた（『多聞院日記』天正四年五月十日条、片山：二〇一七・二〇一八）。

天正五年八月、松永久秀・久通《ひさみち》父子は、信長に対して謀反を企て、大和国信貴山《しぎさん》城（奈良県生駒郡平群町）に立て籠った。織田信長の右筆太田《おおた》牛一《ぎゅういち》が著した『信長公記』巻十には、松永方に一味した片岡城（奈良県北葛城郡上牧町）に「森のゑびな」という者が立て籠っており、信長方の「攻め衆」として「永岡兵部大輔（幽斎）・惟任日向守（光秀）・筒井順慶」らが参戦したことが記されている。

この時、光秀の軍勢には多数の死傷者が出たらしい（『多聞院日記』天正五年十月一日条）。また、片岡城を攻め落とした幽斎は、十月三日付けで、信長からその戦功に対して感状を与えられている（長岡藤孝宛て黒印状〔『細川家文書』二〇肥後〕ほか）。

愛知県豊橋市で調査された信長の朱印状は順慶に宛てたものであるが、これには光秀についても触れられており、二〇一九年十一月には新聞紙上などで大きく報じられた（『朝日新聞』二〇一九年十一月八日夕刊など）。「十月廿日」付けのこの「筒井順慶宛て朱印状」は、天正五年と推定されており、そうすると松永父子攻めの直後に出されたものとなる。「光秀はほか（丹波国）へ移動させたので、その後の森河内《もりかわち》城をしっかり守るように」との内容で、信長は大坂本願寺を攻めるための付城《つけじろ》とした「森河内城」（大阪府東大阪市）を順慶に守らせている。ちなみにこの朱印状については、すでに『増訂織田信長文書の研究　下巻』や『新修大阪市史　史料編第五巻　大坂城編』で「某氏所蔵文書」として紹介されている。

天正八年十一月には、順慶は郡山《こおりやま》城（奈良県大和郡山市）に入ることとなり、「国中一円筒井存知」との信長からの朱印状を受け取っている。天正九年八月には、郡山城に入って普請をしている順慶の見舞いに光秀がやって来た。

武田攻めにおける光秀・幽斎・順慶の役割

天正十年（一五八二）二月には、信長による武田攻めが行われた。二月九日付けで出された信長朱印状には、武田攻めを行うにあたって、信長の各部将への役割分担が詳細に記されている（『信長記』○池田家文庫本）。

この朱印状で信長は、順慶に対して、大和の軍勢が信濃へ出張るにあたっては順慶が召し連れるべきこと、ただし大和南方の「高野《こうや》」に対し「手寄之輩」を少し残し「吉野口」を警固すべきことを命じている。秀吉に対しては中国攻めを命じていることから、この時信長は武田攻めだけでなく、多方面での戦いを企図していたことがわかる。

また幽斎に対しては、子息の「与一郎兄弟（忠興・興元）」が「一色《いっしき》五郎」と共に出陣を命じられ、幽斎は「彼国」（所領の丹後国）の警固を命じられている。光秀も信濃への出陣の用意を命じられた。ちなみに、細川氏が丹後に入国したのは、天正八年八月頃とされる。前述したように、天正元年に信長から山城長岡を与えられていた。以後、信長の天下統一事業に貢献し、天正五年には光秀と共に丹波国へ進攻して亀山城（京都府亀岡市）などを占拠、同六年・七年には八上《やかみ》城（兵庫県丹波篠山市）の波多野秀治《はたのひではる》ら丹波・丹後国の諸勢力の平定戦を展開し、その功により信長から丹後国を宛がわれることになった。

天正九年六月、秀吉が攻略しようとしていた因幡鳥取城の攻防戦に際し、幽斎は信長の命を受け、翌七月に重臣の松井康之《やすゆき》・有吉立行《たつゆき》ら千五百余の兵と大船数艘を鳥取へ向かわせている。天正十年三月、武田攻めのために忠興は信長に従って信濃へ出陣している（舞鶴市田辺城資料館：二〇一四）。

本能寺の変前後の動向

天正十年五月十四日には、徳川家康や穴山信君《あなやまのぶきみ》が近江へ来ている。『信長公記』には「五月十五日、家康公、ばんば（滋賀県米原市）を御立ちなされ、安土（滋賀県近江八幡市）に至つて御参着。御宿大宝坊（安土町所在）然るべきの由上意にて、御振舞の事維任日向守（光秀）に仰せ付けられ、京都・堺にて珍物を調へ、生便敷結構にて、十五日より十七日迄三日の御事なり」とあり、光秀は信長に命じられて、五月十五日から十七日にかけて、安土にて家康らの供応にあたっていた。

だがちょうどこの頃、秀吉が備中高松城（岡山市北区）を攻めており、これに助勢するため、光秀は長岡与一郎（細川忠興）・池田勝三郎・塩河吉大夫・高山右近・中川瀬兵衛《せびょうえ》（清秀《きよひで》）と共に信長から先陣として軍勢を出すよう命じられ、家康らへの供応については暇を下されている。

十七日中には、光秀は安土より坂本城（滋賀県大津市）へ帰り、出陣の準備を始めている。二十六日には、中国攻めのために坂本を出立し、丹波亀山（京都府亀岡市）に到着した。二十七日には愛宕《あたご》山《やま》にて二度三度と鬮《くじ》を引き、二十八日には連歌を興行し、「ときは今あめが下知る五月哉」と詠んでいる。

一方『多聞院日記』によれば、天正十年五月、順慶は信長による西国出陣（中国攻め）の用意をしていた。六月二日、順慶は上洛しようとしたが、信長は西国出陣の準備のために安土城へ帰るとのことなので、上洛せずに戻ったという。このような中、光秀による本能寺の変が勃発する。

順慶が上洛しようとしていた六月二日、信長と「城介殿」（織田信忠、信長の嫡男）が京都で自害したが、これは光秀と「七兵衛」（津田信澄《のぶずみ》、光秀の娘婿）が申し合わせて自害させたという。しかし、信澄と申し合わせたのは「ウソ」との但し書きがある（『多聞院日記』天正十年六月二日条）。

翌日には、京都より奈良興福寺にも注進があり、信長は本能寺にて、信忠は二条城にて自害、光秀は坂本に入り、大津・勢田《せた》付近に陣取ったという。細川（幽斎）も自害したとの情報が英俊に伝えられているが、当然ながらこれは誤情報であり、当時の混乱した様子がうかがえる（『多聞院日記』天正十年六月三日条）。

安土城は、六月四日段階で光秀方の手に渡ったようである。もともと丹羽長秀《にわながひで》が持っていた佐和山《さわやま》城（滋賀県彦根市）には光秀方となっていた山崎片家《かたいえ》が入城し、長浜城（同長浜市）へは光秀の重臣である斎藤利三《としみつ》が入城したらしい。順慶は、先に山城国へ出張っていた大和国衆の軍勢と共に近江国へ打ち出し、光秀と手を合わせて一味になるという。この段階では、順慶は光秀方につくつもりであったのかもしれないが、英俊は「成り行きはどうなるだろうか」と、その様子を見守っていたらしい（『多聞院日記』天正十年六月五日条）。

幽斎の剃髪

他方光秀は、六月八日に上洛、九日には禁裏・五山之寺・大徳寺・吉田神社などへ銀を献上し、その後、下鳥羽《しもとば》（京都市伏見区）へ出陣した（『兼見卿記』天正十年六月八日条・九日条）。この頃のものと考えられるのが、細川幽斎と忠興について記した「光秀自筆覚書」（細川文書）である。

これによれば、「御父子」＝細川幽斎・忠興が信長への弔意を示すために剃髪《ていはつ》したことについてはもっともなことであり致し方ないことであるとして、光秀は腹を立てながらも入魂《じっこん》となることを望み、摂津国を宛がうので上洛してほしい、但馬国や若狭国を望むのであれば与えるとしている。また、五十日・百日の内には近国を平定する予定なので、「十五郎」（光秀息の光慶《みつよし》）や「与一郎」（忠興のこと）

にその領地を引き渡すとして、細川父子を説得しようとしていた。

前述したように、天正十年五月には備中高松城を包囲して毛利勢と対戦中の秀吉が援軍を乞うたため、信長は光秀らに中国への発向を命じていた。信濃より帰陣し、安土に滞在していた忠興も直ちに丹後へ帰り、その仕度に取りかかっていたが、六月三日、宮津城を出発、松井・有吉ら先手が同城より半道ばかりの犬ノ堂まで差しかかったころに京都からの飛脚が本能寺の変の報をもたらしたという（舞鶴市田辺城資料館：二〇一四）。

そこで細川父子は、剃髪して信長に対する弔意を表し、また忠興の室である玉《たま》（のちのガラシャ）を与謝《よさ》郡味土野《みどの》（京都府京丹後市）の山中に蟄居《ちっきょ》させるなど、光秀に与しない立場を鮮明にしている。

細川幽斎・忠興・忠利《ただとし》・光尚《みつとし》の四代の歴史をまとめた『綿考輯録《めんこうしゅうろく》』によれば、忠興が信長の弔い合戦のために光秀の知行であった丹波国へ攻め入り、二カ所の端城を占拠、この旨を秀吉に使者を出して注進したこと、本能寺の変以前に与謝郡萱谷の城へ配備されていた明智方の番兵を駆逐したこと、熊野郡佐野《さの》城（京丹後市）が旧城主や郷民の一揆に占領されたが奪還し一揆を鎮圧したこと、一色義《よし》有《あり》と矢野藤一郎が光秀から誘われ、矢野氏が丹後奥山で造反したので討ち取ったが、一色氏は忠興に従い萱谷へ出陣したこと、などがあったと述べ、以後は国中平穏になったとしている。

なお忠興は、山崎合戦前に再度摂津国茨木《いばらき》（大阪府茨木市）付近にいた秀吉の許へ使者を遣わし、戦いの見通しをうかがっている（舞鶴市田辺城資料館：二〇一四）。

順慶への期待

光秀は、順慶にも自身への協力を期待していた。豊臣秀吉の伝記物語である『太閤記』には「順慶に直談すへき事有と、以飛札日限を究め、八幡にちかき洞か峠に参陣し、筒井を待居たり」と、光秀が洞《ほら》ヶ《が》峠《とうげ》に参陣し、そこで順慶を待っていたが、結局出合わなかったとある。

また、興福寺蓮成院《れんじょういん》旧蔵の記録には「惟日ハ山崎八幡ホラ（洞）カ峠ニ着陣云々」とあり、「惟日」（惟任日向守、明智光秀のこと）が洞ヶ峠に着陣したらしいとしている（『蓮成院記録』天正十年六月条）。

実は、これは順慶が秀吉と光秀の合戦の趨勢を傍観したという故事、いわゆる「洞ヶ峠の日和見」に関する記述である。辞書的に「日和見」とは、「有利なほうにつこうと、形勢をうかがうこと」の意で、順慶はその代表格として一般によく知られているが、これらの史料によれば洞ヶ峠にいたのは光秀であり、順慶ではないようだ。

「洞ヶ峠の日和見」に関する研究史

「洞ヶ峠の日和見」については、古くは永島福太郎氏が、順慶が郡山城から動かず洞ヶ峠へは出張らなかった点、光秀が洞ヶ峠に着陣したことが誤って結びつけられた点を指摘している（永島：一九三九)。

このあとに刊行された奈良県内の自治体史は、順慶や「洞ヶ峠の日和見」について、概ね永島氏の見解を踏襲している。例えば『大和郡山市史 本編』は、順慶が洞ヶ峠ではなく郡山城にいたことを指摘したうえで、「しかし会議に日を費やしてその日和見的な態度は事実である。このことは多年にわたる光秀との情義に棄て難いものがあっただろうし、光秀の天下に疑いがあり、微妙な心理で時局の推移を見守るうちに、意外に早く秀吉上洛のこと」があり、「結局、日和見主義者の極印を押されたのである」とし、順慶個人の情や心理の問題として「日和見」を捉えている。

また『奈良県史 第十一巻 大和武士』では、本能寺の変後の順慶の行動について、同時代史料を挙げて詳細にその経過を分析しながらも、「順慶以下の大和国人衆は、大安寺辺りに陣取って対処したが光秀からの誘いもあり、一方で羽柴秀吉の高松城から摂津尼崎への急速な進出もあって、筒井順慶はいずれに組したものか迷ったようであるが、結局秀吉に味方して困難な事態を何とか乗り切って筒井氏の存続を確保した」とし、順慶個人の才覚として迷っていたと捉えている。

一般向けに順慶や「洞ヶ峠の日和見」に関して述べた籔景三氏は、「光秀は河内に一軍を派し、また自らは八幡に近い洞ヶ峠に着陣して、かねてより合力を説得していた筒井順慶の到着を鶴首の思いで待っていた。ひとつには筒井への威嚇もあったという解釈もなされるが、光秀自身の洞ヶ峠の出陣が、後世に誤り伝えられ、いまでは筒井順慶がそこに出陣して、光秀と秀吉両軍の形勢を静観したということになっている。したがって、このことは、いまなお日和見主義の代名詞のように使われるのだが、この故事は明らかに間違いである」と指摘している（籔：一九八五）。

谷口克広氏は、洞ヶ峠での日和見の話は虚構にすぎないが、光秀と秀吉との対決に際して、順慶が最後の最後までためらっていたことは事実であると捉えている（谷口克広：二〇一〇）。

大和郡山にいた順慶

『多聞院日記』には、六月九日、順慶の軍勢が河内へ打ち廻すとの沙汰があったが俄に延引となったとある。この時、順慶の居城であった郡山城へ、籠城のためか「塩米」が搬入されている。十日の段階で、当初は順慶と共に山城へ立っていた大和国の軍勢は立場を翻し、近日中に上洛するであろう「藤吉」＝秀吉方に「覚悟替」りしたという。十一日、光秀の使として藤田伝五が順慶を訪ねたが、同心無く、順慶は秀吉に対して別儀ない旨の「誓紙」を村田・今中両使に届けさせている。郡山城に籠る順慶は、十一日の段階で「国中与力」らと寄り合って「血判起請《けっぱんきしょう》」に押印している。

起請文《きしょうもん》とは、自己の行動を神仏に誓って遵守履行すべきこと、違反した場合は罰を受ける旨を記した文書のことであり、寺社から発行された牛王宝印《ごおうほういん》の裏を用いることが多かった。それを自らの血液で捺印したものであり、これによりすでに秀吉方につく意思表示をしていた。それを受けて十二日には、「八幡山崎」にいた光秀の軍勢は、淀方面へ撤退することとなった。

このように、洞ヶ峠に陣取っていたのは光秀の軍勢であり、順慶ではないのである。洞ヶ峠は現在の大阪府枚方市と京都府八幡市の境目あたりで、平成六年（一九九四）には枚方市教育委員会によって看板が設置されている。その看板には「実際には、順慶は洞ヶ峠まで出かけるどころか、光秀の誘いを蹴り郡山城に籠城していたという。それにもかかわらず、順慶は日和見主義の代表格の汚名を着せられ、一方、そのおかげで洞ヶ峠は天下に知れわたって伝えられている」と、記されている。

「洞ヶ峠の日和見」とは

では、なぜ陣を張っていた光秀（の軍勢）ではなく、順慶が洞ヶ峠で「日和見」したという故事が生まれたのであろうか。

『太閤記』には、「惟任は洞が峠にて筒井をまてども〳〵きたらざれば、手もちわるふして、淀之城へ引て入り、普請の縄張などし侍りけり」とあり、光秀は洞ヶ峠で順慶を待っていたが来ることはなく、淀城へ引き上げ普請を行ったという。洞ヶ峠には重臣の「斎藤内蔵助」（利三）が留まっていたらしい。『太閤記』は、豊臣秀吉の伝記物語で、小瀬甫庵《おぜほあん》作。寛永二年（一六二五）の自序があるが、執筆は元和年間（一六一五〜一六二四）に遡るといわれ、同時代史料である『多聞院日記』に比べると、若干史料価値が劣る。

前述したように、『多聞院日記』では順慶が洞ヶ峠に陣したか否かについては全く記述していなかったが、『太閤記』では洞ヶ峠で光秀が順慶を待っていたことが記述されている。

寛文十年（一六七〇）に成立した歴史書で、林羅山《らざん》とその子鵞峰《がほう》らが編纂した『続本朝通鑑《ぞくほんちょうつがん》』には、六月六日に光秀が男山に到り、そして洞ヶ峠に陣取り、順慶への人質として次男を遣わすつもりだったが、誰かが来て直接面会し議論したところ、結局順慶は来なかったことが記述される。

いずれにせよ、これらの史料からわかるのは、洞ヶ峠にいたのは光秀かもしくはその軍勢であり、順慶ではないのである。

しかし『増補筒井家記 乾』には、六月五日「申刻」（午後四時）に順慶は筒井（奈良県大和郡山市）を出馬し、「同夜亥刻」（午後十時）には洞ヶ峠に着陣したという。また八日には、順慶が洞ヶ峠より島左近《しまさこん》を秀吉の陣へ遣わして光秀を裏切るとまでいっている。

『増補筒井家記』は、近世前期のものと推測されるが、詳しいことはわからず、史料としての信頼性は低いとされる。ついに『増補筒井家記』では、実際にいたはずの光秀ではなく、順慶が洞ヶ峠に出張っていたことになってしまったのである（片山：二〇一九）。

寛政九年（一七九七）に初編が刊行され、江戸時代に広く頒布された『絵本太閤記』には、「光秀はかゝる内謀有るとは知らず、大きによろこび、直に使者を以て洞ヶ峠の筒井が陣へ兵粮酒肴をおびたゞしく送り、其労を謝したりける」とあり、光秀は洞ヶ峠の順慶の陣へ使者を派遣し兵糧米や酒・肴を送ったという。『絵本太閤記』には、「光秀洞ヶ峠の筒井が陣へ酒肴を贈る図」や「斎藤内蔵介洞が峠の筒井が陣を遠見する図」など、順慶が洞ヶ峠に在陣していたことを前提として描いた挿絵もある。

『絵本太閤記』より「光秀洞ヶ峠の筒井が陣へ酒肴を贈る図」（享和元年〈1801〉版、枚方市教育委員会所蔵）

昭和二年（一九二七）十月、京都の「三宅安兵衛」という人物の遺志により建立された石碑がある。

三宅安兵衛（一八四二～一九二〇）とその子清治郎（一八七二～一九四〇）は、現在の京都市中京区高倉通六角西入ルに居住した織物商であり、本業よりも京都府下におびただしい石碑を建立したことで知られている。その石碑の裏面には「京都依三宅安兵衛遺志建之」とあるため安兵衛ばかり知られるが、実際に指揮をとったのは子息清治郎であるという（中村：二〇〇一）。

現在も、国道一号線八幡洞ヶ峠の交差点付近に設置されるその石碑には「筒井順慶陣所跡」とあり、一見すると順慶が洞ヶ峠にやって来たように捉えられてしまうだろう。

光秀の最期

『多聞院日記』によれば、六月十三日に勝龍寺城が落城したという。光秀は坂本へ退却したとか討死にしたとか情報が錯綜しているが、勝龍寺城より逃げたところ、山科《やましな》（京都市山科区）辺りで一揆に叩き殺され、遺体は京へ運ばれたという。『蓮成院記録』にも、山崎での合戦は光秀の軍勢が敗れたが、即日決着し、勝龍寺城も速やかに秀吉方に渡されたとある。ただし、光秀は「上ノ醍醐」（京都市伏見区）にて自害したとし、史料によってその記述は区々である。

六月十三日に織田信孝《のぶたか》（信長の三男）が順慶に宛てた書状によれば、先手の軍勢が山崎・勝龍寺方面へ打ち出しており、我々（信孝）の軍勢も「天神馬場」（京都府長岡京市）へ陣取り、明日には西岡へ進軍するので、順慶の軍勢も「上山城口」へ出張るよう指示している（「古文書雑纂」一　林孝四郎氏所蔵）。同日に秀吉と丹羽長秀が順慶へ宛てた書状では、今日、信孝が川を越えて高槻《たかつき》付近に陣取るとのことで、明日は西岡へ陣替えされるので、順慶も軍勢を山城へ出すよう催促している（「丹羽長秀・羽柴秀吉連署書状（折紙）」）。

『兼見卿記』には、六月十三日、山崎において合戦があり、光秀の軍勢が敗れたとある。信孝や秀吉の軍勢二万余りが勝龍寺城を取り囲んだというが、ここに順慶の名は見えない（『兼見卿記』天正十年六月十三日）。信孝や秀吉から催促されていた順慶は、光秀方に寝返っていた井戸良弘《いどよしひろ》の籠る山城国槇島城を受け取るため、軍勢を率いて醍醐付近に陣取る予定であった（『多聞院日記』天正十年六月十四日・十五日条）。

順慶は、光秀方に寝返った井戸良弘の籠る槇島に軍勢を出していたため、山崎合戦の決着には間に合わなかったのである。

光秀・順慶・幽斎のその後

本章で述べたように、光秀と幽斎の関係については、一説によれば、信長に仕える以前の光秀が越前の朝倉義景のもとにいたとしたならば、当時幽斎が仕えていた足利義昭一行が越前へ入ったのが永禄九年（一五六六）九月であり、朝倉の本拠である一乗谷へ移ったのは年末のことである点、そして永禄十一年五月までには光秀は義昭の「足軽衆」になっていたと捉えられる点から、永禄九年の年末以降、十一年五月までの一年六カ月ほどの間に、光秀と幽斎は出会ったものと考えられている（谷口：二〇一四）。

また、光秀と順慶の関係が見られるようになるのは、天正二年に順慶が信長へ人質を提出した頃からであろう。光秀は、松永久秀が退いた大和国の多聞山城に城番として入れ置かれることとなり、大和国の統治に関わるようになっていた。そして光秀・幽斎・順慶は、信長軍の部将として共に戦っていくことになった。

最後に、光秀・順慶・幽斎のその後を確認しておきたい。

光秀自身は討たれてしまったが、『明智軍記』によれば、光秀には三男四女があり、いずれも妻木《つまき》範熙《のりひろ》の娘の所生であったらしい。光秀の嫡男は光慶とされ、通称を十五郎とするのが通説である。愛宕百韻の伝本には光慶に「明智十兵衛」と註記されたものがある。フロイスの報告では、坂本城落城の際、「明智の二子は同所で死んだというが、長子は十三歳で、ヨーロッパの王侯とも見ゆるごとき優雅な人であった」とする。『豊鑑《とよかがみ》』によれば、これは自然丸《じねんまる》である。自然丸は天正二年閏十一月の連歌に参加している（谷口：二〇一四）。

女子では、幽斎の嫡男忠興に嫁いだ玉（のちのガラシャ）がいる。玉は、天正六年に忠興へ嫁いだが、同十年に父光秀が本能寺の変を引き起こしたため、忠興によって一時、丹後味土野に幽閉された。のちキリスト教に帰依し、同十五年に洗礼を受けて「ガラシャ」と称した。忠興との間に三男二女をもうけたが、慶長五年（一六〇〇）の関ヶ原の合戦に際して石田三成《みつなり》の人質となることを拒否し、大坂の細川屋敷で亡くなった。玉のほかには、荒木村重《むらしげ》の嫡男村次《むらつぐ》に嫁いだ娘、津田信澄に嫁いだ娘がいた。

幽斎は、山崎合戦には参加せず、光秀と矛を交わらせることはなかったが、七月十一日には秀吉から功を賞され、誓書を送られると共に、丹後内で加増を受けている（谷口：二〇一〇）。

また細川幽斎夫人は、十二代将軍足利義晴《よしはる》に奉公衆として仕えた若狭熊川（福井県若狭町）城主沼田光兼《みつかね》の娘で麝香《じゃこう》と呼ばれ、義晴の命で幽斎に嫁いだとされている。幽斎は、生涯側室を置かず、麝香との間に忠興をはじめ十人もの子をもうけた。慶長五年（一六〇〇）の田辺籠城戦では麝香も具足を身につけて兵士を鼓舞したという。幽斎歿後、出家して光寿院《こうじゅいん》と号したが、玉の死に影響を受け、慶長六年に豊前小倉《こくら》（福岡県北九州市）で洗礼を受けてマリアと名乗ったともいわれる（京都府立山城郷土資料館：二〇一九）。

順慶は、天正十年七月、秀吉から宇智《うち》郡・宇多《うだ》郡を加えた大和国一円が付与されている（『多聞院日記』天正十年七月七日・十一日条）。順慶は山崎合戦の決着には間に合わなかったが、秀吉は本能寺の変後の彼の行動を一定程度評価しており、大和国一円を彼に付与したものと考えられる（片山：二〇一八）。

【主要参考文献】
片山正彦『豊臣政権の東国政策と徳川氏』（思文閣出版、二〇一七年）
片山正彦「筒井順慶の「日和見」と大和国衆」（『地方史研究』三九二号、二〇一八年）
片山正彦「筒井順慶と「洞ヶ峠の日和見」伝承」（『御影史学論集』四四号、二〇一九年）
京都府立山城郷土資料館編刊『光秀と幽斎～花開く武将文化～』（二〇一九年）
谷口克広『織田信長家臣人名辞典 第二版』（吉川弘文館、二〇一〇年）
谷口研語『明智光秀　浪人出身の外様大名の実像』（洋泉社歴史新書y、二〇一四年）
永島福太郎「筒井順慶」（『大和志』六巻一〇号、一九三九年）
永島福太郎「筒井順慶補考」（『大和志』六巻一一号、一九三九年）
中村武生「京都三宅安兵衛・清治郎父子建立碑とその分布」（『花園史学』二二号、二〇〇一年）

奈良県史編集委員会『奈良県史 第十一巻 大和武士』(名著出版、一九九三年)
舞鶴市田辺城資料館編刊『田辺城の歴史』(二〇一四年)
柳沢文庫専門委員会編『大和郡山市史 本編』(一九六六年)
籔景三『筒井順慶とその一族』(新人物往来社、一九八五年)

第六章　明智光秀の丹波攻略

渡邊大門

光秀の丹波攻略

天正三年（一五七三）八月、明智光秀は織田信長の命により、抵抗する荻野《おぎの》氏、宇津《うつ》氏らを討伐すべく丹波計略に着手した。当初、戦いを有利に進めた光秀であったが、天正四年一月に丹波八上《やかみ》城（兵庫県丹波篠山市）の波多野秀治《はたのひではる》が裏切ったので敗北した（『兼見卿記《かねみきょうき》』天正四年一月十五日条）。秀治が裏切った理由は判然としないが、同年二月に足利義昭《よしあき》が毛利輝元《てるもと》を頼って備後鞆《とも》（広島県福山市）に移ったこと、同年四月に信長と大坂本願寺との戦いが再開されたことを考慮する必要があるだろう。

光秀による丹波計略はいったん中止に追い込まれ、以降は信長の命によって天正四年四月の大坂本願寺攻め、天正五年三月の紀州雑賀《さいか》衆攻め、同年十月の大和・松永久秀《ひさひで》攻めに奔走する。そして、天正五年十月に至り、丹波籾井《もみい》館（兵庫県丹波篠山市）を攻撃し、ようやく丹波計略を再開した様子がうかがえる（『兼見卿記』天正五年十月二十九日条）。

籾井館への攻撃は、『兼見卿記』に短い記事があるだけで、具体的なことは不明であるが、十一月十七日付け光秀書状には詳しく状況が記されている（「熊本三宅文書」）。光秀は籾井城のほか十一カ所の敵城を攻略し、残るは荒木氏綱《うじつな》と波多野秀治だけになり、彼らの家中に対して調略をしているので、ほどなく落城するだろうと述べている。

天正六年四月十日、氏綱は光秀らの攻撃を受けて降参した（『信長公記』）。光秀は、城に軍勢を入れ置いたという。そして、本格的に光秀による丹波攻略が再開されたのは、天正六年九月のことである（「坂本箕山『明智光秀』所収文書」）。

本章では天正六年九月以降における丹波八上城の攻防を取り上げるが、丹波八上城および丹波八上城攻略に関する研究は少なからずある。

八上城研究会による研究では、文献学、考古学的な分析に加え、波多野氏の関係史料を網羅的に収集した（八上城研究会：二〇〇〇）。福島克彦氏は城郭の分析から光秀の丹波支配を考察すると共に、光秀と丹波の土豪小畠《こばたけ》氏との関係を追究し、併せて八上城の攻防の分析を行った（福島：一九九〇）。また、筆者も八上城の攻防について検討した（渡邊①：二〇一九）本章は右の研究成果などに拠りつつ、天正六年九月以降における丹波八上城の攻防を検討することにしたい。

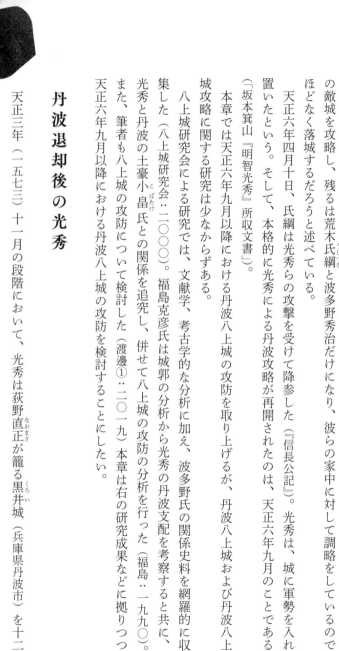

丹波退却後の光秀

天正三年（一五七三）十一月の段階において、光秀は荻野直正《なおまさ》が籠る黒井《くろい》城（兵庫県丹波市）を十二、三の付城《つけじろ》を築いて攻囲し、丹波の国衆の過半を味方にするなど戦いを有利に進めていた（「吉川家文書」）。翌年には、落城も間近だったという。

この頃から光秀は、独自で丹波支配の一端を担うようになり、天正三年十二月には在々所々の百姓中に徳政令を発布した（「森守氏所蔵文書」）。これは信長の命により発布されたものではなく、自身の判断に拠るもので、人心の掌握に努める目的があった。ただし、光秀配下と思しき掃部助某が徳政令について曾根の六郎左衛門に伝えたところを見ると、おおむね支配圏は船井《ふない》郡に限定されていた可能性がある。

遡って元亀四年（一五七三）一月の時点で、荻野氏は織田信長と対立した足利義昭を支援すべく、上洛する予定だったという（「顕如上人御書札案留」）。当時、荻野氏は丹波の氷上《ひかみ》郡、天田《あまた》郡、何鹿《いかるが》郡を支配下に収めていた。

結局、荻野氏の上洛は実現しなかったが、反信長の立場だったのは明らかである。天正元年に比定される義昭の御内書《ごないしょ》が荻野氏に送られているので、間違いないと考えられる（「赤井文書」）。この年、義昭は信長との関係が決裂して戦っていた。また、荻野氏は同じく信長と対立する武田勝頼と通じ、反信長の姿勢を明確にしていたこともわかっている（「赤井文書」）。

荻野氏は毛利氏との協力を希望しており、吉川元春《きっかわもとはる》に書状を送った（「吉川家文書」）。その切迫した文面や当時の情勢を勘案する限り、天正四年に比定すべきものと考える。

波多野氏が信長を裏切った背景には、大坂本願寺、毛利氏、足利氏が結託して反信長の勢力が台頭したので、彼らの説得に応じて信長の配下から離脱したことがあったと考えられる。天正四年一月の波多野氏の信長への裏切り以降、荻野氏は吉川氏や大坂本願寺と綿密なやり取りを行っているので、同様の理由から信長に反旗を翻したのだろう。

天正四年一月に丹波から退却した光秀であったが、それは単に戦いに負けただけであって、丹波における影響力を失ったわけではない。天正四年に比定される一月二十九日付けの信長書状は、丹波国桑田郡・船井郡に基盤を置く川勝《かわかつ》氏に対して、丹波での情勢が不利な中で忠節を尽くしたことを賞している（「古文書　二」）。使者を務めたのは光秀だった。

同年二月、光秀は黒井城の戦いで働きがあった荒木藤内に感状を送った（「泉正寺文書」）。丹波国内の勢力は、信長派と反信長派に二分されていたのである。

再び丹波へ

天正四年（一五七四）二月、光秀は再び丹波へ下向した（『兼見卿記』天正四年二月十八日条）。そのなかで注目すべき二通の史料がある。

天正四年二月十八日に丹波へ向かった光秀は、黒井城のある氷上郡に攻め込んだことがわかる（「『思文閣墨蹟資料目録　六〇』所収文書」）。光秀は先に徳政令を発布していたので、曾根村（京都府京丹波町）の百姓は光秀に従った。そのお礼として、光秀は曾根村の百姓の諸役・万雑公事《まんぞうくじ》（年貢以外の様々な夫役や雑税）を免除したのである。

三沢秀儀が発給した副状は、中台《ちゅうだい》（同京丹波町）の大右衛門尉に宛てられている（『思文閣墨蹟資料目録　六〇』所収文書」）。諸役・万雑公事の免除は、在地の人々を懐柔する策だった。

この戦いが功を奏したのか、戦後、荻野氏は「詫言《わびごと》（謝罪）」を入れてきたので、信長は赦免することにし（「兵庫県立歴史博物館所蔵文書」）、結果的に荻野氏をはじめ一味した諸氏についても当知行を安堵した。同時に信長は、荻野氏に光秀への協力を求めたのである。

つまり、この時点で荻野氏の件は、一件落着したことになろう。荻野氏は吉川氏らの援軍を得られず、信長に屈したと推測される。信長にすれば、丹波平定は喫緊の課題だったので、荻野氏の降参を認めざるを得なかったと考えられる。

いったん荻野氏は降伏を受け入れたようであるが、天正四年には石河繁なる人物が足利義昭を擁立した吉川氏を支援すべく、荻野氏と協力する旨を吉川元春に伝えている。同じく同年五月には、大坂本願寺の下間頼廉《しもつまらいれん》が荻野氏に書状を送り、義昭の入洛が近いこと、丹波のほか丹後、出雲、伯耆の面々や吉川氏の軍事行動に期待していることなどを伝えている（「吉川家文書」など）。

荻野氏は信長に詫びを入れたとはいえ、その後も水面下で大坂本願寺、毛利氏、足利義昭との連携を模索していたのである。

船井郡内での支配

光秀が船井郡内に一定の支配権を有していたことは、天正四年（一五七六）十二月一日付けの織田信長朱印状写からも明らかである（「秋田藩採集文書」）。

史料中の丹波桐野河内（京都府南丹市）は室町幕府の御料所で、長らく政所執事の伊勢氏が代官を務めていた。永禄十二年（一五六九）十月、伊勢貞知《さだとも》の父貞倍《さだます》は信長によって、桐野河内三方分半分などを安堵された（「伊勢文書」）。しかし、信長朱印状写によると、貞知は桐野河内を信長から取り上げられ、細川信良《のぶよし》（昭元）の女房衆に与えられたことがわかる。信長は村井貞勝《さだかつ》に右の旨を伝えると共に、光秀に馳走が肝要であると伝えた。なお、信良の正室は、信長の妹だった。

細川信良は信長に従っていたものの、実際のところ特に目立った活躍はしていない。天正三年九月二日、信良は信長から丹波国桑田郡、船井郡を与えられた（『信長公記』）。これは、信良の実効支配を伴ったうえでの給与ではなく、実際に現地ですべてを差配していたのが光秀だったのは間違いない。あくまで形式的な措置だったと言えよう。先に示した史料により、光秀が丹波支配を展開していたことは明らかである。

天正五年一月頃から、光秀は居城となる亀山城（京都府亀岡市）の普請を実施する（「小畠文書」）。光秀は長沢氏らに対して、二月五日から十日まで亀山惣堀の普請を命じた。そして、二月五日からの森河内（大阪府東大阪市）の番を同月十二日まで延期することを当番衆に伝えるよう命令し、各々が鋤・鍬・もつこ（畚）以下を用意して、亀山に来てほしいと結んでいる。この頃、光秀は丹波の土豪らの動員権を獲得していたようである。

天正四年四月十四日、信長は光秀と細川藤孝に守口（大阪府守口市）・森河内に「取出」（砦）を築くよう命じた（『信長公記』）。福島氏の研究によれば、それは大坂本願寺攻めに関するものであり、取出の守備は丹波国衆が交代で当番を務めていたと指摘する（福島：一九九〇）。その時期と亀山惣堀の普請が重なったというのである。丹波国衆は亀山惣堀のほか、土普請にも動員されたことが福島氏により明らかにされ、光秀は丹波国に不在ながらも、配下の普請奉行によって差配されたという。

また、福島氏は余部から亀山に丹波の拠点が移ったとも指摘する。したがって、光秀が桑田《くわだ》郡、船井郡をおおむね支配下に収めたのは明らかで、丹波攻略とは実質的に氷上郡の波多野氏に限られていたといって差し支えないだろう。

この間、波多野秀治がどのような動きをしていたのかは、史料を欠くことから、ほとんどわかっていない。

八上城攻撃の開始

天正六年（一五七八）二月、播磨三木《みき》城主の別所長治《べっしょながはる》が信長に反旗を翻した。この動きも、足利義昭、毛利輝元、大坂本願寺、そして波多野秀治の反信長の動きに連動したものと考えられる。長治の裏切りにより、信長は窮地に立たされた。

光秀も安穏としておられず、別所氏討伐の軍に加わった（『信長公記』）。光秀は天正六年七月十五日の播磨神吉《かんき》城（兵庫県加古川市）攻めに出陣しており、木俣《きまた》氏に軍功を賞して感状を発給した（「木俣清左衛門家文書」）。光秀はこれ以外にも各地に出兵することがあり、八上城攻撃に専念できる状況にはなかった。光秀の八上城攻撃が本格化するのは、同年九月以降のことである。

天正六年三月、信長は細川藤孝に書状を送った（「細川家文書」）。別所長治が反旗を翻した直後、信長は細川藤孝に丹波出陣を命じた。それだけでなく、奥郡（氷上、天田、何鹿の三郡）、多紀《たき》郡へ二筋、三筋という広い道の普請を命じ、三月二十日までに完成させよと命じた。大軍を送り込むとも書かれているので、信長は波多野氏の討滅に全力を傾けようとした様子がうかがえる。ただし、実際に藤孝が奥郡、多紀郡に通じる広い道を普請したか否かは不明である。

天正六年八月、大和の筒井順慶《じゅんけい》が播磨から丹波を経て、大和の国へ戻った（『多聞院日記』天正六年八月二十二日条）。同年九月、兼見が見舞いとして坂本の光秀のもとに菓子を持参して訪ねた。兼見は光秀の求めに応じて、自身が所持する茶碗を与えたという。その日の夜、光秀から兼見に書状が遣わされ、すぐに丹波へ下向するという情報がもたらされた（『兼見卿記』天正六年九月十一日条）。

その直後、光秀は津田加賀守に書状を送り、九月十四日に亀山へ至ること、同月十六日に津田氏の到着を待っていること、同月十八日に八上城の後山に陣を取る旨が記され、できるだけ多くの軍勢を率いてほしいと依頼している（「坂本箕山『明智光秀』所収文書」）。

同年九月、光秀は丹波円通寺（兵庫県丹波市）の求めに応じて三カ条にわたる禁制《きんぜい》を発給した（「円通寺文書」）。内容は、当手（明智方の）軍勢、甲乙人（すべての人）の乱暴狼藉の禁止、陣取、放火の禁止、竹木の伐採の禁止である。ほかにも発給されたと考えられるが、光秀の禁制はこれ一通しか残っていない。この禁制は、円通寺が光秀軍の来襲を予想して、下付を願ったものである。

荒木村重の謀反

同年十月、突如として摂津有岡城《ありおか》（兵庫県伊丹市）の荒木村重《むらしげ》が信長に反旗を翻した、村重が叛旗を翻した理由は諸説あるが、二次史料による疑わしいものが多く、信を置ける記述ではない。繰り返しになるが、足利義昭、毛利輝元、大坂本願寺の反信長の動きは影響力が大きく、波多野氏も別所氏も彼らの呼び掛けに呼応したと考えられる。村重に関してもこの流れに抗《あらが》うことはできず、義昭らの要請に応じた可能性が高いと推測される。

天正六年十一月、光秀は小畠氏に書状を送った（「小畠文書」）。八上城攻撃に即して内容を確認すると、百人分の兵糧を準備して和田次大夫に託したことが書かれている。通常、出陣する兵たちは自弁だったが、この場合は長期にわたる戦いになると予想されたからだろう。

次に注目すべきは、付城を堅固にすることを命じている点で、九月の八上城への着陣以降、着々と八上城を攻囲しつつ付城を築いていたことが判明する。付城は攻城戦におけるセオリーであり、敵を包囲して長期戦に臨むと同時に交通路を遮断し、敵城への兵糧や武器の搬入を妨害する役割も担っていた。

加えて、荒木村重の弟重堅《しげかた》が三田《さんだ》（兵庫県三田市）におり、山越（三田付近の地名ヵ）に来ることがあっても、三田に向かうことがあってはならないとしている。重堅が村重に属していたかについては諸説あるが、この時点では村重方と認識されていた。そして、いずれの「取出」（砦）であっても落とした場合は連絡をするように伝え、まず明智秀満を亀山に向かわせて、光秀自身も一両日中に八上城へ行くと記されている。

また、孫十郎（明智氏の一族ヵ）が若年なので、諸事について助言するよう求めている。おそらく、この間の光秀は八上城を離れており、大坂本願寺や有岡城への対応を余儀なくされていたと考えられる。

同年十一月三日、光秀は家臣の佐竹出羽守に書状を送った（「尊経閣文庫所蔵文書」）。来たる十一月十二日に信長が出馬をするため、亀山城の普請が延期になったことを伝えている。そして、大坂本願寺を攻囲する森河内の砦に十一月十二日を期限として、鉄砲、楯、柵、縄、俵を送るように命じた。光秀自身も十一月十一日に森河内へ行くことを伝えているので、八上城の攻撃には参加できなかったのである。

光秀は大坂本願寺や有岡城対策に忙殺されたので、実際に八上城の現地で差配していたのは小畠氏だった。

光秀による現地への指示

天正六年（一五七八）十一月十五日、光秀は再び小畠氏に書状を送った（「宇野茶道美術館所蔵文書」）。昨日（十一月十四日）、敵が攻撃を仕掛けてきたが、小畠氏は指示通りに動かなかった。光秀は自身の留守を狙って攻めたことは笑止とし、軍勢も必要であろうから、亀山城の近くに陣を置いたことを知らせている。

この時点で光秀は、亀山城付近まで出陣していた。敵の誘いには乗らず、徹底した籠城戦で臨んだことがわかる。光秀は自身が本格的に八上城の攻城戦に臨むまで、小畠氏に自重を望んでいた。小畠氏が敗北した場合、丹波の土豪らに与える悪影響が少なくないと考えたのだろう。

同年十一月十九日、光秀は小畠氏に書状を送った（「小畠文書」）。内容は、四カ条にわたっている。一カ条目は、金山《きんざん》（兵庫県丹波篠山市）、国領《こくりょう》（同丹波市）を視察し、いずれも堅固だったこととの報告を受け、これを賞したものである。

二カ条目は、有岡城の攻城戦の件で、利根山と池田古城の普請が首尾よく完了したことを報告している。三カ条目も同様で、高槻《たかつき》（大阪府高槻市）の高山右近《うこん》が信長に与し、高槻、茨木《いばらき》（同茨木市）はおおむね平定したことが書かれ、有岡城は鹿垣《ししがき》で攻囲したとある。以上を踏まえて、光秀は今月中に八上城へ向かいたいと連絡している。

この間の波多野氏の動向と思しき史料は、わずか一通だけが確認できる（「能勢文書」）。秀治は赤井氏からの返礼を披見し、同氏が堅固であるのは結構であるが、「滝峰《たきみね》出雲」が退城したことに気遣いを見せ、加勢の件は秀治の家臣「渋隠・青民」に仰《おっしゃ》ってほしいと結んでいる。滝峰とは滝峰城（滝ヶ嶺城。京都府亀岡市）であり、出雲は出雲城（御影山城。同亀岡市）のことだろう。この両城は、光秀の軍勢に落とされたのだろうか。この史料には年次もなく、比定する手掛かりにも乏しいが、とりあえず天正六年に比定しておきたい。

ようやく光秀が八上城に出陣したのは、十二月のことだった（『信長公記』）。『信長公記』によると、光秀は八上城を攻囲しており、それは自らの手勢で三里四方の範囲だった。そして、堀を掘ると、塀や柵を幾重にも隙間なくめぐらし、塀の際《きわ》には兵卒に小屋をかけさせた。警固は厳重で、獣が通うことすらできなかったという。

同年十二月二十日、光秀は黒田孝高《よしたか》の家臣小寺休夢斎《こでらきゅうむさい》に書状を送り、三田城の付城を四カ所築いたことを報告した（「中島寛一郎氏所蔵文書」）。書状には油井口《あぶらいぐち》（兵庫県丹波篠山市）から吉川谷《よかわだに》（同三木市）にかけて、「つなぎの城」を普請すると記されている。「つなぎの城」とは、城の間の情報や物資を繋ぐ城のことである。油井口は八上城に繋がり、吉川谷は三木城に繋がっていた。光秀はこの地点を押さえ、連絡網を形成したのである。

八上城、三木城の籠城戦は連動しており、両城間での連絡や情報などを遮断することにより、孤立化を進めようとしたと考えられる。

同年十二月二十二日、光秀は奥村源内に書状を送った（「御霊神社文書」）。内容は有岡城の攻防が信長の思い通りに進んでいること、光秀は有馬郡に向かって三田城に付城四カ所を築き、手が空いたので、昨日（十二月二十日）多紀郡に移動したことを記している。そして、天王寺方面で在番を務める奥村氏の労をねぎらった。

光秀は八上城に完全に在陣したのではなく、相変わらず各地を転戦していたのである。三田城は有岡城と八上城の中間にあり、それぞれの城の間の連絡や情報を断つことは、八上城の攻撃に有効だったと考えられる。

本格化した八上城攻撃

天正七年（一五七九）一月、籠山で戦闘があり、小畠永明が戦死した（「泉正寺文書」）。これを受けて、光秀は二月二日に八上城へ向かうと述べている。なお、永明の戦死により、子の伊勢千代丸が跡を継いだが、十三歳までは森村左衛門尉が名代を務めることになった（「小畠文書」）。それは小畠一族の総意を受けてのことであり、小畠一族と森村氏は誓紙《せいし》を取り交わした。

天正七年二月以降になって、光秀による八上城攻撃は本格化する。同年二月、光秀は関氏に書状を送り、八上城の周囲に隙間なく付城を築いたこと、通路を塞いだことを知らせ、八上城の落城が近いであろうと述べている（「楠匡央家文書」）。通路を防ぐのは、籠城戦、兵糧攻めのセオリーで、食糧を運ぶ商人の通行を禁じることも意味した。

同年二月二十八日、光秀は坂本を出発して亀山に向かい（『兼見卿記』天正七年二月二十八日条）、三月十六日に着陣したことを確認できる（『同』同年三月十六日条）。

戦いが本格化する中で、波多野氏は「兵庫や（屋）惣兵衛」に書状を送った（「大阪城天守閣所蔵文書」）。宛先の兵庫や（屋）惣兵衛については不明であるが、おそらく摂津兵庫（神戸市兵庫区）に本拠を置いた商人であると考えられる。秀治は籠城戦が厳しい局面を迎え、兵庫や（屋）に三カ条にわたる免除を申し渡した。秀治は兵庫や（屋）に商人としての特権を認めることにより、円滑に兵糧を城内に運び込もうとしたのだろう。

それは、先述した光秀が通路を防いだことに対する、対抗措置だった。同年三月三日には岩伏で戦闘があり、丹波の土豪大芋《おくも》氏は光秀から感状を与えられた（『丹波志』所収文書」）。そして、同年三月十三日に光秀は小畠氏に対し、来たる三月二十七日に出兵するよう要請しているので、戦いはかなり佳境に入っていたと考えられる（「蜂須賀文書」）。

天正七年四月になると、もはや八上城が落城寸前だったことが判明する。次に、光秀が和田弥十郎に宛てた書状を要約しておきたい（「下条文書」）。

①八上城内から助命と退城について、懇望してきたこと。

②籠城衆のうち四、五百人が餓死し、城を出て来た者の顔は青く腫れており、人間の顔をしていな

かったこと。
③五日、十日のうちに必ず八上城を落城させ、一人も討ち漏らしてはならないこと。
④要害、塀、柵、逆茂木を幾重にめぐらし、落城を待つこと。
光秀は以上のことを述べたうえで、追って吉報を報告するので、八上城が落城後はすぐに丹後国へ向かうと結んでいる。右の惨状については『信長公記』も記しており、籠城した者は初め木の葉を食べていたが、のちには牛馬を口にしたという。そして、城から逃げ出した者は容赦なく斬り捨てたと書かれている。苛烈な状況は、三木城の兵糧攻めと同じだった。

八上城の落城

一カ月後の天正七年五月になると、八上城の敗勢はさらに濃くなった。光秀の書状によると、城中への調略を行い、それが功を奏したのか、ついに本丸は焼き崩れたという(「大阪青山歴史博物館所蔵文書」)。光秀は積極的に城を攻めず、城内から逃げ出す者たちを斬り捨て、乱取りは敵を討ち漏らす原因になるので固く禁止した。

また、敵の首を討ち取った分だけ、褒美を与えるとも明記している。敵の自壊を待ちつつも、降参は一切許さず、逃げる敵でさえも片っ端から討ち取った様子がうかがえる。同年五月十八日の段階で、八上城は近いうちに落城するだろうと予想されている(『兼見卿記』天正七年五月十八日条)。

八上城が落城したのは、同年五月下旬のことだろう。次の記録がある。

丹州高(八上)城落城す、四百余人討ち死にすと云々、波多野兄弟を搦め捕り、亀山にあると云々、数日取り詰め、兵粮尽きかくのごとし(『兼見卿記』天正七年六月一日条)、

内容を確認しておこう。八上城が落城した際、四百余人が討ち死にした。波多野秀治ら三兄弟は捕縛され、光秀の居城・亀山城に連行された。数日間の攻防で、城内の兵糧が尽きたことが原因であるという。したがって、八上城の攻防は長期間にわたったが、実際に戦いが本格化したのは、光秀が積極的に参戦した天正七年二月以降であると考えられる。それ以前は、光秀が小畠氏に命じたように、敵との積極的な交戦を避けていたと推測される。

『信長公記』によると、その後、波多野秀治ら三兄弟は安土城に連行され、城下において磔刑《たっけい》にされた。なお、光秀が波多野三兄弟に自身の母親を人質に差し出して降参を勧めたが、信長が約束を破って三兄弟を磔刑にしたので、怒った八上城内の兵卒が光秀の母を殺害したという逸話がある。しかし、それは史料的価値が低いと評価される『総見記』などに書かれたことで、今では俗説として退けられている(渡邊②:二〇一九)。

戦後処理と丹波平定

光秀は八上城主の波多野秀治を滅ぼしたが、丹波には宇津氏などの信長に抵抗する諸勢力が残って

いた。その後の経過を確認しておこう。

『信長公記』によると、光秀は天正七年七月十九日に宇津氏が退いた宇津構《かまえ》（京都市右京区）を攻撃し、残った軍勢を数多く討ち取ると、その首を安土城の信長に進上した。それから、光秀は鬼ヶ《おにが》城《じょう》（京都府福知山市）に移動して近辺を放火し、付城を構築した。鬼ヶ城主は、荻野氏だったといわれている。

右の状況については、光秀が小畠氏に送った書状によって明らかである（「小畠文書」）。光秀は同年七月二十六日に宇津方面へ出陣するため、小畠氏に桐野河内へ着陣するよう命じた。加えて、出陣の際には鍬・鋤などの普請道具を用意するようにし、杣《そま》はまさかり（鉞）を持参のうえで来るようにとある。雨が降れば二十七日に延期するが、少しの雨なら予定通りと記しており、『信長公記』の記述と一週間のずれがある。

その後の宇津氏のことは、信長の書状に詳しい（「溝口文書」）。宇津氏は信長への逆心を抱いていたので、調儀（攻撃）を行ったところ、同年七月二十四日の夜に逃亡した。宇津氏は若狭へ逃亡し、そこから西国へ逃れようとしていたので、現地の者に探し出すよう命じた。宇津氏が若狭から船で西国に逃げることを聞いたら、その浦で成敗するよう命じている。ただし、以降の宇津氏の動きについては、詳しくわかっていない。

同年八月九日には、赤井氏の籠る黒井城への攻撃が行われた（『信長公記』）。光秀と戦った荻野氏は降参し、これにより光秀は信長から大いに称賛された。なお、赤井忠家は遠江二股《ふたまた》（静岡県浜松市）

に逃れたという。同年八月二十四日、光秀は愛宕山威徳坊（京都市右京区）に対し、柏原《かいばら》（兵庫県丹波市）内に二百石を寄進した（「安土城考古博物館所蔵文書」）。

この書状によると、光秀は高見城《たかみ》（同丹波市）を取り詰めており、近々落城するであろうこと、自身は久下《くげ》（同丹波市）に陣を置いており、一両日中に和田（同丹波篠山市または丹波市）へ行くことを記している。この時点では、まだ信長に敵対する残党がいたようである。

氷上郡、天田郡の支配

氷上郡はおおむね平定したので、光秀は氷上郡の寺庵中、高見山下町人中、所々名主中、所々百姓中に宛てて判物《はんもつ》を発給した（「富永宏昭家文書」）。

光秀の判物によると、赤井五郎の討伐を命じたのは信長だった。そして、氷上郡の寺庵中以下に「還住」を命じたのは、「上意」つまり信長の意向を汲んでということになろう。高見城の攻防により、城下や周囲の寺、町人、名主、百姓は危険を回避するため、逃亡していた。光秀は戦後復興のため、信長の意向に従って、彼らを氷上郡内に呼び戻したのである。

その後も光秀の掃討戦は続いた。同年九月二十一日、国領城に在城していた光秀は、山を切り開いて一里ほどの道を築き、翌二十二日に国領一帯へ攻め込んだ。これにより光秀は、三カ年の鬱憤を晴らしたという。光秀は丹波攻略だけでなく、各地を転戦して苦労しただけに、この言葉には重みがあるといえる。

赤井城の裏にあった蘆田《あしだ》一族の城三カ所についても、すでに正体がなかったと書かれている。天田郡、何鹿郡の味方と申し合わせて軍事行動をしたようなので、この時点で両郡は光秀が影響力を及ぼしていたのだろう（「雨森善四郎氏所蔵文書」）。こうして光秀は、長い年月をかけて丹波平定を果たしたのである。

この戦いの直後、荒木村重が籠る有岡城が落城し、翌天正八年一月には播磨三木城も落城した。やがて、足利義昭、毛利輝元、大坂本願寺による反信長の動きは、急速に衰えていったのである。

同年十月になると、光秀は柏原に新城を築城した（『兼見卿記』天正七年十月十一日条）。既存の城が戦争で傷みが酷かったため、新たに築城したのかもしれない。福島氏の研究によると、光秀は亀山城を本城とし、明智光忠《みつただ》に八上城、斎藤利三《としみつ》に黒井城、明智秀満《ひでみつ》に福知山城を任せ、それぞれを支配の拠点にしたと指摘している（福島：一九九〇）。広域な丹波を支配するには、各地域に支配の拠点を置く必要があったのである。

天正八年二月、光秀は福知山の天寧《ていねいじ》寺に諸式を免許し、陣取や竹木の伐採の禁止を伝えた（「天寧寺文書」）。その翌年、光秀の家臣・明智秀満は、天寧寺の納所禅師宛てに判物を発給したのである（「天寧寺文書」）。

秀満が天田郡支配をいつ開始したかは判然としないが、光秀が指示した内容を追認しているところを見ると、おおむねこの時期からと考えることも可能である。支配者が光秀から秀満に代わったので、天寧寺が改めて判物の下付を願ったのだろう。秀満の文書が光秀の意を奉じた奉書《ほうしょ》でないことにも注目しておきたい。前年の天正八年七月二十三日、斎藤利三は白毫寺《びゃくごうじ》（兵庫県丹波市）門前の地下《じげ》に判物を与え、白毫寺に還住した僧侶への当陣の人足の免除を伝えている（「白毫寺文書」）。こちらも、判物の形式である。

丹波支配の様相

鈴木将典氏は、光秀による丹波支配について二つの重要な指摘を行った（鈴木：二〇一一）。天正八年に比定される一月十三日付けの光秀判物について、従来は織田権力が国役を課したと見られてきたが、実際は光秀自身が自らの領国に課した国役であることが明らかになった（「吉田文書」）。ちなみに、『明智光秀　史料で読む戦国史』は、同史料を天正九年または十年に比定する。

なお、同史料の「百姓早明隙、西国御陣可相動可有覚悟事肝要候」の部分は「百姓の負担を軽減し、西国出陣を行うことにあった」と解釈されているが、少し違うのではないだろうか。ここは「百姓が早く隙になるように（今の仕事を終わらせ）、西国への出陣が速やかに行われる」よう、文書の宛名の各位に協力を求めたということになろう。つまり、国役となる十五日普請を優先するため、百姓に抱えている仕事を切り上げさせろということになる。

さらに鈴木氏は、同じ頃に光秀が石高制による軍役・知行役の賦課を行ったことを指摘したが（「片山丁宣家文書」)、近年の研究では光秀が天正九年六月に制定した家中軍法(「御霊神社文書」)については疑義が提示されているので、さらに検討が必要だろう(山本:二〇一三など)。この点は、本書第九章の長屋論文が触れているので、詳細は割愛する。

光秀の丹波国内における諸政策を見ておこう。その点については、天正八年八月の宮田市場(兵庫県丹波篠山市)に下付された定がある(「『丹波志』所収文書」)。全体は三カ条になっており、一カ条目は喧嘩・口論・押買・狼藉の禁止、二カ条目は国質・所質・請取沙汰・諸式非分之族の停止を規定したものである。そして、最後に毎月の市日を六日間に固定した。光秀による商業政策の一端を物語る史料である。

光秀による丹波攻略の真相

ここまで時系列に丹波攻略、八上城の攻防、戦後処理について述べてきた。最後に、簡単にまとめておきたい。

①天正三年八月に光秀は丹波攻略を開始したが、その段階から親信長派の土豪を配下に加えるだけでなく、徳政令を発布するなど、丹波国内の一部ですでに実効支配の一端を担っていた。

②荻野氏、赤井氏は足利義昭、毛利氏、大坂本願寺と通じており、いったんは信長に屈したものの、水面下で関係を継続していた。波多野氏が信長を裏切ったのも、そうした流れに位置づけること

ができると考えられる。

③光秀による八上城の攻撃は、天正六年九月から本格化するが、それは光秀が信長の命によって各地に出陣していたからだった。しかし、八上城の攻囲は小畠氏ら丹波の土豪に任され、決して積極的に攻撃をしなかった。それは敗北による痛手を避けるためで、実際に光秀が本腰を入れるのは、天正七年二月以降のことである。

④八上城が落城したのは天正七年五月なので、実質的に光秀が戦ったのは、わずか三カ月にすぎない。足かけ四年にわたる攻防のように思えるが、実際の戦闘は断続的だったといえる。

⑤付城に拠る攻城戦と言えば、三木城の戦いが有名であるが、八上城の攻防はその先駆に位置づけられる。「つなぎの城」を築き、物資や情報を遮断することにより、兵糧攻めによって落城させたのは三木城のケースと酷似している。

光秀は八上城の攻城戦で敵を徹底的に殲滅《せんめつ》しており、戦後における荻野氏や宇津氏との戦いも同様だった。信長は光秀に丹波を与える前提で攻略を命じ、実力で奪い取ることを期待したのだろう。

【主要参考文献】
鈴木将典「明智光秀の領国支配」(戦国史研究会編『織田権力の領域支配』岩田書院、二〇一一年)
長谷川弘道「明智光秀の近江・丹波計略」(二木謙一編『明智光秀のすべて』新人物往来社、一九九四年)
福島克彦「織豊系城郭の地域的展開——明智光秀の丹波支配と城郭」(村田修三編『中世城郭研究論集』新人物往来社、一九九〇年)
福島克彦「明智光秀と小畠永明——織田権力期における丹波の土豪」(前掲『明智光秀　史料で読む戦国史』)

福島克彦『明智光秀と近江・丹波――分国支配から「本能寺の変」へ』（サンライズ出版、二〇一九年）
藤田達生・福島克彦編『明智光秀　史料で読む戦国史③』八木書店、二〇一五年）
堀　新「明智光秀「家中軍法」をめぐって」（柴裕之編『シリーズ・織豊大名の研究8　明智光秀』戎光祥出版、二〇一九年。初出二〇一五年）
八上城研究会編『戦国・織豊期城郭論――丹波国八上城遺跡群に関する総合研究』（和泉書院、二〇〇〇年）
山本博文「明智光秀の史料学」（同『続日曜日の歴史学』東京堂出版、二〇一三年）
渡邊大門①「丹波八上城の攻防をめぐる一考察」（拙編『戦国・織豊期の政治と経済』歴史と文化の研究所、二〇一九年）
渡邊大門②『本能寺の変に謎はあるのか？　史料から読み解く、光秀・謀反の真相』（晶文社、二〇一九年）

第七章　明智光秀の丹波支配と国衆

福島克彦

はじめに

戦国期から近世期への地域史研究を考察する際、織田権力の評価は、重要な位置を占める。かつて今井林太郎氏は、織田信長が「独力では一円領主に成長することの困難な土豪的名主層」を家臣団に編入し、彼らを一円領主にすることで、農民を支配する立場へと移行させた点を強調した（今井：一九六三）。藩屏となった彼らを中核に兵農分離が進展し、鉄砲隊などの組織化が進んだとし、織田政権の近世的変化を重視されている。これは、織田権力が荘園制下にあった土豪的名主層を取り込んだ点を強調しており、同権力の画期性として捉えている。

これに対して、脇田修氏は、織田政権下においても、支配下の武士の自立性、あるいは公家・寺社の権益が保持されてとして、同政権を「戦国大名的中央権力」と位置づけ、「近世的統一権力」とする豊臣政権とは区別されている（脇田：一九七五、一九七七）。一方で、信長は信頼する部将たちに一定地域内の軍事統率権、知行宛行権などの権限を委ねる「一職支配」を進め、部将たちごとの地域支配の視点を強調している（脇田：一九八七）。脇田氏の視点は、織田権力を中世的連続性の中で捉えつつも、その地域ごとの一職支配が信長の上級支配権の影響下にあったことを重視していた。そのため、部将ごとの一職支配自体が織田権力を考える構成要素として認識されていた。

この間、各地では戦国大名権力の研究や史料集の編纂が飛躍的に蓄積し、むしろ戦国大名との比較検討の中で、織田権力が位置づけられるようになった。池上裕子氏は、信長が「所領高に対応した軍役量を規定せず戦果を求める」点に織田権力の特徴があり、戦術、調略、さらに兵力、兵糧、武器の調達に至るまで、彼の部将たちに裁量を任せていたと評している（池上：二〇一二）。すなわち、所領高と軍役量の関係が見出せない織田権力に対して、むしろ、それを早くから実践していた関東の後北条氏のほうが先進的だったとしている。

こうした視点が登場してくると、今まで織田権力の構成要素と捉えられてきた部将たちの一職支配と、信長の指向する動向が果たして同一の基調であったか、という論点も登場してくる。特に戦国史研究会編『織田権力の領域支配』（戦国史研究会：二〇一一）では、統一政権というフィルターを外して織田権力と各部将たちの動向を個別的に検証している。このうち、明智光秀の分国支配を担当された鈴木将典氏は、光秀が丹波攻略を進めつつある天正四年（一五七六）以降は、明智分国への信長文書の発給が確認できないとし、光秀の領国支配が知行宛行、国役賦課、諸役免許など、排他的自律性を有していたと結論づけている（鈴木：二〇一一）。光秀の分国支配では、あくまでも光秀本人に権限を有し、上級支配者たる信長から干渉された形跡がみられない。そして、こうした各部将の自律的な動向は羽柴秀吉や柴田勝家においても認められ、広く織田権力の部将たちに普遍的に見られる傾向としている（柴：二〇一一、丸島：二〇一一）。これを受けて、稲葉継陽氏は織田権力の直臣（部将）たちの支配の進展ぶりと比較して、信長による直臣（部将）の軍事動員方式が旧態依然に留まっていたことに着目し、「中世的な信長権力」と石高制を実践しつつあった「近世的な織田大名権力」との矛盾が孕みつつあったと評価している（稲葉：二〇一八）。これは、信長と部将たちの間に齟齬を生じさせることになり、本能寺の変の構造的要因とも繋がっていくという見通しを立てている。一方、柴辻俊六氏は、光秀が家臣団の組織化を進めた自立した大名として認めたうえで、彼はあくまでも「織田大名」の範疇で捉えるべきであるとしている。こうした自立した大名で構成されている点に織田政権が戦国大名とは異なる段階の政治権力として位置づけられるとしている（柴辻：二〇一六）。

光秀の支配をめぐる評価

これまで光秀の評価は、知行宛行や諸役免除など、直状形式の行政系文書によって積極的に位置づけがなされてきた。これに対して、彼の私信に近い書状の考察は、やや評価を異にしている。例えば小久保嘉紀氏による書札礼の考察によれば、光秀の国衆宛ての文書は、膝下の与力、家臣に出す書状としては、極めて厚礼であり、光秀が柔軟な姿勢で彼らを懐柔しようとしていたと推定している（小久保：二〇一五）。金子拓氏も、光秀が彼の家臣（国衆）たちの疵、病への気遣い、あるいは慰霊にかかる文書を発給していた点に特徴があったと評価している（金子：二〇一九）。

実際、光秀の国衆宛ての文書には「疵いかが候哉」「養生御油断なく」「御大儀ながら」「御用意」など、極めて丁寧で厚礼な文面が確認できる。フロイスの『日本史』によれば、光秀は「もとより高貴の出ではな」いが「その才略、深慮、狡猾さにより、信長の寵愛を受け」ていたという。そして「信長に贈与することを怠らず」「装う必要がある場合などは、涙を流し」たという。

光秀には「人たらし」のような側面があり、膝下の国衆たちに対しても、決して強圧的な文面は記さず、むしろ寄り添うような言い回しが見える。光秀が「優しい」武将であったという評価も、こうした書状の文言に起因する点が大きい。ただ、こうした光秀による国衆たちへの強い気遣いは、国衆たちの独立性の強さとも言い換えられると思われる。これは、前述してきた光秀の排他的自律性を伴う領国支配という観点とは、対照的な評価となる。

言うまでもなく、時系列に捉えるならば、当初は国衆に対して厚礼で接しつつも、次第に当知行分の指出などによって国衆の実態を掌握するようになり、次の段階で行政的な文書を発給できる体制へ移行したという見通しが立てられる。すなわち、気遣いや配慮、寄り添う姿勢から国衆たちを懐柔していく段階から、指出検地による石高の掌握、軍法や法度による法治の採用という段階へ移行しつつあった。では、この移行過程は、どのような階梯を踏んで、国衆たちをまとめていったのだろうか。

そこで本章では、こうした光秀文書の展開を改めて考えるため（藤田・福島：二〇一五）、複数の国衆宛てに出した書状系文書を考察し、その過程を位置づけてみたい。

三人一組宛ての文書について

複数の丹波国衆宛ての光秀書状は、以下の四点の文書が挙げられる。

①（天正五、あるいは六年）正月晦日付け光秀書状（『小畠文書』大東急記念文庫）
②（天正四から六年の間）七月四日付け光秀書状（『小畠文書』大東急記念文庫）
③（天正六年）十一月十五日付け光秀書状（『小畠文書』上越市）
④（天正七年）五月六日付け光秀書状（『小畠文書』大阪青山大学歴史文学博物館）

これらの文書は、現在の所蔵先が相違するものの、すべて『小畠《こばたけ》文書』として伝来されたものである。そのため、宛名三名のうち、①〜③には小畠左馬進（越前守）永明《ながあき》、④にはその兄助大夫常好が記されている。言うまでもなく、複数の宛名を持つ光秀書状としては、ほかにも天正六年正月二十九日付け伊藤民部丞ほか三名宛て（『伊藤晋所蔵文書』）、あるいは、十二月二十四日付け岡本主馬助ほか三名宛て（『大阪城天守閣所蔵文書』）なども挙げられる。ただし、これらの宛名は同一名字であり、基本的に一族中に宛てられたものである。また、山間部については、船井《ふない》郡和知《わち》荘の国衆の片山、出《いで》野《の》、粟野《あわの》氏が「和智衆」を形成し、光秀のもとで軍役、普請役を担当していた（『片山家文書』など）。

この場合は、隣接する小規模の国衆を一単位として掌握しようとしたものである。

これに対して、前述の①〜④の四点は、三名のうち小畠氏以外の二名は他の別名字の丹波国衆である。したがって、別個の地域の国衆が列挙されている点に特徴がある。ちなみに、この①〜④は、すべて形状は折紙である。

①②は桑田《くわだ》郡の亀山城（京都府亀岡市）普請、③④は多紀《たき》郡八上《やかみ》城（兵庫県丹波篠山市）攻めの史料である。個々の政治状況をまとめながら各々の史料を考察していきたい。

亀山城普請に関する文書

天正三年（一五七五）六月、信長は丹波船井郡の小畠氏に対し、明智光秀を派遣することを伝え、これに協力するよう命じている。すでに丹波国は、織田権力に包摂されていたが、元亀四年（一五七三）の足利義昭《よしあき》と信長の対立によって、内藤氏、宇津《うつ》氏、荻野《おぎの》氏が抵抗しつつあった。光秀は氷上《ひかみ》郡などへ軍勢を遣わしつつ、桑田郡の余部《あまるべ》城（亀岡市）などに足掛かりを置いていた（福島：二〇一五）。

余部は、亀岡盆地の中央に位置する台地上に位置し、船井郡と多紀郡へ向かうルートの分岐地点にあたる。応仁・文明の乱、あるいは戦国期の政治的拠点になっていた。しかし、天正五年頃から、余部の東二キロメートルの亀山に築城するようになった。以後、光秀は丹波攻略戦の前線基地として、亀山城を機能させていく。次の史料は、丹波国衆たちに亀山城の普請を命じた内容である。

［史料1］（天正五～六年）明智光秀書状（『小畠文書』大東急記念文庫所蔵）
来たる五日より十日に至り、亀山惣堀普請申し付け候、然らば来五日、森河内番替之事、十二日まで延引たるべく之旨の、彼表当番衆へも申し遣し候、各其意を得られ、鋤・鍬・もつこ以下、御用意有り、亀山へ至り御越し尤も候、恐々謹言、

日向守

光秀（花押）

正月晦日

長又五（長沢又五郎）

小左（小畠左馬進永明）

森安

各々中

この書状の宛名は、「長又五」、「小左」、「森安」とあり、略称で記されている。このうち「小左」は、丹波宍人《ししうど》（京都府南丹市）の国衆、小畠左馬進永明のことである（福島：二〇一五）。小畠氏は北野社領船井荘（南丹市）の雑掌《ざっしょう》を担当しつつ、宍人を拠点に、勢力を振るった中規模の国衆である。彼らは戦国期細川京兆《けいちょう》家の被官として活躍しており、その軍事活動にも服属していた（中西：二〇〇一、福島：二〇〇五a）。天正三年六月、信長が光秀に丹波攻略を命じた際、直接の信長から指令が下された国衆でもあり、早い段階から織田権力とも誼《よしみ》を通じていた。

「長又五」は、桑田郡南部の別院周辺（亀岡市）の国衆長沢又五郎のことである。本来、長沢氏は

武蔵国中沢郷の出身であり、長沢とも中沢とも呼称したと言われている（勝田：一九八九）。有名な丹波大山荘《おおやま》（丹波篠山市）に在住する国衆中沢氏も一族と考えられている。慶長十九年（一六一四）六月に記された「長沢重綱　倅又太郎へ遺書」なる史料によれば、光秀滅亡後に丹波別院に蟄居した武士に「長沢又五郎」なる人物がいたという（亀岡市教育委員会：一九七八）。この「長沢重綱　倅又太郎へ遺書」は、二次史料であるため検討を要するが、やはり伝承においても通称名が重複する点は注目される。そのため、この「長又五」を別院の国衆長沢氏として捉えたい。ちなみに「森安」という人物は不明である。

大坂本願寺攻めとの兼ね合い

さて、史料1では、光秀が三名に対して二月五日より十日まで「亀山惣堀普請」を命じている。ただ、その指令前に、二月五日から「森河内」における「番替」を指令していた。森河内（大阪府東大阪市）は天正四年（一五七六）四月十四日に信長が光秀と細川藤孝に、大阪本願寺を東から監視するために築かせた付城である（『信長公記』）。

光秀は、当初命じていた森河内への番替の日程をずらし、まずは五日間の亀山惣堀普請を優先させ、鋤・鍬・もっこを持参するよう命じている。この史料によって、複数の丹波国衆が亀山城の普請役と大坂本願寺の陣城における番を交替制で担っていたことが理解できる。また、森河内の番替の記述から、同史料は少なくとも天正五年、あるいは六年と考えられる。ちなみに金子氏は、天正五年と推定されている（金子：二〇一九）。

史料1では「御越尤も候」とあるように、三人の国衆に対して厚礼な表現がある反面、前述したように宛名が略称である。また、指令変更でありながら、その理由も記されておらず、やや事務的であり、光秀の高圧的な側面が感じられる。普請道具の持参も含め、亀山城普請と織田権力が対峙する大坂本願寺攻略を同時並行して動員している事実を勘案しても、この時期、光秀による国衆動員の進展ぶりがうかがえる。重要なことは、船井郡の小畠氏、桑田郡の長沢氏と、郡域を異にする国衆を三名一組で編成し、地域の拠点的城郭の普請手伝い、さらに織田権力の作戦行動に動員されていた点である。

ちなみに、この書状は三名宛てであるが、小畠氏のもとで伝来されていたため、最終的に小畠永明のもとに届けられたものと考えられる。問題は、この文書発給のタイミングである。三名揃った段階で発給されたものか、あるいは伝来主である小畠氏がこの三名グループの主となり、代表として受け取ったものと考えられる。

もう一つの亀山築城に関わる史料

次も亀山築城に関わる史料と考えられる。

［史料2］明智光秀書状（『小畠文書』大東急記念文庫所蔵）

わざわざ申し候、仍って河原尻村、心柱五本、冠木一本、其外橦木以下小道具共ニ、六拾本ハかりこれある義（儀）候、然らば無心ながら、各彼材木のため河原尻より保津川端迄、相届られ可然るべく候、誠に溢天与云、御帰陣与云、彼是以って黙止難く義（儀）候、別して頼み入り候、旁図らず其地に至り罷越すべく条、面を以って申すべく候、恐々謹言、

日向守

七月四日　光秀（花押）

西蔵坊

小畠左馬進殿（小畠永明）

中沢又五郎殿

御宿所

まず宛名の人物から確認しておきたい。西蔵坊は、一般に野々口西蔵坊と呼ばれる人物で、桑田郡本梅《ほんめ》（亀岡市）周辺の武将である（福島：二〇〇〇）。同地域の楽音寺（亀岡市）には本尊として薬師如来坐像が伝来するが、その像底に元亀四年（一五七三）六月の「野口《（野々口）》西蔵坊豪淵」の施主銘が確認されている（亀岡市：一九九七）。後述するように、彼は光秀の陣僧なども担当し、本能寺の変においても丹波の武士を統率する一人となっている（福島：二〇〇五b）。ちなみに彼は、のちに羽柴秀吉の傘下に入っており、丹波統治にも参画していた。

中沢又五郎は、前述したように長沢＝中沢という点から、史料1の「長又五」と同一人物と考えられる。言うまでもなく小畠左馬進も史料1の「小左」である。したがって、三名とも本貫地は保津川《ほづがわ》右岸の山間部であった。そのため、保津川左岸の河原尻《かわらじり》集落まで、足を伸ばし、運搬を進める必要があった。

内容的には「心柱《しんばしら》五本、冠木《かぶき》一本、其外橦木以下小道具共」計六十本の材木が河原尻村に集められたようである。「心柱」「冠木」という表現から察して、すでに建造物用途に加工された部材となっている。これを保津川端まで運搬するよう三名に命じている。

部材化されているところから察すると、筏等による京都への運搬ではなく、やはり対岸の亀山城普請に関わる運送と言えるだろう。光秀は「誠に溢天与云、御帰陣与云、彼是以って黙止難く義候」と述べており、国衆たちにとっては急な依頼で、光秀も無理を承知で指令している。特に「御帰陣」という表現から、国衆たちも前の出陣が一段落した中での新たな通達であり、そのためか光秀も厚礼な言い回しをしている。残念ながら、年代は不明だが、最大幅を考えると天正四年から六年の間に絞られると考えられる。

史料2で注目されるのは、宛名の西蔵坊と中沢又五郎に合点《がってん》が記されている点である。逆に小畠左馬進永明には合点がなく、彼が最後に当文書を預かり、『小畠文書』として伝来されてきたと考えられる。つまり、宛名の三名がこの光秀書状を回覧していた事実がうかがえる。これは、三名が各々「御帰陣」という状態であり、いったん三名一組の体制が解散されたため、個々が回覧する必要性が生じたのではないだろうか。いずれにせよ、ここでも、やはり船井郡、桑田郡の丹波国衆が三人一組を単位として、動員されていた様子がうかがえる。

八上城攻めに関する文書

多紀郡の波多野秀治《はたのひではる》は、当初は光秀の丹波攻略に協力し、天正三年末には荻野直正《おぎのなおまさ》の籠る黒井《くろい》城攻めにも参陣している。ところが翌天正四年正月、突然光秀を裏切ったため、光秀の丹波攻略は当初失敗した。そのため信長と光秀にとっては、波多野氏攻撃が丹波攻略の第一目標となった。

［史料3］（天正六年）明智光秀書状（上越市所蔵）

御状之通被見候、昨日、敵相動（働）き候といえども指儀これなく旨、左様これあるべく与存じ候、我々留主をねらい候事笑敷候、若人数等も可入かと存、未だ諸勢亀山近辺に居陣候、夜中に寄らず、以後進み次第相動（働）くべく候、猶西蔵坊演説あるべく候、恐々謹言、

十一月十五日　　光秀（花押）

越前守殿（小畠越前守永明）

彦介殿

波々伯部蔵介殿

御返報

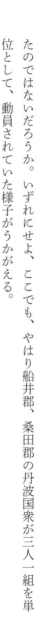

まず、宛名を確認したい。「越前守」と「彦介」のみは名字が表記されておらず、やや薄礼な印象を持つ。「越前守」は、前述してきた小畠左馬進永明のことである。光秀に信頼されつつあった彼は、この当時「明智」名字を付与されていた（福島：二〇一五）。また、十一月段階で光秀が丹波を留守にしていた時期を想起すると、やはり天正六年段階と考えられる。

同年九月十八日頃から、光秀は丹波八上城《やかみ》（兵庫県丹波篠山市）の「後之山」へ陣取の準備を計画していた（坂本箕山『明智光秀』所収写真）。光秀は、八上城攻囲を進めつつあり、同年十一月一日付けの小畠永明宛書状（『小畠文書』大東急記念文庫所蔵）には、永明に対して「其元永々御在陣」を慰労し、兵糧百人分を送っている。したがって、何らかの八上城攻めの準備が、光秀に服属する丹波国衆たちによって進められつつあった。

改めて宛名の問題に戻りたい。波々伯部《ほうかべ》蔵介は不明だが、やはり多紀郡波々伯部（丹波篠山市）出身の人物であろう。波々伯部氏は多紀郡の有力国衆で、十六世紀前半には細川京兆家の有力被官を担っていた時期も見られる。彦介については不明であるが、後述する史料4にも登場しており、多紀郡および八上城攻めに参陣していた武士である。

天正六年十一月頃、光秀は荒木村重対策などもあり、在京せざるを得ない状況であった。そのため、永明ら、光秀に服する丹波国衆に対して前線における「御在陣」を指示していた。この時、国衆から、敵（波多野氏）が光秀留守の隙をつき、何らかの反撃に出たという旨の報告がもたらされた。この報告に対して、光秀は自らの留守を狙ったことを「笑敷候」と余裕のある態度を示しつつ、諸勢を亀山近辺に「居陣」させているので、昼夜関係なく軍勢を差し向けることが可能としている。

これは、前出の十一月一日付け永明宛ての光秀書状で伝えていた内容と合致している。光秀としては在京しつつも、亀山において味方の軍勢を駐屯させていた。なお、文末には、史料2にも登場した西蔵坊が陣僧として「演説」すると述べており、光秀の替わりとして行動している。

さて、史料3で注目されるのは、文頭において「御状之通被見候」と記されている点である。したがって相手方の書状に対する返信であり、これは史料1、2には見られなかった点である。

この「御状」が、宛名となっている三名の連署状であったか、あるいは最も親しい小畠永明の書状であったかは不明であるが、重要なのは史料1、2と相違して、国衆側の連絡を受け止めて指示が出している点である。やはり非常時ということもあり、光秀としては余裕ある態度をとりつつ、前線が孤立しないよう常に後援できる体制を念押ししたかったのだろう。

八上城攻撃の本格化

光秀は天正六年（一五七八）十二月、ようやく八上城攻めの前線に着陣し、その攻囲を徹底させた（『信長公記』）。以後、光秀は翌天正七年六月の落城まで同城の攻囲を進めた。次の史料は、その落城直前の内容である。

［史料4］（天正七年）明智光秀書状（『小畠文書』大阪青山歴史文学博物館所蔵）

些少ながら、初瓜一つ遣わし候、賞玩尤も候、已上、
城中調略之子細候間、何時と寄らず、本丸焼け崩れる儀これあるべく候、さ候とて請け取り候備を破り、城へ取付候事、一切停止たるべく候、人々請け取り之所相支え、手前へ落ち来たる候者ハかり首これを捕るべく候、自余之手前へ落ち候わば、脇より取り合い討ち捕り候事、有る間敷候、縦え城中焼け崩れ候共、三日之中ハ、請け取り候の陣取を踏むべく候、其内ニ敵落ち候わば、捨て遣わしせしめ討ち殺すべく候、さ候ハすハ人数かた付候、味方中之透間と見合、波多野兄弟足之軽の者共、五十・三十ニて切り勝り候儀これあるべく候、これより彼□相踏むべくと申す事候、若又々つれ出候ニをいてハ、最前遣わし書付候の人数之手わり、相励むべく覚悟あるべく候、猶以って、城落居候とて彼山へ上り、さしてなき乱妨ニ下々相懸け候らわば、敵討ち洩らすべく候間、兼々乱妨曲事たるべく之由、堅く申し触れらるべく候、万一違背之輩に於いては、仁不肖に寄らず、討ち捨てなすべく候、敵ハ生物之類に於いて、悉く首を刎ねるべく候、首により褒美之儀申し付けるべく候、右之趣、毎日油断なく下々へ申し聞かせるべく候、其期に至って相残らず物候、其意を得らるべく候、恐々謹言、

五月六日　　　　光秀（花押）

彦介殿

田中□助殿

小畠助大夫殿

まず、宛名から確認しておく。小畠氏が「助大夫」(常好)に変化している。実は、永明は天正七年正月頃に波多野氏側の反撃に遭って戦死している(藤田:二〇〇二、福島:二〇一五)。光秀による八上城攻めは、前年の天正六年十二月頃より徹底した兵糧攻めを展開した。これを打開するため、波多野氏側も大規模な反攻に出たものと思われる。

そのため、永明の兄にあたり、惣領家を守っていた助大夫常好が替わって八上攻めに参陣していたと考えられる。田中□助は不明だが、小畠氏の周辺に大村(南丹市)在住の田中氏がおり(八月十五日付け光秀書状『田中穣氏旧蔵典籍古文書』)、その一族と想定しておきたい。彦介は史料3にも登場しており、半年後も小畠氏とのセットを維持している。ここでは、永明が戦死したあとも、兄常好が三人一組の体制を補完していた点に注目しておきたい。

八上城攻撃の全貌

次に文書内容であるが、この当時はすでに八上城籠城戦が終盤に差し掛かり、光秀も「調略」によって、「本丸」が焼け崩れることは確信していた。しかし、光秀の憂慮は勝利確定による、攻城軍たる光秀方国衆の統率力の弛緩にあった。すなわち、兵糧攻めによって、ほぼ籠城する波多野方は戦闘意欲も能力も削がれた状態であり、攻城軍は容易く敵を討ち取ることができる状態であった。そのため、目の前の手柄に走ってしまい、手勢の制御ができなくなることを戒めていたようである。

したがって、史料4では、自らが陣取る「備」を離れて、城攻めを進めてはならないと指令するなど、指示的な言い回しが大半を占めている。列挙していくと、各々の持ち場を守り、手前に出てきた敵兵のみを討ち取ることに徹すること、そして脇より攻めて持ち場を離れることがないよう厳命している。さらに落城してからの三日間は持ち場を守るよう戒めている。そして、味方同士の間に隙間ができれば、波多野兄弟は足軽五十名、三十名の塊と共に攻め立ててくるかもしれない。その際は前もって遣わした「書付」の記した「人数」を割り振り、督励して手筈を整えるように命じている。

落城時における「下々」による「乱妨」(略奪)についても、従来から「曲事《くせごと》」と触れていること、さらに敵を討ち洩らす可能性があることから、万一違犯した者は「仁不肖に寄らず」討ち捨てるべきと述べている。ここでいう「下々」とは、国衆配下の雑兵たちである。ちなみに敵に対しては悉く首を刎ねるよう指示し、首によっては「褒美」を与えるとする。宛名の三名に対しては、毎日油断なく「下々」に申し聞かせるよう命令している。

この書状は敵方の落城にあたっての具体的な指示となっている。敵対勢力や作戦行動というよりも、味方兵士への統率を維持しようとする姿勢が見える。史料4では「備」からの離脱の禁止、味方同士の隙間ができることとの対処、乱妨(略奪)行為の禁止などが謳われており、書状でありながら、一種の軍規に近い様相を呈している。

実際「備」表現や「仁不肖に寄らず」という言い回しが、のちの天正九年六月二日の光秀家中軍法(『御霊神社文書』『尊経閣文庫所蔵文書』)と酷似する点も見逃せない。宛名三名は、光秀の示した軍規の内容を「下々」に申し聞かせるよう指示されている。

ちなみに、この書状には猶々書《なおなおがき》があり、初瓜を三名に「賞翫」するよう述べており、この点も史料1〜3とは相違している。ただし、猶々書の書き方としては素っ気ない内容である。さらに文書全体を通しても、基本的に国衆に対して厚礼的な側面は抑制され、次第に彼らに統制を進める指示的な文言が多用されている。

三名宛て書状の位置づけ

以上、国衆三名宛ての光秀書状四点を考察してきた。ここで、注目されることは、同じ丹波国ながらも居住地域を相違する国衆たちが三人一組となって、亀山城普請、大坂本願寺監視、材木運搬、八上城攻めなどを担当していた点である。国衆たちは丹波国に限られるが、その本貫地は桑田郡別院、桑田郡本梅、船井郡宍人、大村（南丹市）、多紀郡波々伯部（丹波篠山市）に及び、光秀が制圧した地域の国衆たちが動員されている。

また、史料1〜4は、二名重複することがあるものの、基本的に四文書とも三名すべてが一致するものはなく、常に交替を伴って三名が割り当てられてきたと考えられる。このような三名宛て書状は『小畠文書』にのみ確認できるが、やはりほかの丹波国衆についても、同様の形態で発給されていたと考えられる。

こうした三名宛て書状の特徴としては、自明であるが、個人宛ての書状と比較して、指示的な内容の色彩が強く、私的な要素が抑制されている。例えば、今回考察した書状四点と並行して、永明宛ての光秀書状が出されているが、疵の様子、養生の勧め、次回出陣の対応に加え、光秀本人の活動（例えば越前出陣の様相、荒木村重離反の様相）などが逐一披露されており、可能な限り宛先の者と情報を共有化することに努めている。

これに対して、三名宛て書状のほうは事務的な指示、命令を詳細に伝えるのみで、その政治的背景や理由などは記されていない。史料3の「御状」への返信、さらに史料4の猶々書の存在など、私信的な要素を残しつつも、ほぼ命令系に近い書き方に変化しつつある。

このことは、同時に小畠永明のみには、光秀の様々な事情が逐一伝えられていたと考えられる。したがって、三人一組の単位のうち、小畠永明、常好が代表的な立場であったものと思われる。

天正三年六月から進められた光秀による丹波攻略は、ほかの様々な軍事活動と同時並行で進められたため、光秀本人が前線に立つことは極めて限定されていた。そのため、光秀が離れた位置からでも丹波攻略が進められるよう、国衆を三名一組で統制するシステムが成立したものと思われる。

おわりに――国衆を配下に組み込んだ光秀

近年、光秀文書の検討が進展するにつれて、その行政系から直状文書を抜き出し、彼の支配が排他的自律性を帯びてきたと認識されている。他方、書状系については、国衆に厚礼であり、彼らに高圧的に接するのではなく、むしろ気遣いによって懐柔していく方針を進めたと考えられている。本稿では、こうした国衆に対する支配の在り方が両側面に分立していた点を鑑み、三名一組を宛名とする光秀書状を取り扱った。

そして、これらの書状が厚礼的な言い回しを残しつつも、次第に国衆に対して統率していく方向性を帯びつつあった点を指摘した。特に光秀が国衆個人（小畠永明宛てなど）への信頼関係を重視した書状系のタイプが、光秀の政治的立場や現況を説明したうえで、彼らに理解を求めようとしていたのに対し、三名宛ての書状は相対的に行政的であり、相手に理解を求めず、あるいは理由を示さず指示のみの書状となっていた。もとより、小畠永明を含む三名宛てのタイプと永明宛ての個人宛ての文書は同時並行して発給されており、両方が補完し合って命令されていくシステムとなっていたと考えられる。

しかし、これが丹波攻略の終了する天正七年以降になると、排他的な直状形式の文書が発給されていくことになる。指出検地の執行に伴って、石高表示が詳細に記される知行宛行状などの文書が発給されるようになる。これに合わせて光秀文書は排他性を帯びる直状形式へと様変わりしていくことになる。国衆三人を一組で括るタイプは、まさしくその準備過程を示した書状といえるであろう。

本章では、光秀の国衆三名一組を宛名とする書状系の文書の検討から、急速に展開する光秀の支配の在り方を考察した。国衆に対して気遣いで接してきた光秀が、階梯を踏みつつ、次第に行政系文書へと展開しつつあった点を指摘した。では、なぜ光秀が、地域、立場を異とする国衆たちを一組にまとめつつ、文書を出すようになったかという点については、充分に説明できなかった。これについては丹波の国衆の置かれた政治的状況に規定されていたと思われる。

光秀は、こうした状況を認識したうえで、現実的な政策を採用したものと考えられよう。今後は、こうした点について、改めて考察を深めていきたい。

【主要参考文献】

今井林太郎「信長の出現と中世権威の否定」(『岩波講座日本歴史九』岩波書店、一九六三年)
池上裕子『織田信長』(吉川弘文館、二〇一二年)
稲葉継陽「明智光秀論」(熊本県立美術館『細川ガラシャ』、二〇一八年)
勝田　至「中沢氏・長沢氏の系譜」(西紀・丹南町教育委員会『丹波国大山荘現況調査報告』V、一九八九年)
金子　拓『信長家臣明智光秀』(平凡社新書、二〇一九年)
亀岡市教育委員会編刊『丹波笑路城発掘調査報告書』(一九七八年)
亀岡市編刊『新修亀岡市史』資料編、四(一九九七年)
亀岡市文化資料館編刊『明智光秀と戦国丹波』(二〇二〇年)
小久保嘉紀「明智光秀の書札礼」(藤田達生・福島克彦編『明智光秀　史料で読む戦国史』八木書店、二〇一五年)
柴辻俊六「明智光秀文書と領域支配」(同『織田政権の形成と地域支配』戎光祥出版、二〇一六年)
柴　裕之「羽柴秀吉の領国支配」(戦国史研究会『織田権力の領国支配』岩田書院、二〇一一年)
鈴木将典「明智光秀の領国支配」(戦国史研究会『織田権力の領国支配』岩田書院、二〇一一年)
戦国史研究会編『織田権力の領域支配』(岩田書院、二〇一一年)

中西裕樹「戦国期延徳年間における小畠氏の動向」（『丹波』三号、丹波史談会、二〇〇一年）
福島克彦「明智光秀と丹波の土豪（一）」（『丹波』二号、丹波史談会、二〇〇〇年）
福島克彦「中近世移行期城館論」（『歴史評論』六五七号、二〇〇五年a）
福島克彦「野々口西蔵坊」（園部町編刊『図説園部の歴史』二〇〇五年b）
福島克彦「明智光秀と小畠永明」（藤田達生・福島克彦編『明智光秀　史料で読む戦国史』八木書店、二〇一五年）
藤田達生「泉正寺所蔵明智光秀関係史料について」（『刈谷市史だより』三七、二〇〇二）
藤田達生・福島克彦編『明智光秀　史料で読む戦国史③』（八木書店、二〇一五年）
丸島和洋「織田権力の北陸支配」（戦国史研究会『織田権力の領国支配』岩田書院、二〇一一年）
脇田　修『織田政権の基礎構造』（東京大学出版会、一九七五年）
脇田　修『近世封建制成立史論』（東京大学出版会、一九七七年）
脇田　修『織田信長』（中公新書、一九八七年）

第八章　明智光秀と織田信長の四国政策

須藤茂樹

「石谷家文書」の衝撃――光秀と四国

少し以前なら明智光秀と四国との関係に思いをめぐらす人はほとんどいなかった。「光秀と四国って関係があったんですか」と問い返されたこともしばしばであった。ところが現在では、信長に関心がある人であるならば、光秀と四国の問題、長宗我部《ちょうそかべ》元親《もとちか》との関係が本能寺の変の有力な原因の一つであると即座に回答されるだろう。そのくらい、明智光秀と織田信長の四国政策については、歴史愛好家の間では話題にされることが多くなり、織田信長、本能寺の変、明智光秀関連の書籍では必ずといってよいほど取り上げられるようになったテーマでもあると言えよう。

本章では、明智光秀の視点で、織田信長の四国政策の問題に迫ってみたい。

「石谷家文書」とは

平成二十六年（二〇一四）六月二十三日、林原美術館（岡山市北区）で館蔵の新出史料「石谷《いしがい》家文書」に関するマスコミ発表があり、「石谷家文書」はテレビや新聞、歴史雑誌に大きく取り上げられ、一躍有名になった。

とりわけ、本能寺の変の謎を解明する史料として大変な反響があった。記者発表では、一通の「長宗我部元親書状」は本能寺の変十日前の手紙で、「本能寺の変のきっかけとなった可能性のある書状」として今後大きく議論されるであろうとされた。筆者の住んでいる徳島でも、地元紙に大きく取り上げられ、長宗我部元親と阿波国（徳島県）との問題が本能寺の変の原因に関係したのではないかとして、大きな話題となった。

そのような再発見・公開された「石谷家文書」とは、どのような史料なのであろうか。「石谷家文書」が所蔵されている林原美術館は、岡山県の実業家である林原一郎氏（一九〇八～六一）が蒐集した美術品を公開する施設として昭和三十九年（一九六四）十月に開館した私立美術館である。

その収蔵品は、林原一郎氏の確かな審美眼で選ばれた個人コレクションと、昭和二十六年にまとめて入手した岡山藩主池田家伝来の美術品から構成されている。「石谷家文書」は前者の個人コレクションの中に含まれていた。そして、平成二十六年のマスコミ発表まで、展示される機会に恵まれることなく、長い時間を経過したのであった。

一躍有名になった「石谷家文書」ではあったが、主として脚光を浴びたのは数点の「長宗我部元親書状」であった。実はそれ以外にも、石谷光政《みつまさ》宛ての三好長慶《ながよし》や十河《そごう》一存《かずまさ》の書状や「室町幕府奉行人奉書」など様々な古文書が含まれていることを記しておきたい。「石谷家文書」は全三巻、四十七点に及ぶもので、天文・永禄・天正年間にまたがる、約二十六メートルにもなる戦国時代の重要古文書群なのである。

その後、「石谷家文書」は浅野尚民、内池英樹両氏らによってすべて翻刻され、両氏編で平成二十七年六月に『石谷家文書　将軍側近のみた戦国乱世』という史料集として公刊され、多くの研究者、歴史愛好家の目に触れることとなった（浅利ほか：二〇一五）。

本章でも多大な恩恵を受けていることに感謝し、光秀と長宗我部氏、四国との問題に分け入っていきたい。

四国問題とは何か

それでは、そもそも本能寺の変の原因として注目される「四国問題」とは何か。その大要について以下にまとめてみる。

織田信長は敵対する三好氏に対抗するために、土佐の長宗我部元親と同盟を結んだ。初め、信長は「四国切り取り次第」の朱印状を出して、元親の四国における侵攻を容認していた。この時に取次をしていたのが信長の重臣明智光秀である。ところが、天正八年（一五八〇）頃になると、信長は三好康長《やすなが》への支援に方向転換した。

すなわち元親への「四国切り取り次第」の朱印状を撤回し、本国土佐と南阿波半国のみの領有を承認することにしたのである。この信長の対応を承認できない元親は、信長と断交することを決意した。一方の信長は、三男信孝《のぶたか》を総大将として四国出兵を計画した。長年、長宗我部氏の取次役として尽力していた光秀の政治的立場が危機的な状況に追い込まれ、遂に天正十年六月二日、本能寺に主君信長を襲撃することになった。

本能寺の変をめぐる研究の進展の中で、信長に対する光秀の謀反の動機について、従来の怨恨説に加え、野望説、足利義昭や朝廷による黒幕説など様々な説が出されているが、近年注目されているのが、「石谷家文書」の公開による四国政策転換説なのである。

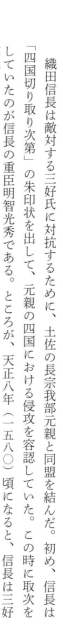

信長の上洛から天正六年までの動き

信長と元親の握手、すなわち同盟に至るまでの経過を見ておきたい。まず、信長の動きから概観する。

永禄十一年（一五六八）十月、信長は足利義昭を奉じて上洛を果たしたが、義昭と信長の敵だったのが三好三人衆（三好長逸《ながやす》・三好宗渭《そうい》・石成友通《いわなりともみち》）であり、彼らを背後で支援していたのが阿波の三好氏（三好長慶《ながよし》の弟実休《じっきゅう》の系統）であった。その時以来敵対してきた阿波の三好長治《ながはる》を滅ぼすために、旧阿波守護家の細川信良《のぶよし》や細川真之《さねゆき》と結んでこれと対抗してきた。

信長は将軍義昭と対立し、義昭は京都を離れ、やがて備後鞆《とも》の浦（広島県福山市）に移り、毛利氏の庇護の下、京都復帰を目指した。天正四年（一五七六）に長治は滅んだが、天正六年には毛利氏や大坂本願寺と結んだ三好長治の弟三好存保が復活した。そのため信長は元親と同盟を結び、存保を挟撃した。信長は阿波三好氏への対抗策として四国の問題を考えていくことになる。

長宗我部元親とは

次に土佐の雄、長宗我部元親の状況を見ておきたい。

元親は、天文八年（一五三九）に長宗我部国親《くにちか》の長子として岡豊《おこう》城（高知県南国市）に誕生した。幼名は弥三郎、長じてから元親を名乗り、宮内少輔を称した。のちに豊臣秀吉に服属して羽柴土佐侍従を名乗った。永禄三年（一五六〇）長浜戸の本の戦いで初陣、「姫若子」（『土佐物語』）と揶揄されていた元親であったが、この初陣を機に「土佐の出来人」（『土佐軍記』）と呼ばれるようになったという。

その後、本山《もとやま》氏、安芸《あき》氏、そして一条《いちじょう》氏を破り、あるいは懐柔して、天正三年（一五七三）に土佐国を統一した。元親は弟親泰《ちかやす》を香美《かみ》郡の香宗我部《こうそかべ》氏、弟親貞《ちかさだ》を吾川《あがわ》郡の吉良《きら》氏、三男親忠《ちかただ》を高岡《たかおか》郡の津野《つの》氏に入れるなど一族を被征服者である有力国人に入れ、形式上滅亡させることなく、支配下に入れるという手法で領国を拡大し、ついには土佐を統一したのである。

天正三年に土佐を統一した元親は、同末年もしくは翌四年から隣国阿波へ侵攻を開始したとされる。天正十年には阿波をほぼ制圧し、同十二年には讃岐をほぼ掌握した。また、天正四年から侵攻を開始していた伊予にも本格的な侵攻を行い、四国制覇を目指した。そして、河野《こうの》氏などの残存勢力を残したものの、天正十三年に四国をほぼ統一する。

ところが、その直後、羽柴（豊臣）秀吉による四国出兵が行われ、これに降伏することとなった。降伏以後、豊臣政権下の一大名として軍事動員されることになる。慶長二年（一五九七）、この年までに土佐統治のために『長宗我部氏掟書』（『長宗我部元親百箇条』）を制定。慶長四年（一五九九）五月、伏見において、嫡男信親《のぶちか》戦死後の長宗我部家督継承者である四男盛親《もりちか》に不安を抱きながら、六十一歳で死去した。

土佐を統一し、阿波、讃岐、伊予へと兵を動かし、元親は四国統一目前というところまでいった。津野倫明氏は、四国統一は達成されていないものの、「元親が四国を制覇したのはまちがいなく、彼が四国の覇者だったのはゆるぎない事実」とされた（津野：二〇一四）。

また、元親の人柄について、長宗我部氏研究の第一人者であった山本大氏は「律儀第一の人」「慇勲の人」といい、近年長宗我部氏研究を進展させている津野倫明氏は、晩年について「物静かで慎重な人物」とした（津野：二〇一四）。

「大津御所体制」の虚実

土佐の戦国史を考えるうえで、特徴的な事象がある。「大津御所体制」の問題である。

土佐には特異な戦国領主（戦国大名と捉える研究者もいる）が存在した。前関白一条教房《のりふさ》（一四二三～八〇）は、応仁・文明の乱の際に、京都から土佐国幡多荘《はた》（高知県四万十市・宿毛市・土佐清水市・幡多郡のほぼ全域）に下向し、そのまま京に帰らず、幡多郡中村（四万十市）を拠点に幡多地域を勢力圏として戦国大名化したとされる。一条氏はその身分の高さ、貴種性から絶大な権力を誇ったという。

一条氏は、天正元年（一五七三）に元親の圧迫を受け、当主兼定《かねさだ》を支持する反長宗我部派とその嫡男内政《ただまさ》を支持する親長宗我部派に分かれ、両者の間に確執が起こった。結果、兼定は隠居し、内政に家督を譲った。兼定は舅の大友義鎮《よししげ》（宗麟《そうりん》）の援助を得て旧領奪還を図ったが、渡川の戦いで元親に敗れ、その夢は潰えた。

天正二年、元親は内政を中村から長岡《ながおか》郡南部の大津《おおつ》城（高知市大津）に移し、さらに自分の娘を内政の室とした。内政は「大津の御所」と呼ばれ、天正五年（一五七七）には十六歳で従四位下・右近衛中将に叙任された。この高い叙任は、一条氏の権威が依然として認められていたことを表していた。

元親はこうした伝統的権威を土佐、とりわけ西部の旧一条氏領の支配に利用したと秋澤繁氏は評価され、「御所体制」と呼称された（秋澤：二〇〇〇）。

この「御所体制」は、土佐支配において一程度の利用価値はあったかもしれないが、国外から土佐を見た際に、元親にとって不利な面もあった。『信長公記』には、「土佐国輔佐せしめ候長宗我部土佐守」と元親を表現している。津野氏は、「織田政権は四国制覇を進めていた大名長宗我部氏を服属・臣従させるために、土佐一条氏の支配を「輔佐」する武家にすぎない不完全な大名と位置づけようと企図していた」と考えられた（津野：二〇一四）。

奈良興福寺多聞院英俊《たもんいんえいしゅん》の日記『多聞院日記』天正十三年六月二十一日条には「土佐の一条殿の内、一段武者なりと云々」と記し、「土佐の一条殿のうちでもきわだった武者である」としているのである。畿内では、「土佐の一条殿の内」と認識されていたようである。したがって、元親が土佐一条氏を戴く「大津御所体制」は、信長の対長宗我部外交に上手に利用される可能性があったのである。

この「大津御所体制」については、中脇聖氏によって史料の再検討がなされ、その研究を受けて渡邊大門氏は、「大津御所体制という概念はいささか検討不足であり、現時点では受け入れられない。根拠となる二次史料などの記述は極めて断片的で、信長が一条氏を通して長宗我部氏を統制したという、具体的かつ裏付けとなる一次史料がない以上、認めることはできない」と批判的な意見が出されている。

筆者は、元親が幡多地域を支配するうえで一条氏の権威を利用したものと考えるが、それが「御所体制」と呼べるほどのものであったとは考えていない。一方の信長は、外交を少しでも有利に展開できる要素はなんでも利用したのではないか。その点でいえば、公家出身である地域権力としての一条氏と国人から成り上がってきた長宗我部氏の微妙な関係性に目をつけてもおかしくないと考える。

信長と元親の握手

天正三年（一五七五）頃から信長と元親は交渉をもったとされる。

まず、重要な史料を挙げる（以下、史料引用は読み下しとした）。

惟任日向守に対する書状、披見せしめ候、仍って阿州面《おもて》に在陣尤もに候、いよいよ忠節を抽《ぬき》んずらるべき事簡（肝）要に候、次字の儀、信これを遣わし候、即ち信親然るべく候、猶惟任申すべく候也、謹言、

十月廿六日　信長

長宗我部弥三郎殿

本状は、国立公文書館内閣文庫所蔵『土佐国蠹簡集』残篇四所収の織田信長書状写である。信長が光秀の取次により、元親に対して元親の阿波侵攻を容認し、元親の長男弥三郎に対して偏諱《へんき》を与え、「信親」と名乗ることを認めたものである。三好氏と対抗するために長宗我部氏と好《よしみ》を通じたものであるが、対等な同盟関係といえるものではなかった。そのことは、信長から「信」の一字をもらっている

ことからも明らかである。徳川家康が信長と同盟を結んだいわゆる「清州同盟」も、嫡男信康《のぶやす》が「信」の字を得ていることと同様である。従属的な同盟関係といえた。

『元親記』の記述から従来は天正三年（一五七五）の出来事とされてきたが、（天正六年）十二月十六日付け石谷頼辰《よりとき》宛て長宗我部元親書状（「石谷家文書」）により、天正六年であることが確定した。この書状には、天正六年十月に足利義昭・毛利輝元《てるもと》・本願寺門主顕如《けんにょ》と結んで信長に謀反を企て挙兵した荒木村重《むらしげ》を討つため村重の居城有岡城《ありおか》（兵庫県伊丹市）に信長が出陣したことに賛意を表していることから天正六年と断定できる。

その文書の中に「利三まで申せしめ候ところ、御披露をもって御朱印を成し下され、ことさら信御字拝領候、名聞面目これに過ぎず候、誠にかたじけなき次第」と記しており、前掲の信長書状写こそが十二月十六日の元親書状に見える信長朱印状のことであろう。

「惟任日向守に対する書状、披見せしめ候」とあることから、明智光秀が信長と元親の間に入って交渉役を行う「取次」となっていることがわかる。光秀の重臣斎藤利三《としみつ》（一五三四〜八二）の兄石谷頼辰（?〜一五八七）の義妹が元親の正室であった関係から、光秀が信長と元親の間で「取次」を担ったのである。元親は光秀に仕えた石谷頼辰・斎藤利三兄弟を通じて、信長へ従属的な同盟を申し入れたことになる。

石谷氏は、美濃の名族土岐《とき》氏の一族で、美濃国石谷（岐阜市石谷）を名字の地とする。石谷氏は代々室町幕府将軍足利家の直臣である奉公衆に列する家であり、京に住した。十三代将軍足利義輝《よしてる》の外様詰衆として石谷孫九郎頼辰、御小袖御番衆として石谷兵部大輔光政がいる。頼辰が斎藤利三の兄で、光政の養子となった。光政の娘が元親の室となっている。頼辰は義理ではあるが、元親の小舅にあたることになる。光政（出家して空然《くうねん》）は娘の嫁ぎ先の土佐の長宗我部元親のもとに住居した可能性がある。頼辰は利三の仲介であろうか、光秀の家臣となった。

その背景には、阿波・讃岐を支配した三好長治が天正四年末に滅亡し、元親の阿波侵攻が順調に進むと思われていたが、天正六年に本願寺顕如や毛利輝元などの反信長勢力の支援により、長治の弟である三好存保が阿波に下り、元親に立ちはだかったことがあった。

元親による信長への贈答

その後も元親と信長の関係は良好に推移したようである。『信長公記』の天正八年（一五八〇）六月二十六日条に、「土佐国補佐せしめ候長宗我部土佐守、惟任日向守執奏にて御音信として御鷹十六聯、幷砂糖三千斤進上」とあり、元親が光秀を取次として鷹十六羽と砂糖三千斤を信長に進上している。またそのことは、次の史料（『土佐国蠹簡』残篇四所収』）からもわかる。

大坂存分に属すについて音問、殊に伊予鶕《はいたか》五居到来、遠境懇情斜めならず候、隣国干戈《かんか》（戦争）の事、かれこれ惟任日向守申すべく候也、謹言、

十二月廿五日　信長

長宗我部宮内少輔殿

元親から信長に大坂の問題が解決したこと、すなわち本願寺が大坂から退去したことに関する書状と伊予鷂五羽が送られてきたことに対して感謝したもので、隣国との戦争については光秀を通じて報告する旨を伝えている。「大坂存分」の記述から天正八年の書状と考えられる。ところで、史料中の鷂は鷹狩にしばしば使用される鷹の一種であるが、わざわざ伊予で採れた鷹と記している点が興味深い。

献上品はその土地の名産品を贈ることが一般的であるが、戦国大名にとっては自分の領国や新たな支配地域の名産品を贈ることが多かった。元親の心のどこかには、伊予も支配下に入りつつあること、四国平定が順調に進んでいることを信長に伝えたいという思いがあったのかもしれない（盛本：二〇一六）。また、信長がこの贈答品に対して礼状を送り、緊密な関係性をアピールしていることから見て、この天正八年末段階では、信長は元親の四国での戦闘活動を認めていたと考えられる。すなわち、四国の元親と信長の関係は良好であったと言えよう。

盛本昌広氏によれば、鷹は大名間での代表的な贈答品であり、特に将軍への献上品となった。将軍不在期にあって信長は将軍に相当する存在として認識され、地方の大名から鷹の献上を受けていた。鷹は鳥類の頂点に位置し、その鷹の献上を受ける信長もまた頂点に立っていることと同じとされる。信長は鷹と同一の位相にあり、信長に鷹を献上することは信長に従っていることの象徴的行為であった（盛本：二〇一六）。

このように信長と元親の関係は良好であり、光秀の立場も問題がなかった。

四国情勢の変化

『元親記』の「四国の儀は元親手柄次第に切取り候へと御朱印頂戴したり」との記述を信用するならば、元親は信長の承認を得て、阿波、讃岐、伊予出兵を繰り返した。そのような中、四国の情勢は刻刻と変化していった。

天正八年（一五八〇）八月に大坂を退去した本願寺方が阿波に下り、阿波にいた存保と共に、元親を苦しめた。そこで信長は存保方を切り崩し、四国戦線を立て直すために、同年十一月、信長の家臣となっていた三好康長を登用し、阿波・讃岐の支配を任せることに決定した。

（天正八年）十一月二十四日付け羽柴秀吉宛て元親書状（「吉田家文書」）などによれば、元親が讃岐の十河城（香川県高松市）を落城させようとしていたところ、大坂から逃げてきた牢人が紀伊や淡路の者たちを集めて阿波に渡り、勝瑞《しょうずい》城（徳島県板野郡藍住町勝瑞）に入って元親方の一宮《いちのみや》城（徳島市一宮町）を攻撃した。元親は織田方が背後にいるのではないかと考えたのである。疑心暗鬼を抱いたとしても致し方ないであろう。元親の書状には、紀伊の者が阿波を望まないよう秀吉から信長に申し上げることは大慶であるとか、三好康長が讃岐に下向する旨なども記されており、この頃には康長が信長に従っていたことがわかる。友好関係にあったと考えて行動していた元親にとって、不安を抱く

一宮城跡の堀切（筆者撮影）

気持ちになっていったことであろう。
このことは、元親が阿波・讃岐へ侵攻して得た権益を否定するものにほかならず、信長と元親の関係は急速に悪化することになっていくのである。

信長の四国政策の転換

天正九年（一五八一）二月、信長は配下の武将だけでなく、公家衆まで動員して、天皇や群衆の前で「馬揃え」という一大パレードを京都で行った。（天正九年）正月二十三日付け光秀宛て信長書状写（『立入隆佐記』など）は、二月に開催される馬揃えの参加者に光秀から参加命令を伝達することを命じたものである。その書状では、参加者を列挙する中で、畿内近国にいる者たちは馬揃えに総動員するが、「三好山城守、是は阿波へ遣わし候間、その用意除くべく候、」とあって、康長は阿波に派遣するので馬揃えに参加しなくてもよいと除外しているのである。

次に、年代推定の困難な史料であるが、天正九年と推定されている六月十二日付け香宗我部安芸守親泰宛て信長朱印状（『香宗我部文書』）を挙げる。

三好式部少輔の事、此の方別心無く候、然して其の面において相談せられ候旨、先々相通ずるの段、異儀無きの条珍重に候、なおもって阿州面の事、別して馳走専一に候、なお三好山城守申すべく候也、謹言、

六月十二日　　　　信長（朱印）

香宗我部安芸守殿

この史料には、岩倉《いわくら》城主三好式部少輔は織田に従っており、彼と相談して阿波のことは行ってほしい。長宗我部側も異儀無い点は喜ばしいことである。阿波での働きはなお一層励むことが大切である。詳しいことは三好康長がお伝えする、と記している。この信長朱印状には、同年六月十四日付け香宗我部親泰宛て三好康長（康慶と名乗る）書状が付属している。康長は、「阿州表の儀について、信長より朱印を以って申され候」と信長の力を背景に長宗我部氏と交渉しているのである。『元親記』や『南海通記』といった二次史料に関連記述があるので参考にしていただきたい。

なお、森脇崇文氏は香宗我部氏発給・受給文書などの詳細な検討から二通の古文書を天正五〜六年とされて論を展開されているが（森脇：二〇一九）、ここでは従来説が妥当と考えて論を立てている。

天正十年四国問題の急変と光秀

元親と信長との間に亀裂が入ったのは、天正九年に入ってからであったと考える。『元親記』には、信長はこれまでの「元親手柄次第に切り取り候え」という約束を反故にして、伊予・讃岐を返上し、土佐と阿波南半分を与えると元親に通達したものの、元親がこれを拒否したため、石谷頼辰を説得の使者として派遣したが、元親はついに納得しなかったという。信長の突然の対応の変化は、元親にとって約束違反と映っても致し方ないであろう。

長宗我部氏と三好氏の戦いが進む中で、天正九年（一五八一）の末に羽柴秀吉を通じて三好氏が信長に従属した。信長は元親の四国征服を認めず、本国土佐と阿波半国を領有する国分《くにわけ》案（領土分割案）を提案する。元親には到底納得できる案ではなかった。光秀の政治的立場は苦しいものとなった。

信長の四国攻め構想

天正十年（一五八二）二月、信長は武田攻めと四国攻めを計画した。四月には、織田家の後継者である嫡男信忠《のぶただ》を主力として武田勝頼を滅亡させ、四国攻めが信長の次なる主要な課題となった。

次に、天正十年五月七日付け織田信長朱印状（『尾張国遺存織田信長史料写真集』所収）を掲げる。

今度四国に至るについて差し下す条々
一、讃岐国の儀、一円その方申し付くべき事
一、阿波国の儀、一円三好山城守（康長）申し付くべき事
一、その外両国（伊予・土佐）の儀、信長淡洲（淡路）に至り出馬の刻、申し付くべき事
右条々、いささかも相違なくこれを相守り、国人など忠否を相糺し、立ち置くべきの輩はこれを立ち置き、追却すべき族はこれを追却し、政道以下堅くこれを申し付くべし、万端山城守、君臣・父母の思いを成し、馳走すべき事、忠節たるべく候、よくよくその意を成すべく候なり、

天正十年五月七日（信長朱印）

三七郎殿

前年に決定していた四国に関する国分案を修正し、讃岐を四国攻めの総大将である信長三男の神戸《かんべ》（織田）信孝に、阿波を三好康長に与えることとし、残りの土佐と伊予の二国は信長自らが淡路へ出陣した際に改めて決定するとした。そして、信孝に国人の扱いについて諭し、正しい政道を命じた。信長にとって、五月上旬の段階では、毛利攻め、すなわち中国地方の問題よりも四国平定のほうが最優先課題であったと考えられる。

この史料には、元親についての記述は一切ない、信長の考えは、この案を元親が受け入れれば土佐を安堵するが、全面的に受け入れなければ滅ぼす考えであったと想像される。文書の後半で、信長は

信孝に、康長に対して君臣・父母の思いをなして忠節を尽くすよう指示しているが、信長は信孝を康長の養子にする意向を示している。信長は三好氏の権威を利用して阿波・讃岐の制圧と支配を迅速かつ円滑に行おうとしたのであろう。信長は将来的には讃岐だけでなく、阿波もまた信孝に領有させる腹積もりであったと思われる。のちに秀吉も甥の羽柴秀次を康長の養子に入れており、「三好康長」は利用価値のある男であったのである。

光秀ぎりぎりの駆け引き

天正十年（一五八二）に入って信長と元親、両者の決裂が決定的となったとされる。天正十年に比定される五月二十一日付け斎藤利三宛て元親書状（「石谷家文書」。浅利・内池：二〇一五）を検討する。元親は信長の朱印状に対する承諾の返事が遅れたことを弁解したうえで、一宮城（徳島市）・夷山《えびすやま》城（徳島市）・畑山《はたやま》城（徳島県阿南市桑野）・牛岐《うしき》城（徳島県阿南市富岡）・仁宇《にう》南方（徳島県那賀郡那賀町和食周辺、中心に仁宇城がある）から残らず撤退し、このような対応を朱印状に対する返事として披露してくれるよう依頼している。

これでも披露が難しければ致しようもなく、戦う時期が来たのかもしれないと述べている。「多年粉骨を抽んじ、毛頭造意なきところ、不慮に成し下し候わん事、了簡に及ばず候」と長年信長のために粉骨を尽くし、信長に企てを起こす意図もないのにこのような思いもよらない対応（二カ国返上）

をされたことに納得できないと記している。その信長の理不尽な決定に不満を強く訴えているのである。

それでも元親は、阿波・讃岐の返上を納得したものと思われる。信長が別条なく納得してくれるならば御礼申し上げるというものの、「如何候共、海部・太（大）西両城の儀は、相抱え候はて叶わず候、是は阿・讃競望候ためには一向にあらず候、ただ当国入門のこの両城は抱え候ては叶わず候」と述べ、元親の本国土佐の入り口である大西《おおにし》（徳島県三好市）・海部《かいふ》（徳島県海陽町）両城は何が何でも確保したい、そこには阿波・讃岐への領土欲などは全くないと主張している。

本国土佐の防衛のために是非とも阿波の海部・大西二城は手元に残したい、長宗我部領国としたいと元親は考えていたのであろう。それなのに信長が長宗我部に成敗を加えるなどは悲しむべきことで理解できないと落胆し、万事は後便を待っていると結んでいる。「我ら身上の儀、始終御肝煎り」とあり、元親の処遇に関して利三が種々奔走していたことがわかる。

元親は四国平定を目指して戦闘を繰り返してきたが、信長に対して敵対的な行動は何一つしていない。信長の指示に従ってきたとみてよい。金子拓氏が述べられているように、「天下静謐《せいひつ》」を揺るがす勢力でもなく、信長が四国に出兵する大義名分が薄弱である（金子：二〇一九）。それでも信長は四国出兵を計画したのである。今まで長宗我部との間に入って織田家との同盟関係維持に努めてきた光秀の努力と苦労を無にするものであった。まさに光秀の面目は丸つぶれであった。

いずれにしても、この元親の書状は、織田家側の外交担当者として、長宗我部との交渉、四国外交における存在感を持ち続けるために、光秀は元親と信長との直接対決を避ける手立てを懸命に模索していたと考えられる。その努力は本能寺の変直前まで行われたのではないだろうか。金子氏は「信義に悖《もと》る信長によるこの方針転換に対して、光秀は疑問をもち、幻滅をおぼえることになったのではあるまいか」と述べている（金子：二〇一九）。

四国政策が転換した理由

ところで、前述の元親書状の四カ月前の（天正十年）正月十一日付け空然（石谷光政）宛て斎藤利三書状（「石谷家文書」）によれば、信長は朱印状を出し、光秀に使者の派遣を命じた。使者として石谷頼辰らが下向したが、朱印状には四国における国分《くにわけ》（所領分割）の条件が記されていたと考えられる（盛本：二〇一六）。この条件については諸説あるが、阿波は与えず本国土佐のみ、阿波南部を加える、この場合でも半国にあたるのが勝浦・那賀・海部三郡なのか、那賀・海部二郡なのか、わからない（盛本：二〇一六）。もしかしたら、土佐一国安堵だけだったかもしれない。

この朱印状の発給に至ったのは、「元親に承諾の意志あり」と近衛前久《このえさきひさ》が信長を説得したからである（盛本：二〇一六）。この危急の事態に対して、近衛前久が「既に事切れのように成り候を、われわれ達て、信長へ元親疎意無き趣を申し分け、当分御納得、その方へ申し越さるる躰たるにて候」とあるように、信長に元親への口添えをしている（「天正十一年」二月二十日付け石谷空然・頼辰宛て近衛前久書状「石谷家文書」)。この書状からは、信長が前久の進言を入れて、光秀に命じて元親へ使者を送っていることがわかる。

なぜ、このように信長の四国政策が転換したのであろうか。二次史料ではあるが、『元親記』によれば、ある者が信長に、元親をこのまま諸国を切り取り次第に侵略させれば、後々天下の仇になると讒言し、信長はこの言葉を尤もと判断し、先の朱印状での約束を破棄し、伊予・讃岐返上、土佐に阿波南半国を与えるという方向転換をしたというのである。『南海通記』では、讒言者は康長だとしている。いずれにしろ、誰かの諫言があって、信長と元親との関係が悪化、開戦の可能性もあったといえる。

天正九年十一月には秀吉と池田恒興《つねおき》が淡路を攻めて、同月二十日にはこれを平定した。秀吉にとっても毛利との戦いにおいて、讃岐・淡路は重要であり、両国を織田領国化することは課題であった。秀吉の領地播磨を安定化し、瀬戸内海の制海権の保持するという点でも重要であった。十一月二十三日付け讃岐の国衆安富筑後守・同又次郎宛て松井友閑《ゆうかん》書状(「志岐家旧蔵文書」)によれば、阿波と讃岐は三好康長に与えるとある。阿波一国すべてを康長に与えると、信長の意思は変更された。信長にとって、もはや元親の利用価値はなくなったということであろうか。

斎藤利三という男

光秀と元親の間に入って奔走したのが、光秀の重臣斎藤利三である。

有名な話だが、六月一日の夜、光秀は丹波亀山城（京都府亀岡市）で四人の重臣に、主君信長に謀反を起こしてこれを殺害する決意を打ち明けたとされる（『信長公記』）。その四人とは、明智左馬助秀《ひで》満《みつ》、明智次衛門光忠《みつただ》、藤田伝五、そして斎藤利三であった。四人の同意と協力があって、翌日未明の本能寺襲撃事件は成功したのである。その中でも、利三はこの事件の中心人物であった。

それでは、斎藤利三とはどのような人物であったのだろうか。

斎藤利三は、「無双之英勇」（『美濃国諸家系譜』）、「隠れなき勇士」（『翁草』）と謳われた武士で、明智家中随一の勇将とされる。斎藤伊豆守（和泉守とも）利賢《としかた》（『美濃国諸家系譜』）の子で、母は室町幕府政所《まんどころ》代蜷川《にながわ》親順の娘、あるいは光秀の妹といわれている。天文三年（一五三四）に美濃で生まれたという。斎藤道三以前に美濃守護代を務めた本来の斎藤氏の一族とされる。初め美濃の斎藤義龍《よしたつ》に仕え、次いで西美濃三人衆の一人稲葉《いなば》一鉄《いってつ》（良通《よしみち》）の家臣となり、一鉄の姪を妻に迎えて一鉄の一門衆の扱いを受けたが、一鉄と諍いを起こして稲葉家を出奔、明智家の家臣となった。

光秀に仕えた時期は不明だが、天正六年（一五七八）三月十日に行われた連歌会に光秀やその嫡男光慶《みつよし》と共に参加しており、遅くともこの時期までには光秀の家臣になっていたと思われる。連歌会に列していることから、武士としての教養も身につけていたと考えられる。

大村由己《おおむらゆうこ》の『惟任退治記』は、利三について「ただ武芸のみにあらず、外には五常（仁義礼智信）をもっぱらにして朋友と会し、内には花月をもてあそび詩歌を学ぶ」と記しており、武勇一辺倒の荒武者ではなく、文武兼備の武将であったと推定される。であればこそ、教養豊かな光秀の信頼を勝ち得たといえるのである。

利三は光秀の家臣として丹波攻めで活躍を見せ、天正七年の丹波平定後には、黒井城《くろい》（兵庫県丹波市春日町）の城主に任じられ、氷上《ひかみ》郡の支配を任された。前述のように、実兄である石谷頼辰の妻の姉妹が四国の長宗我部元親に嫁いでいた関係から光秀が信長と元親との同盟の取次となった。その外交の窓口を利三と頼辰の兄弟が担当した。利三はまさに光秀の外交政策も担った人物といえる。

光秀家臣としての利三

信長が利三に切腹を命じる事件が起こった（『稲葉家譜』）。天正十年（一五八二）、稲葉一鉄の家臣那波直治が利三の仲介によって明智家に仕官することになった。しかし、このことに怒った一鉄はこの一件を信長に直訴したため、直治は稲葉家に帰参することになり、口利きを行った利三に自害を命じた。光秀も信長から厳しい叱責を受け、信長の側近猪子《いのこ》兵介高就《ひょうすけたかなり》の取り成しで助命されたといわれている。光秀は信長から二、三度頭を叩かれ、信長を深く恨んだという。

ほかにも光秀が信長に暴言を吐かれ、暴力行為を受けたとの逸話、エピソードが残されており、ルイス・フロイスの『日本史』にも「彼（信長）の好みに合わぬ要件で、明智が言葉を返すと、信長は立ち上がり、怒りを込め、一度か二度、明智を足蹴にした」と記しており、光秀は信長を恨んでいた可能性は高い。また、自害を命じられた利三も信長に対して良い思いを持たなかったであろう。敵対心を抱いたとしてもおかしくない。この裁定が下されたのが本能寺の変の四日前であったことから、光秀謀反の判断に何らかの影響を与えたのではないかと推測されている。

本能寺の変後、公家の山科言経《やましなときつね》はその日記に利三のことを「今度謀反随一也」と記している（『言経卿記』天正十年六月十七日条）。光秀の謀反に利三が主体的に関与したことを示唆している。『元親記』に「四国のことを気遣ったのであろうか、利三が光秀に信長への謀反を急がせた」とあるように、本能寺の変の原因が元親の危機を救うためであったと考えられていたようである。

利三は明智秀満と共に本能寺攻めの主力として働き、変後は安土城の接収、長浜《ながはま》城の攻略にあたるなど近江の制圧に力を尽くした。山崎合戦では先鋒を務めたが敗北し、逃れていたところを近江の堅田《かたた》（滋賀県大津市）で捕らえられ、京の市中を車で引き回されたうえで、六条河原で処刑された。遺骸は、利三の友人であった絵師海北友松《かいほうゆうしょう》によって、真如堂と呼ばれる真正極楽寺《しんしょうごくらくじ》（京都市左京区）に葬られた。現在、同寺の墓地に利三と友松の墓が並んで建てられている。

なお、利三の娘福《ふく》は、利三の死後、縁戚の稲葉正成《まさなり》に嫁ぎ、四人の子を産んだ。のちに正成と離縁し、慶長九年（一六〇四）に徳川家光が生まれると、その乳母となった。有名な「春日局《かすがのつぼね》」である。

追い込まれる光秀――「御妻木殿」の死

天正九年（一五八一）八月八日頃、信長の側室であった光秀の妹「御妻木殿」が死去している。『多聞院日記』天正九年八月二十一日条によれば、御妻木殿は信長の意向全般に通じていた女性であり、光秀にとっては大切な情報網であった。また、信長とのパイプでもあったことから、「向州（日向守の略、光秀のこと）比類無く力落とすなり」と、落胆するほどの痛手であったと想像される。光秀の将来に不安を感じさせる出来事といえる。勝俣鎮夫氏は、光秀が本能寺の変を決断した遠因の一つと指摘されている（勝俣：二〇〇三）。

光秀は、同年十二月四日に明智家家臣に対して五カ条からなる「家中法度」を出して、家臣の引き締めを図っているが、その第一条で、「織田家の宿老衆や馬廻衆と道中ですれ違って挨拶をする時には脇によって慇懃《いんぎん》に恐縮して先に通すようにすること」と記しており、信長の有力部将や信長直臣に如何に気を遣い、配慮しているかが理解できる（早島：二〇一九）。

天正十年に入ってからの光秀は多忙を極め、信長の光秀への命令は過酷を極めた。織田政権の仕事の多さに対して家臣の能力が追いついていない。人材不足なのである。光秀は追い込まれていた。

四国問題という危機に対する光秀の真意は

大恩ヲ忘レ曲事ヲ致ス、天命此ノ如シ（『多聞院日記』天正十年六月十七日条）

本能寺の変を起こした光秀は、山崎合戦で戦場の花と散った。右の一節は大和の寺僧の感想である。高柳光寿氏は、明智光秀による信長襲殺の一因として長宗我部元親に対する信長の対応があったことをすでに指摘されている（高柳：一九五八年）。

「石谷家文書」の登場により、本能寺の変の原因の一つとして、四国問題が注目され、「四国政策転換説」なるものが提唱され、様々な見解が発表されている。

早島大祐氏によれば、織田家の家臣団に求められたものは、「信長の丸投げといってよい武将への委任のもと、信長の方針は遵守しつつ、裁量を駆使して迅速に問題を解決すること」であって、信長が求めた忠誠心であるとされる（早島：二〇一九）。信長の意向を忖度して政権が運営されたという織田政権にあって、光秀が苦慮したことは想像に難くない。

また、京都支配を担う有能な政治家・行政官、そして外交にも精通しており、一方で武官として戦上手でもあった光秀は、まさに信長家臣団の中でエリートであった。異例のスピード出世を遂げている。光秀が異例の出世を遂げたことをうらやむ、やっかむ人々は数多くいたと思われる。織田家中における羽柴秀吉との出世争いに敗れたという考え方もある。

本能寺の変の古典的原因の一つである「怨恨説」は、いまや俗説として退けられているが、光秀が信長に対して全く恨みがなかったのであろうか。そして、将来への不安はなかったのであろうか。人が何か事を起こす時、突発的に事に走ることもあるだろう。また、一つの理由で動く場合もあるだろうが、人間そのような単純な動機で動くものではなく、複数の動機が微妙に絡まって事に及ぶこともあるだろう。

筆者は恩師から、良質な史料に基づき事実を明らかにするのが歴史研究である、しかしその事実の中に歴史の真実が隠されていると教えられた。光秀の胸中の思いは光秀にしかわからない。本能寺の変の真実に迫る旅はまだまだ続く。それもまた、歴史の醍醐味なのである。

【主要参考文献】

秋澤　繁「織豊期長宗我部氏の一断面――土佐一条氏との関係（御所体制）をめぐって」（『土佐史談』二一五号、二〇〇〇年）
浅野尚民・内池英樹編『石谷家文書　将軍側近のみた戦国乱世』（吉川弘文館、二〇一五年）
浅野尚民「「石谷家文書」から見える明智光秀と本能寺の変」（『現代思想』四七巻一六号、二〇一九年）
天野忠幸『三好一族と織田信長――「天下」をめぐる覇権戦争』（戎光祥出版、二〇一六年）
金子　拓『信長家臣明智光秀』（平凡社新書、二〇一九年）
勝俣鎮夫「戦国時代の女性と家二題」（『中世社会の基層をさぐる』〔山川出版社、二〇一一年〕、初出は二〇〇三年）
諏訪勝則『明智光秀の生涯』（吉川弘文館、二〇一九年）
高柳光寿『明智光秀』（吉川弘文館、一九五八年）
津野倫明『長宗我部元親と四国』（吉川弘文館、二〇一四年）

中平景介「天正期の阿波・讃岐と織田・長宗我部関係」（橋詰茂編『戦国・近世初期　西と東の地域社会』岩田書院、二〇一九年）
中脇　聖「土佐一条兼定権力の特質について」（『十六世紀論集』二号、二〇一三年）
中脇　聖「信長は、なぜ四国政策を変更したのか」（日本史史料研究会編『信長研究の最前線――ここまでわかった「革新者」の実像』洋泉社歴史新書y、二〇一四年）
中脇　聖「四国政策転換と光秀」（『麒麟がくる』NHK出版、二〇一九年）
早島大祐『明智光秀――牢人医師はなぜ謀反人となったか』（NHK出版新書、二〇一九年）
平井上総『長宗我部元親・盛親――四国一篇に切随へ、恣に威勢を振ふ』（ミネルヴァ書房、二〇一六年）
平井上総「光秀謀反の契機は長宗我部氏にあったのか？」（洋泉社編集部編『ここまでわかった　本能寺の変と明智光秀』洋泉社歴史新書y、二〇一六年）
平井上総「長宗我部元親と明智光秀」（『現代思想』四七巻一六号、二〇一九年）
藤田達生・福島克彦編『明智光秀　史料で読む戦国史』（八木書店、二〇一五年）
藤田達生『明智光秀伝――本能寺の変に至る派閥力学』（小学館、二〇一九年）
盛本昌広『本能寺の変――史実の再検証』（東京堂出版、二〇一六年）
森脇崇文「織田・長宗我部関係の形成をめぐる一考察――「香宗我部家伝証文」所収の織田信長・三好康長書状の分析を中心に」（『史窓』四八号、二〇一八年）
山下知之「戦国末期阿波国の政治情勢と三好氏権力」（『四国中世史研究』一五号、二〇一九年）
渡邊大門『明智光秀と本能寺の変』（ちくま新書、二〇一九年）

第九章　天正九年六月二日付け明智光秀軍法

長屋隆幸

戦国大名の軍法

戦国大名の軍隊編制・統制がどのようなものであったのか。実は史料が乏しくこの点については不明な部分が多い。そのような中、相模の北条家や甲斐の武田家の軍事史料は比較的多く残されている。結果、両家の史料を中心に戦国期の軍隊編制・統制について研究がなされ、両家では長柄鎗隊や鉄砲隊など兵種別編制が行われていたことなどが明らかにされている（高木：一九九〇、黒田：二〇〇四）。

織田信長の場合、軍隊編制・統制を窺い知ることができる史料は少ない。軍法に関しては信長自身が元亀三年（一五七二）に発布したとされる軍法と天正九年六月二日の年記を持つ明智光秀軍法しか残されていない（堀：二〇一九）。本章では、後者の明智光秀軍法について紹介してゆきたいと思う（なお、このほかに二点、光秀が発布した軍法とされる文書があるが、一点は洛中での馬上を禁じるなど平時の規定、もう一点は二千石の武士の軍役賦課規定などを定めたもので、本来の軍法とは性格を異にする文書であるため、ここでは扱わない）。

明智光秀軍法は、御霊《ごりょう》神社本・尊経閣《そんけいかく》本の二点が確認されている（後述）。この明智光秀軍法の写真は、尊経閣本・御霊神社本共に藤田達生・福島克彦編『明智光秀　史料で読む戦国史』に掲載されている。また、藤田・福島両氏、山本博文氏、堀新氏らによって翻刻がすでになされている（福島：二〇〇二、藤田・福島：二〇一五、山本：二〇一三、堀：二〇一九）。ただし、各々微妙に翻刻が違う箇所がある。そこで先学の翻刻を参考に、改めて写真で文字を確認しながら、比較的文字の欠損が少ない尊経閣本を底本として、御霊神社本で校合した翻刻と読み下しを次に掲げる。（括弧内は御霊神社本により補った部分）。

明智光秀軍法の翻刻

［釈文］

定　条々

一、武者於備場役者之外諸卒高声幷雑談停止事、付懸り口其手賦鯨波以下可応下知事、

一、魁之人数相備差図候所、旗本待着可随下知、但依其所為先□□□（手可相）計行付者兼而可申聞事、

一、自分之人数其手々々相揃前後可召具事、付鉄炮・鑓・指物・のほり・甲立・雑卒ニ至てハ、

置所法度のことくたるへき事、
一、武者をしの時、馬乗あとにへたゝるニをいてハ、不慮之動有之といふとも手前当用ニ不可相立、太以無所存之至也、早可没収領知、付依時儀可加成敗事、
一、旗本・先手そのたん〳〵の備定置上者、足軽懸合之一戦有之といふとも、普可相守下知、若猥之族あらハ不寄仁不肖忽可加成敗事、付虎口之使眼前雖為手前申聞趣相違可及返答、縦踏其場雖遂無比類高名、法度をそむくその科更不可相遁事、
一、或動或陣替之時、号陣取ぬけかけに遣士卒事、堅令停止訖、至其所見計可相定、但兼而より可申付子細あらハ可為仁着事、付陣払禁制事、
一、陣夫荷物之軽重京都法度之器物三斗、但遼遠之夫役にをいてハ可為弐斗五升、其糧一人付て一日ニ八合宛従領主可下行事、
一、軍役人数百石ニ六人多少可准之事、
一、百石より百五拾石之内、甲一羽、馬一疋、指物一本、鑓一本事、
一、百五十石より弐百石の内、甲一羽、馬一疋、指物一本、鑓二本事、
一、弐百石より三百石之内、甲一羽、馬一疋、指物二本、鑓二本事、
一、三百石より四百石之内、甲一羽、馬一疋、指物三本、鑓参本、のほり一本、鉄炮一挺事、
一、四百石より五百石之内、甲一羽、馬一疋、指物四本、鑓四本、のほり一本、鉄炮一挺事、
一、五百石より六百石之内、甲二羽、馬二疋、指物五本、鑓五本、のほり一本、鉄炮弐挺事、

一、六百石より七百石之内、甲二羽、馬二疋、指物六本、鑓六本、のほり一本、鉄炮三挺事、
一、七百石より八百石之内、甲三羽、馬三疋、指物七本、鑓七本、のほり一本、鉄炮三挺事、
一、八百石より九百石之内、甲四羽、馬四疋、指物八本、鑓八本、のほり一本、鉄炮四挺事、
一、千石ニ甲五羽、馬五疋、指物拾本、鑓拾本、のほり弐本、鉄炮五挺事、付馬乗一人之着致可准弐人宛事、

右軍役雖定置、猶至相嗜者、寸志も不黙止、併不叶其分際者、相構而可加思慮、然而顕愚案条々雖顧外見、既被召出瓦礫沈淪之輩、剰莫太御人数被預下上者、未糺之法度、且武勇無功之族、且国家之費、頗似掠　公務、云給云拾存其嘲対面々重苦労訖、所詮於出群抜萃粉骨者、速可達　上聞者也、仍家中軍法如件、

天正九年六月二日　　日向守光秀（花押）

［読み下し文］

一、武者備場において、役者の外、諸卒高声幷雑談停止の事、付けたり、懸り口其手賦・鯨波以下下知に応じるべき事、
一、魁の人数相備差図候所、旗本の着を待ち下知に随うべし、但、その所により先手として相計らうべき行《てだて》に付いては、兼ねて申し聞かすべき事、
一、自分の人数其の手其の手に相揃え前後に召し具すべき事、付けたり、鉄炮・鑓・指物・のほり・甲立・雑卒に至りては、置く所法度の如くたるべき事、

一、武者押しの時、馬乗あとに隔たるにおいては、不慮の動きこれ有るといふとも、手前当用に相立つべからず、はなはだもって所存なきの至り也、早く領地を没収すべし、付けたり、時儀により成敗を加えるべき事、
一、旗本・先手その段々の備定め置く上は、足軽懸合の一戦これ有るといふとも、普く下知を相守るべし、もし猥りの族あらば、仁・不肖に寄らず忽ち成敗を加えるべき事、付けたり、虎口之使、眼前手前たると雖も、申し聞く趣を相違し、返答に及ぶべし、たとえその場に蹈、比類なき高名を遂げると雖も、法度を背くその科、更に相遁れるべからざる事、
一、或いは動き或いは陣替の時、陣取と号し抜け駆けに士卒を遣わす事、堅く停止せしめ訖《おわんぬ》、其の所に至り見計らい相定めるべし、但兼ねてより申し付けるべき子細あらば仁着たるべき事、付けたり、陣払い禁制の事、
一、陣夫荷物の軽重京都法度の器物で三斗、但し遼遠之夫役においては弐斗五升たるべし、その糧一人に付きて一日に八合宛領主より下行すべき事、
一、百石より百五拾石の内、甲一羽・馬一疋・指物一本・鑓一本の事、
一、百五拾石より弐百石の内、甲一羽・馬一疋・指物一本・鑓二本の事、
一、弐百石より三百石の内、甲一羽・馬一疋・指物二本・鑓二本の事、
一、三百石より四百石の内、甲一羽・馬一疋・指物三本・鑓三本・幟一本・鉄炮一挺の事、
一、四百石より五百石の内、甲一羽・馬一疋・指物四本・鑓四本・幟一本・鉄炮一挺も事、

く。

一、五百石より六百石の内、甲二羽・馬二疋・指物五本・鑓五本・幟一本・鉄炮二挺の事、
一、六百石より七百石の内、甲二羽・馬二疋・指物六本・鑓六本・幟一本・鉄炮三挺の事、
一、七百石より八百石之内、甲三羽・馬三疋・指物七本・鑓七本・幟一本・鉄炮三挺の事、
一、八百石より九百石之内、甲四羽・馬四疋・指物八本・鑓八本・幟一本・鉄炮四挺の事、
一、千石ニ甲五羽・馬五疋・指物拾本・鑓拾本・幟二本・鉄炮五挺の事、付けたり、馬乗一人の着到は弐人宛に准ずべき事、

右、軍役を定め置くと雖も、猶相嗜むに至りては、寸志も黙止せず、併せて其分際に叶わずは、相構えて思慮を加えるべし、しかれども愚案の条々を顕す、外見を顧みると雖も、既に召し出される瓦礫沈淪之輩、剰え莫太の御人数預け下される上は、未だこれを糺さざるの法度、且つ武勇無功の族、且国家の費、頗るもって公務を掠めるに似たり、給云拾云其嘲在りて面々に対し苦労を重ね訖、所詮出群抜萃粉骨おいては、速やかに上聞に達すべきもの也、仍て家中軍法件の如し、

天正九年六月二日　　　　　　日向守光秀（花押）

明智光秀軍法の内容（一・二条）

次に、明智光秀軍法について一般的には聞き慣れない軍事用語などを適宜確認しながら意訳してゆ

まず一条目から見てゆく。備場とは合戦を行うために置いた拠点である陣場の別称である。役者は、武者奉行・侍大将・足軽物頭・軍目付・使番など、何らかの役職に就いている者のことである。手賦は「てくばり」と読む。すなわち、手配りのことである。懸かり口は、攻めかかろうと進む場所、あるいは攻撃する機会をいう。鯨波は「げいは」と読み、大勢の人が一斉に声を上げる鬨《とき》の声の別称である。「付」は「付けたり」と読み、付け加えを意味する。

これらを踏まえると「陣場において武者は役職に就いている者以外は高声を上げたり雑談をすることを禁止する。付け加えて敵に攻めかかろうとしている時においての手配りや、鬨の声の上げ方については命令に従うように」との内容になる。戦場において大きな声を出せば混乱のもとになる。また、雑談をしていては命令を正確に聞き取ることの妨げとなる。それゆえに情報確認や作戦の相談などで会話をする必要があり、かつ部下に命令を下すために大声を上げる必要がある役職付きの者以外、高声・雑談が禁止されているのである。

ちなみに永禄十年（一五六七）に武田信玄が発布した軍法では「物主の外、一切閉口の事」と、物主、すなわち指揮官以外は全員口を閉じておくよう命じている（高鷲：一九九五）。また、『氏郷記《うじさとき》』に所収されている天正十九年（一五九一）の九戸《くのへ》政実《まさざね》の反乱制圧に際して蒲生《がもう》氏郷が家臣鳥居四郎左衛門、上坂源之助に宛てて発布したとされる軍法にも「武者押之間に馬上下々鎗持等に至迄高声高雑談すべからず事」とある。武者押しの際に上は馬上の身分の者から、下は鎗持ちなどに至るまで高声・雑談を禁じている。武者押とは、武者が隊列を組んで行軍することをいう。

なお、この『氏郷記』は二次史料の軍記物であるが、これに所収されている軍法と同文の蒲生源左衛門尉宛ての軍法が福島県立博物館に所蔵されていることが指摘されており、氏郷が発布したことは間違いない(藤田：二〇一七)。

次に二条目であるが、「魁」と、「先手」はほぼ同様な意味で、先陣を切って戦う備のことである。先手備とも呼ばれる。相備とは、各部隊が陣を張った時に隣りの陣を互いに呼ぶ呼称である。また、協力し合って戦闘を行う関係にある部隊も相備という。一般に軍勢は、先手備・中備・旗本備・後備などいくつかの備に分かれ、各備はさらのいくつかの部隊に分かれる。

ここでは、先手備(魁)内の部隊の配置については、旗本備の到着を待って旗本、すなわちそこにいる光秀自身の命令を受けてから行うようにとの意味となる。そして、「但」以降は、例外的に先手のみで先手内の部隊編制・配置を行う場合についての指示となる。よって本条の意訳は「先手備の人数・部隊配置についての指図は、旗本備の到着を待って(光秀の)下知に従って行うように。ただし、先手のみで部隊配置を行う必要がある場合は、前もって指示しておく」となろう。

明智光秀軍法の内容(三・四条)

三条目冒頭の自分の人数とは、家臣たちが連れてくる従者(陪臣)のことである。これらの従者については、家臣自身の廻りに召し具して行動するよう要求している。一方、付けたり部分に鉄炮・鑓・

指物などの配置場所は、別途存在する法度に従えとあるので、これらの人員は家臣の廻りから引き離されて配置されたと見なせる。

北条家や武田家では、家臣に軍役として課した人員（長柄鎗兵・鉄砲兵・弓兵など）を家臣から切り離して鉄砲隊や弓隊、長柄鎗隊などに再編成している。そして、家臣たちは、軍役負担分の人員とは別に自己の戦闘補佐や武器・武具運搬にあたる若党・中間《ちゅうげん》など手廻りを引き連れて出陣したとされる（高木：一九九〇、黒田：二〇〇四）。

これを踏まえるならば、本条項の本文は家臣の手廻りについて、付けたりは軍役として家臣が負担する分について記されていると見なせる。意訳は「自分の手廻りの従者は自分の周りの前後に揃えて召し具すこと。付けたり、軍役として負担する鉄炮・鑓・指物・のぼり・甲立・雑卒の配置場所については法度に従うべきこと」となる。

なお、甲立は、兜を立てる道具である。二メートル程度の石突を持った鎗の柄状の棒の上に伏皿状の兜受を配置し、その十センチほど下に兜の緒を搦める横木を付けたもので、織豊期頃に用いられた。「長篠合戦図屏風」には、甲立に載せられた織田信長の兜が描かれている。兜は重いので戦闘が間近になるまで被らず、この甲立につけて甲立持ちの家来に持たせたのである。当時は、筋兜・星兜のほかに加藤清正が着用した烏帽子兜のような変兜も出現しており、行軍中に主人の側に甲立持ちが付き従うと、あたかも馬印のような目印になったとされる（笹間：一九九二）。

本条では、甲立を主人と引き離して配置するとあるので、主人が兜を被ったあとの処置と見なせる。

したがって、本条は行軍中ではなく、戦闘時についての条目である。兜を主人へ渡したあと、ろくに武器を持たない甲立持ちたちは、戦闘の邪魔にならないよう後方にまとまって待機させられたと推測される。

四条目は、行軍中に騎馬が後ろへ下がり過ぎることを戒めた箇条である。意訳は、「行軍の時、騎乗した者が後ろに隔たっていては不慮の動向があった時に役に立たない。はなはだもって考えなきことの至りである。そのような者がいた場合は速やかに領地を没収する。付け加えて、時と場合によっては成敗を加えること」となる。

明智光秀軍法の内容（五・六条）

五条目の「足軽懸合之一戦」とは、足軽を用いて合戦を仕掛けることを「足軽を懸ける」というので、両軍が足軽を用いて合戦を仕掛けた状況、すなわち戦端が開かれた状況を指す。また、仁には仁道を行う者、仁者、有徳の者という意味がある。不肖は、仁の対義として使われているので、不肖者という意味であろう。

付けたり部分は、虎口《ここう》への使者の心得について記されている。虎口とは、合戦において危険な場面を指す言葉である。ここでは戦闘が行われている最前線を指していよう。

これらを踏まえて意訳すると、本条は「旗本備・先手備を段々に配置したうえは、戦端が開かれても皆勝手な行動をせず下知に従え。もし（命令に従わず）猥りなことをする者がいれば仁者・不肖者の区別なく忽ち成敗を加えること。付け加えて、最前線への使者は、目の前に敵がいようとも（相手にせず、味方へ光秀らから）聞いた（命令）を伝え、返答を聞いてくること。たとえその場に踏みとどまり比類なき高名を遂げようとも、法度に背いた科《とが》は遁れることはできないこと」という意味になる。

ところで、当時の武士たちは、命令に違反して我先にと敵に攻撃を仕掛けることを行った。この行為を抜け駆けという。本条は、この抜け駆け行為を禁止した条文と見なすことができよう。なお、抜け駆け行為は、思わぬ損害をもたらすことも少なくない。抜け駆け行為で大きな被害を出した例としては、慶長十九年（一六一四）の大坂冬の陣において徳川家康の命令に従わず、加賀藩・福井藩・彦根藩の将士たちが大坂城真田丸を攻めた事例がよく知られている。

この抜け駆けで、三藩合わせて少なくとも数百人が死傷している。そのため、多くの大名が抜け駆けを禁止している。例えば、天文二十一年（一五五二）に毛利元就《もとなり》・隆元《たかもと》父子が発布した軍法では、その日の大将の命令に従わず行動した者は不忠と見なして、高名を遂げようとも討死しようとも忠節としないことを謳っている。また、天正十八年（一五九〇）の小田原合戦に際して徳川家康が発布した軍法では、先手を差し置いて高名を立てたとしても、軍法に背いているので妻子共々成敗するとしている（高鷲：一九九五）。

次に六条目であるが、陣替とは、陣地の場所を移すこと、陣払とは陣地を引き払うことをいう。冒頭の「或動」の「動」は、「或陣替之時」と続くことから、陣地を置く前、すなわち行軍中の状況を指していると推測される。「仁着」については、そのままでは意味がとれない。おそらくこれは、仁着＝陣着、すなわち着陣の書き間違いと思われる。したがって、「行軍中や陣地替えの際、陣取りと号して抜け駆けをし、士卒を派遣することを堅く禁止する。その場所に赴いてから（地形などの様子を）見計らい陣地を定める。ただし、兼ねてより子細があり申し付けていた場合は（先に）着陣せよ。付け加えて、（命令なき）陣払を禁止する」との意味になる。

明智光秀軍法の内容（七～九条以降）

七条目は、陣夫が運ぶ荷物の重量を定めた規定である。陣夫とは、軍事行動を行うにあたって兵糧や器物を運ぶために動員された人足のことで、領主が百姓に夫役（労働役）として課した。陣夫は、原則的には非戦闘員である。ただし、敵の補給線を断つのは軍事作戦の定石の一つである。それゆえに、陣夫が配属される小荷駄隊が敵に襲われ、戦闘に心ならずも巻き込まれることがあったであろうことは想像に難くない。

「京都法度之器物」とは、元亀二年（一五七一）に信長が公定升として定めた京升を指すとされる（水鳥川：二〇一〇）。意訳は「陣夫の（運ぶ）荷物の重量は京升で計測した三斗分とする。ただし、遠所へ（荷物を運ぶ）の陣夫役については、（京升で計測した）二斗五升分（の重量）とする。その（陣夫へ支給する）糧食は、一人に付き一日に八合宛、領主から下行すべきこと」。

なお、ここで糧食を陣夫へ支給することを求められている領主とは、光秀から知行地を与えられている給人のことである。戦国から織豊期にかけては、武器・武具や兵糧は基本的に自弁であった。戦国大名が家臣へ兵糧を支給することもあったが、貸与という形を取ることが多かった。豊臣政権も原則貸与としている。明智家も他家同様に兵糧が家臣の自弁であったことが本条目から読み取ることができる。ちなみに江戸幕府は、大坂冬の陣以降、兵糧を支給しており、戦国大名や豊臣政権とは一線を画す制度を構築するようになる。（長屋：二〇一九）。

八条目は、家臣が軍役として負担する人員を定めた条目で、意訳は「軍役人数は（知行）百石あたりに付き六人とし、百石より多かったり少なかったりした分は百石につき六人の基準に準ずること」となる。知行百石に六人なので、十七石弱で一人を負担する計算となる。

九条目は、知行百から百五十石の家臣が負担すべき武器・武具とそれを扱う人員について指示したものである。以降、十八条目の知行一千石分まで、おおよそ百石刻みで指示がなされている。最後の十八条目は「知行千石の者は兜五刎、馬上五疋、指物十本、鎗十本、幟二本、鉄炮五挺、馬乗一人の負担は二人分と見なす」との意味である。

この十八条目によれば知行一千石の場合、馬上の士が五人に対して、鎗十本の準備が命じられている。したがって、光秀が家臣に負担を求めた鎗は士分が使用する鎗ではなく、集団戦で足軽たちが使用する長柄鎗であることが確認される。

なお、準備が命じられている馬と甲以外の指物・鎗・幟・鉄炮は、三条目で家臣たちから引き離し再編成される人員と合致する。したがって、九条目から十八条目は、家臣が明智家に軍役として提供し、明智家で再編成する分を示していると推測できる。そこから甲は、兜自体ではなく、甲立を指しているとと推測される。

また、八条目の知行百石につき六人の割合だと知行一千石の家臣が準備する人員は六十人となる。一方、十八条目で知行一千石の家臣が負担を命じられている武器・武具とそれを使用する人員は、馬上を二人と数えても四十二人にとどまる。したがって、知行百石につき六人の割合で用意するよう求められている軍役人数には、家臣の手廻り分を含むものと考えられる。

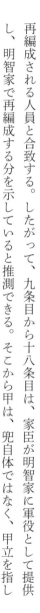

難解な漢文調の文章

次に「右軍役雖定置、（中略）仍家中軍法如件」の部分を考えてゆく。この部分は、漢文調で書かれているうえに、「瓦礫沈淪之輩」など一般的ではない語が使われている。また一部、文章としても難解な部分がある。そのため、この文章の訳文は、訳者によって解釈に違いが見られる。例えば、福島克彦氏は以下のように訳している（福島：二〇〇二）。

右、軍役を定め置くが、かねてから戦場を経験している者はいわれるまでもないが、未経験の者は構えて思いめぐらせておかねばならない。そこで私案の条々を外見を顧みずに表す次第である。価値がなく落ちぶれた境遇だった自分が、莫大な軍勢を主君から預けられた以上、糺されない法度や武勇無功の族は「国家」の費であり、「公務」を掠めるに等しく、嘲けられて苦労を重ねるであろう。そこで群を抜いて粉骨して忠節を励めば、速やかに主君のお耳に達するであろう。すなわち家中の軍法はかくのごとくである。

山本博文氏は以下のように訳している（山本：二〇一三）。

右のように軍役を定め置いたが、嗜みのある者はこの限りではない。規定を満たせない者は、極力思慮を加えよう。こうして私の考えの条々をはっきりと示した。振り返ると、取るに足らない者を召し出され、たいへん大勢の軍勢を預けていただいている上は、いまだ法度を守らず、武勇のない者は、国家の費であり、公務をかすめ取っているようなものだ。その嘲りを考え、皆に対して苦労を重ねている。飛び抜けて粉骨を惜しまなければ、すぐに上聞に達してやる。よって家中の軍法をこのように定める。

乃至政彦氏の訳は以下の通りである（乃至：二〇一九）。

右のとおりに軍役を設計したが、まだ改善点があれば何でも指摘せよ。武装と人数が知行に合わなければ修正を施す。そうすることで愚案の設定から問題点を明らかにする。集まる者たちが外見を気にせず、割れた瓦（「瓦礫沈淪」）も同然にバラバラでいると、ただでさえ莫大な人数を預けられているのだから、「法度が糺されていない」「武功もない者」「国家の資金を掠め取っているようだ」とあれこれ見下され、多方で苦労を重ねるだろう。粉骨して武功を立てれば、必ずすぐに信長様へ報せるので、家中軍法をこのように定める。

三者を比較すると、意味合いに若干の違いがあるのが確認できよう。このように、この部分の意訳は定まっていない。そこで、ここでは先学の訳文を参考にしながら再検討を行い、筆者なりの案を示すことにしたい。

「右軍役雖定置、（中略）仍家中軍法如件」の解釈

まず最初の「右軍役雖定置、（中略）相構而可加思慮」の部分から見てゆこう。冒頭に「右、軍役を定め置くと雖も」とあるので、光秀が定めた軍役を改訂する含みを持たせていることがわかる。それを踏まえるならば、「猶至相嗜者、寸志も不黙止」は、嗜みの有る者は黙止をしない、すなわち黙っていない、換言すれば意見を光秀へ伝えるよう要求していると解釈できる。

続いて、「併不叶其分際者、相構而可加思慮」も冒頭に「併せて」とあるので前文同様に家臣に意見を言うように求めた文章と推測される（「併」は「しかし」とも読むが、前文「猶至相嗜者、寸志も不黙止」と並列と考えたほうが逆接と考えるよりも妥当と思われる）。分際とは身の程を指す言葉なので、分際に叶わないというのは身の程に合わず軍役を果たすことができない状態を指すのであろう。前文の嗜みある者と対になっているとすれば、軍役を果たすことができないと光秀へ申告するよう求めていると思われる。そしてその状況に対して光秀が、思慮を加えると宣言しているのである。

ゆえに、この箇所の意訳は、「右のように軍役を定めたけれども、なお嗜みのある者は少しも黙っ

ておらず意見を言え。併せて身の程に合わず軍役を負担することができなければその状況を伝えよ。必ず思慮を光秀が加える」との意味になると思われる。

続く「然而顕愚案条々」は「そうではあるけれども愚案の条々を示す」との意味であろう。次の「雖顧外見」であるが、「外見」には、上辺という意味と、他人に見せるという意味とがある。前文の愚案の条々を顕すとの行為を踏まえるならば、ここでの「外見」は他人に見せることを指すと考えるのが妥当であろう。したがって、「他人に見せることは気を使うことだけれども」との意味となろうか。なお、「雖顧外見」のあとに「然而顕愚案条々」との配置のほうが意味としては通りが良い。

次に「既被召出瓦礫沈淪之輩、(中略)頗似掠 公務」の意味を考えよう。冒頭の「瓦礫沈淪之輩」は、落ちぶれた瓦礫のような輩という意味である。従来、この「瓦礫沈淪之輩」を、明智光秀自身と解釈し、彼が信長に対して感謝の念を抱いていたと見なす向きが強い。しかし、「輩」とは仲間・同輩という意味で、個人ではなく複数人を指す言葉である。ちなみに、「吾輩」という語も本来は我々という複数を指す語であったのが、いつしか「私」の尊大な言い方に意味を転じたものである。

したがって、「瓦礫沈淪之輩」は個人ではなく集団を指している。これに続いて「莫大な人数を預けられた上は」とあることから考え、「瓦礫沈淪之輩」は部隊を預けられている明智家重臣を指すと解釈できる。そして「未糺之法度」「武勇無功之族」「国家之費」の三点の存在は、公務を掠めているのに似ていると光秀は非難しているのである。「武勇無功之族」については「族」と複数形で記されており、「瓦礫沈淪之輩」と対応している。

これらを踏まえて意訳をすれば「瓦礫沈淪之輩のそなたたちがすでに召し出され、あまつさえ莫大な兵力を預けられるようになったのだから、いまだ法令を糺さず、かつ武勇無功で、かつ国家の財政を無駄に費やす者たちは頗る公務を掠めるに似ている」との意味になろう。

続く「云給云捨存其嘲対面々重苦労訖」の「云給云拾」は、先行研究によれば「云給云恰」の誤字で、本来は「給と云い、恰と云い」と訓じるとされる（堀：二〇一九）。末尾の「訖」は、動作の完了を意味する語である。

ゆえにこの文章の意訳は「かれこれにつけて嘲られ、面々に対して苦労を重ねさせてきた」となろう。最後の「所詮於出群抜萃粉骨者、（中略）仍家中軍法如件」は、「つまるところ、抜群に粉骨した者は速やかに信長様へ上聞する。よって家中軍法をこのように定める」となる。

以上のように意訳した。この意訳に従えば、軍法を示した直接の相手は家中全体ではなく、軍勢を預かっている重臣たちへ宛てたものとなる。二条目で先手部隊の編制・配置についての指図について記すなど、武者一個人を対象としたものではなく、部隊単位に関わる規定が見られるが、これも本軍法が重臣たちを直接的な宛名として作成されたゆえだと理解できる。

また、法を糺さず、武功も挙げず、国家の財産を無駄にすることへの批判がなされていることから、重臣たちの中にそのような行為を行う者がいたため、明智家中全体が嘲られる状態にあったことがうかがわれる。これが、光秀が軍法を定める直接的な動機になったと考えられる。

明智光秀軍法の評価

現存する二通の明智光秀軍法の内、御霊神社本は、弘化四年（一八四七）に田丸屋清五郎により光秀を祀る福知山にある御霊神社に奉納されたものである。一方、尊経閣本は、加賀藩前田家に伝わり、現在は尊経閣文庫所蔵となっているものである。尊経閣本の袖に添付されている古筆家の朝倉茂入、古筆宗家三代了祐の極め札から、彼らが活動した十七世紀後半に前田家が手に入れたものと考えられている。ちょうどこの時期の前田家当主は、東寺《とうじ》百合《ひゃくごう》文書などの古文書蒐集を精力的に行った五代綱紀《つなのり》なので、尊経閣本も彼が蒐集した可能性が高いとされる（堀：二〇一九）。

この二通の内、先に世の中にその存在を知られていたのは御霊神社本であった。しかし、幕末に急に発見されたことや、田丸屋清五郎がどのように入手して御霊神社へ奉納したのかその経緯が不明であったことから、偽文書とする研究者も少なくなかった。そのような中、平成八年（一九九六）に明智光秀文書研究会の調査によって、ほぼ同文の尊経閣本が発見された。これにより、ほぼ同文の史料が二例確認されたことから、御霊神社本は信頼しうる史料として扱われるようになった（堀：二〇一九）。

その結果、研究者の中には、この明智光秀軍法を高く評価する者も少なくない。例えば、藤田達生氏は、この明智光秀軍法を「当時の織田大名のなかでもっとも先進的なものだったとみてよいが、当然のこととして主君信長の意向に沿ったものと評価するべきであろう」（藤田：二〇一九）と述べている。

また、福島克彦氏は、軍規と軍役規定（軍役賦課基準）が並立して記されていることから、本軍法の存在は、当時光秀らによって進められていた検地による正確な知行高把握と軍役との間に密接な関係があったことを示す稀有な史料であると評価している。さらに、江戸後期の平戸藩主松浦静山《まつらせいざん》がその著書『甲子夜話《かっしやわ》』に、光秀が知行高に応じて軍役人数を定め、行列のあり方を決めていたと記しており、江戸時代の武家社会にその画期性が伝えられていたとしている（福島：二〇一九）。

根強い偽書説①

もっとも、このように明智光秀軍法が信頼性のある史料であると共に、先進的・画期的な軍法であったと高く評価する研究者がいる一方で、本史料を偽書であると見なす研究者も存在する。その代表的な人物が、山本博文氏と堀新氏である。

まず、山本氏は以下のように主張して本史料が偽書であると判定を下している。

1、尊経閣本が発見されたことで信頼性が高いと見なす向きがあるが、尊経閣文庫に所蔵されていることは江戸時代に流布していたことを示すに過ぎず、それをもって信頼性のある史料と見なすことはできない。

2、紙の大きさが中途半端で、かつ文字はのちの時代のもの、おそらく江戸時代の字と思われる。

3、石高に応じた賦課が兵員人数ではなく、甲・馬・差物・鑓・幟・鉄炮など武器・武具といった装備品である（「百石に六人を規準とし」とも書かれているので、この部分に矛盾が見られる。おそらく知行百石は兵員六人、それ以上は装備の指示のみと解釈されたのだと推測される）。これらは実戦のためではなく、行列を飾る軍勢の装備である。石高に応じて装備を統一し、華やかな行列を行うために江戸幕府が定めた元和軍役令と似ている。
4、鉄炮と並んで当時の主力武器であった弓が賦課されていない。また逆に、指物・幟の数が元和軍役令と比較しても多い。したがって、光秀が生きた戦乱期に制定されたとは考えられない。
5、文章が全体的に難解である。家臣たちに軍法を守らせるとするならばもっと簡単な文章で、重要なことから書くのではないか。また、明智光秀軍法では、「魁之人数」「仁不肖に寄らず」など当時使用されたとは思えない語が頻出する。
6、当時重要視されていた抜け駆け行為の禁止規定や、家臣の従者の行動を規制する条項がない。
7、六条目に、抜け駆けして陣取りの名目で家来を派遣することを禁じているが、これは先備の者が許すはずがなく、規定するまでもない。
8、本来別々に出されるはずの軍令と軍法が一緒になっていることも気になる（これは軍規と軍役規定が一緒になっていることを指すと推測される）。
9、以上の問題点から考え、江戸時代に軍学者により作成された。彼らはもともと儒学者なので、文章が漢文調でも不思議はない。ただし、語順が間違っている漢文などの存在から、もっと新しい可能性も存在する。

山本氏は以上のように主張されている（山本：二〇一三）。

根強い偽書説②

一方、堀新氏は、内容のみならず、文書の伝来、料紙や書体なども検討し、以下の点から偽書としている。

A、十七世紀中期から後期にかけて、天和元年（一六八一）の光秀百回忌に合わせるようにして、光秀のイメージ回復を図る気運が高まり、『明智物語』や『明智軍記』といった軍記物語が出現する。『明智軍記』では、光秀が諸国を遍歴し全国の戦国大名の「軍配式法」を学ぶ「軍法修行」を行ったとする。むろん、光秀が諸国を遍歴した事実はないと思われるが、これが光秀が織田家臣団の中で唯一軍法書や軍役規定を制定してもおかしくないと人々に思わせた。それゆえに、『明智軍記』と同時期に出現した明智光秀軍法も虚構の可能性が高い。

B、先に挙げた山本氏の3～6・8は肯定できる。また、全体の条数が奇数ではなく十八条と偶数になっているのは条書としては異例である。

C、日付が本能寺の変のちょうど一年前であり、あまりにもできすぎている。一年前の日付で信長へ感謝の念を光秀が抱いていたことを書くことで、彼が謀反決行を決意したのはそれ以降であったことを示しており、そこに作為的ものを感じる。

D、史料の真偽を判断するにあたり、総合的に判断するのではなく、極めて怪しい点が一点でもあれば否定的な判断を下すべきである。ゆえに本軍法は、光秀が天正九年（一五八一）に制定したとは思えず、光秀に仮託して近世の軍学者が偽作した可能性が高い。特に、漢文調の部分は、軍学者が自らの知識をひけらかして偽作した印象が拭えない。

E、ただし、現段階における結論であり、御霊神社本などを直接実見するなど、さらなる調査・検討を行ったうえで最終的な判断を行う。

このように堀氏は主張されている。ただし、料紙・書体については山本氏とは別の判断を下している。まず、御霊神社本と尊経閣本の筆跡は似ているものの同一ではないようであるとする。そして、発見が江戸前期と幕末期、所蔵された場所が加賀と丹波というように、時期・地域が異なり接点が見出しにくい両本の筆跡が異なっても不自然さはなく、むしろ信憑性を高めるとする。

料紙については、ほかの光秀文書に比べて良質な紙を使用しているが、書状と明智光秀軍法のような法令を一概に比較するのは難しいと述べている。書体についても、正本であることについて疑いようのない天正五年（一五七七）六月に安土城下に発布された楽市令の書体が信長期のものとしてはやや早すぎる例から、書体をもって信憑性を議論するのは無理であると述べている。

したがって山本氏の主張した2については、堀氏は山本氏と同様の印象を持ちつつも、消極的ながら否定したと見なせる（堀：二〇一九）。

偽書説の問題点①

以上のように、山本・堀両氏は明智光秀軍法が偽書であるとする。ただし、山本・堀両氏の主張にはいくつかの問題点が見られる。まず、山本氏の主張についてみてゆく。山本氏が本軍法を偽書とする根拠は、前述の2から8までである。ただし2は、すでに堀氏により消極的ながらも否定されているので、ここでは残る3から8について見ていく。

3の軍役賦課が兵員人数ではなく行列用の武器・武具負担が求められているという点についてであるが、これは誤まりと思われる。人数については八条目で知行百石あたりにつき六人と定められている。また、十八条目で、知行一千石の家臣が負担する武器・武具を示したあとに、馬上の士は二人分の負担とするとしていることから、軍役として負担が求められているのは武器・武具自体のみならず、それを使用する人員も含めていたことが確認される。

さらに、行列用に江戸幕府が作成した元和軍役令と明智光秀軍法の軍役規定部分が似ているとする点だが、幕府は慶長二十年（一六一五）四月、大坂夏の陣に対応するために軍役令を定め、翌元和二年（一六一六）に前年の軍役令をほぼ踏襲したものを再度発布している（『武家要紀』『東武実録』）。大坂夏の陣に際して発布されていることから、元和軍役令は行列用ではなく、戦争を念頭に定められたものであることは自明である。したがって、3の批判は成立しない。

4の軍役として弓の負担がない点についてであるが、先に述べたように明智光秀軍法の軍役規定により負担された人員は、軍役負担者から切り離して鉄砲隊・鎗隊などに再編成される。したがって、弓を賦課することは弓足軽を用意せよとの意になる。ただし、弓を扱うのは鉄砲を扱うのと違い、長い修練を必要とするため、家臣が弓足軽を用意するのは困難だった。そのため、地域的に鉄炮調達に不利な位置にあった相模の戦国大名北条氏においてさえ、家臣に軍役として弓足軽よりも鉄炮足軽のほうを多めに賦課している。

元亀三年（一五七二）に北条氏が知行二百八十四貫四百文を持つ宮城四郎兵衛尉へ宛てた着到書出によれば、宮城の軍役は旗持三人、指物持一人、弓侍一人、鉄炮侍二人、長柄鑓兵十七人、歩者四人、宮城自身を含めた騎馬武者八騎であり、北条氏は弓侍より鉄炮侍のほうを多めに求めている（『戦国遺文』後北条氏編一五七〇号文書）。北条氏でさえこのような状況なのであるから、堺を押さえて安定的に鉄炮や火薬・弾丸の供給を受けることができたであろう織田家の家臣である明智光秀が、自分の家臣たちに弓足軽を軍役として賦課していなくても何ら不思議ではない。

また、指物・幟については、確かに北条氏の場合や元和軍役令と比較すると本軍法では多めに家臣へ賦課しているが、多数の旗を立てることは敵を威圧する効果があり、その多寡で実戦的でないと判断することはできない。したがって、4の批判もさして効力を持たない。

次に6の抜け駆け禁止規定や家臣の従者の行動を規制する条項がないとする点だが、これも一部誤まっている。先述したように明智光秀軍法の五条目が抜け駆け禁止の条項にあたる。また、本軍法は直接的には重臣に宛てたものと考えられるので、家臣の従者に関する規定がないことは不自然ではない。

7の、先に進んで陣取りをする行為があり得ないとする点も、天正六年（一五七八）の荒木村重《むらしげ》との戦いにおいて、羽柴秀吉の家臣山内一豊《かずとよ》・蜂須賀正勝《はちすかまさかつ》が、秀吉の命令に先んじて陣取りを行い秀吉から叱責を受けた逸話が伝わる（『御四代記』）。したがって、光秀が軍法でこれを禁じても何ら違和感はない。

8の軍規と軍役規定が併記されていることへの違和感についてだが、先の北条氏の着到書出のように個人宛てではなく、家中全体に宛てた物であることや、管見の限り石高を基準に統一的に軍役を示したものでは最も早い例であることから、形式がイレギュラーなのは問題にはならないと考える。むしろ、軍規と軍役規定とを別途に発給した豊臣期・江戸期のものと一線を画していることから、信頼性が高いとの解釈も可能である。

偽書説の問題点②

次に堀氏の主張について見ていく。堀氏の偽書説の直接的な根拠はA～Cまでである。まず、Aの十七世紀中期から後期にかけての『明智物語』や『明智軍記』など光秀のイメージを回復させる動きと、本軍法の成立が関連するとの点だが、『明智軍記』などには光秀が軍法を定めた記載は見られない。

したがって、堀氏自身も指摘しているが、本軍法とこれらの軍記物語との関係は、あくまで状況証拠による仮説に留まる。なお、堀氏によれば明智光秀軍法は、尊経閣本と御霊神社本の二通しか見当たらず、書写したものの存在は確認できないという。これを踏まえるならば、本軍法は江戸時代に流布していなかった可能性が高い。もし光秀の名誉回復が目的ならば、もっと流布して然るべきなのではなかろうか。

Bの、条目でありながら奇数ではなく偶数の箇条であることを異例とする点についてだが、光秀が残したほかの文書を見ると、偶数の箇条を持つものが確認できる。例えば、天正三年（一五七五）に光秀が在々所々の百姓に宛てて発布したとされる徳政令写や天正六年に小畠永明《こばたけながあき》に宛てた書状は共に四カ条からなる。したがって、明智光秀軍法が偶数の箇条なのは特に奇異とは思われない。

以上のように、偽書説の根拠となるおおよその事項については成り立たない、あるいは反論が可能である。反論が難しいのは山本説の5、軍法に似合わない難解な文章で書かれている点と、堀説のC、日付が本能寺の変の一年前である点の二点に絞られる。もっとも、難解な文章について書かれている点は、本軍法が日頃光秀と共に行動している重臣に宛てたものだとすれば、難解であっても光秀に直接紛せば良いので、さして問題にはならなかったと推測される。日付については、単なる偶然であると見なすことも可能である。したがって、これらの点については現状において判断を下すことは難しい。

軍学者が作成したのか

山本・堀両氏は、明智光秀軍法を江戸時代の軍学者が作成したと考えている。この点については、果たして成立するのであろうか。実は、この点についても以下の理由から成立しえないと思われる。

まず、六条目の「子細あらハ可為仁着事」という文章の存在である。これは、「子細あらハ可為陣着事」の書き間違いと思われる。もし、軍学者が作成したとするならば、ほかの用語ならばともかく、軍学の専門用語とも言える「陣着」ないし「着陣」を「仁着」と書き間違えるとは考えられない。

また、江戸時代の軍学者が作成したにしては、元亀二年（一五七一）に信長が公定した京升の存在や、軍役負担者が陣夫への扶持を負担すること、荷物の軽重を石高で表すことなど戦国・織豊期の状況を良く捉えている。花押も問題ないとされるくらい正確である。仮に軍学者が作成したとすれば、かなり光秀や戦国・織豊期についての知識がなくては作成することは難しいと思われる。

さらに、江戸時代の形式や状況と大きな違いを持つ点も、軍学者が作成したとは考えられない理由である。例えば、江戸時代において扶持米の支給は、男性の場合一人一日五合の目安で支給されることが多い。戦時は少し多くなるようで『雑兵物語』では一日六合の兵糧米を支給するとある。一方、本軍法では陣夫へ扶持米を八合支給するとある。

軍役規定と軍規を一緒に記している点も、江戸時代の軍役規定書・軍法書とは一線を画す。もし、軍学者が偽書として作成したならば、江戸時代の常識に縛られ、このような変則的なものになりえなかったのではなかろうか。以上の点から、少なくとも江戸時代の軍学者が徹頭徹尾、一から作成したとは考えられない。

それでは、本軍法は、どのように作成されたのであろうか。これは二通りの可能性が想定できる。

一つは、光秀自身が作成した可能性である。この場合、「陣着」を「仁着」と音としては正しい字を間違って書いていることから、光秀が口頭で示した文章を右筆が誤って書いた可能性が想定できる。もし、光秀が口頭で示した文章だとすれば、一部文章の配置がおかしい部分が存在するのも納得がゆく。

もう一つは、明智光秀が作成した軍法が存在し、そこに後世の人が手を加えた可能性である。この場合、戦国・織豊期の状況がよく反映されていることや、近世と大きく違う事項が記されていることも問題なく理解できる。

どちらが正しいかは残念ながら現状では判断できない。いずれにせよ、内容的には大きな違和感のない本軍法を頭から偽書と見なすのは現段階では慎むべきであろう。今後、この明智光秀軍法に関する関連史料が発見され、不明な点が明らかになることを切に希望するものである。

【主要参考文献】

黒田基樹「戦争史料からみる戦国大名の軍隊」(小林一岳・則竹雄一編『戦争Ⅰ　中世戦争論の現在』、青木書店、二〇〇四年)。

笹間良彦『武家戦陣資料事典』(第一書房、一九九二年)
高木昭作『日本近世国家史の研究』(岩波書店、一九九〇年)
高鷲江美「戦国・織豊・徳川初期の軍法」(『栃木史学』九号、一九九五年)
乃至政彦『信長を操り、見限った男 光秀』(河出書房新社、二〇一九年)
長屋隆幸「大坂の陣における土佐藩山内家」(『織豊期研究』二一号、二〇一九年)
福島克彦「『明智光秀家中軍法』を読む 十八カ条に及ぶ詳細な規定 織田政権唯一の〝緻密〟軍法」(『俊英 明智光秀』学習研究社、二〇〇二年)
福島克彦『明智光秀と近江・丹波——分国支配から「本能寺の変」へ』(サンライズ出版、二〇一九年)
藤田達生『城郭と由緒の戦争論』(校倉書房、二〇一七年)
藤田達生『明智光秀伝——本能寺の変に至る派閥力学』(小学館、二〇一九年)
藤田達生・福島克彦編『明智光秀 史料で読む戦国史③』(八木書店、二〇一五年)
堀 新「明智光秀『家中軍法』をめぐって」(柴裕之編『シリーズ・織豊大名の研究8 明智光秀』戎光祥出版、二〇一九年。初出二〇一五年)
水島川和夫「中世畿内における使用升の容積と標準升」(『社会経済史学』七五巻六号、二〇一〇年)
山本博文『続日曜日の歴史学』(東京堂出版、二〇一三年)

第十章　明智光秀の茶の湯

八尾嘉男

茶の湯は食事がつきもの

読者の中には、明智光秀の人柄を、比叡山焼き討ちの現場指揮者であったことや本能寺の変などから、粗野であったと考えている方もおられるかもしれない。しかし、おそらく大半の方は、その人柄を教養深く、古典の知識に通じていたと思っているであろう。

光秀が生きていた当時、教養の一つとなりつつあったものに茶の湯がある。本章では、光秀の教養の一つとして、茶の湯について見ていきたい。茶会を一度でも経験したことがあるという方は昭和時代に比べて少ないであろうし、ホテルなどでウェルカムドリンクとして薄茶が供されることがあるので意外に感じられるかもしれないが、茶の湯は単に抹茶を飲むだけではない。よりおいしく飲んでもらうために、食事によるもてなしがある。お呈茶に主菓子《おもがし》や干菓子《ひがし》が添えられることからも、それはわかる。そこで、茶の湯と合わせて、食事によるおもてなしにも目を向けることとする。

ところで、茶の湯は、光秀が生きていた時代に歴史が始まったものではない。まずは光秀の頃、茶の湯の歴史がどのように考えられていたかについて見ていくこととする。

光秀は史実とは異なる茶の湯の歴史を理解していた

光秀は、自身で茶書や茶会の記録である茶会記を書き残していない。また、それは光秀の家族や家臣団についても同じである。そのため、光秀と同時代に成立した茶書が一つの指針になる。茶の湯の歴史を記した茶書には、その成立が天正十三年（一五八五）頃と、光秀が亡くなってからになるが、山上宗二《やまのうえそうに》（一五四四〜九〇）による『山上宗二記』がある。山上宗二は薩摩屋を屋号とする堺の商人で、師である千利休（一五二二〜九一）とは京都の町人、辻玄哉《つじげんさい》（?〜一五七六）門下の兄弟弟子にもあたる茶人である。山上宗二といえば、豊臣秀吉の怒りを買い、小田原（神奈川県小田原市）で惨殺された最期でご存知の方も多いであろう。

茶の湯の歴史は、『山上宗二記』の冒頭にある。要点をかいつまんで述べると、茶の湯の起こりは、室町幕府三代将軍足利義満《よしみつ》（一三五八〜一四〇八）、六代将軍足利義教《よしのり》（一三九四〜一四四一）の頃に中国から美術工芸品（唐物《からもの》）が伝来したことが、その管理を担当したであろう同朋衆《どうぼうしゅう》（自らの知識や技能を活かして将軍に仕えた僧侶の姿の家臣）の名と共に記されるところからまず始まる。この唐物収集は八代将軍足利義政《よしまさ》（一四三六〜九〇）まで受け継がれたと話は続く。

そして、義政が隠居後に住まいとした東山山荘（現、慈照寺《じしょうじ》）で、「何か珍しい遊びはないか」と同朋衆の能阿弥《のうあみ》（一三九七〜一四七一）に尋ねると、茶の湯と共にその道に最も通じたものとして奈良称名寺《しょうみょうじ》の僧侶である珠光《しゅこう》（一四二三〜一五〇二）の名が披露された。能阿弥の推薦を受けて、義政は珠光を召し出して師と仰ぎ、茶の湯を嗜んだと述べている。

茶の湯の研究では、東山山荘は能阿弥が亡くなったのちである文明十四年（一四八二）に着工していること。珠光が浄土宗の僧侶として一生を終えた侘び茶人であったこと（なので、還俗をしたとして「村田珠光」と名前を記すことは正しくない）が指摘されている。

つまり、義政が東山山荘、今の銀閣寺で珠光を紹介され、出会うという話は現実にはあり得なかったワンシーンなのであるが、織田信長や光秀が生きていた頃の歴史認識は将軍家に伝来した唐物の伝来と共にこのようにあった。同時代にこの歴史観を否定する史料はなく、おそらく光秀は信長ともども、このように歴史を理解していたであろう。

光秀の頃には二つの茶の湯が存在していた

宗二は、そののちの歴史を、珠光の跡を継いだ宗珠《そうしゅ》や門弟たちへと至らせて話を進めている。彼らが意識していたのは、珠光が楽しんだとされる草庵での茶の湯である。

ただ、僧侶を除く京都や堺の町人、とりわけ商人たちが設けたものは、草庵を意識したとはいえ、似て非なるものである。宣教師のジョアン・ロドリゲスが、信じられないという自らの感覚と共に、材料に莫大なお金を費やし、狭い粗末な建物を構えていると報告していることでも知られている（『日本教会史』）。値段に糸目をつけずに素材を厳選したまねごととはいえ、この茶の湯は草庵の茶の湯になる。いわゆる侘び茶に連なるものである。

一方で、すべての茶の湯が草庵の茶の湯であったのかというと、そうではない。書院の床や棚（台《だい》子《す》）に茶道具を飾り、点前《てまえ》を行う茶の湯があった。書院の棚や台子に飾られた茶道具は、日本製、言い換えれば和物ではなく、唐物が圧倒的であった。書院台子の茶である。

では、足利将軍家はどちらの茶の湯であったかというと、書院台子の茶と思われる。先に『山上宗二記』から茶の湯の歴史を見た際、唐物の収集から始まることに違和感を感じた方がおられるかもしれない。当時、名物とされる茶道具の名品は唐物で占められ、かつては足利将軍家がその大半を所有していた。『山上宗二記』は名物茶道具記の側面をもつことが特徴であるが、名物茶道具の始まりとして唐物の伝来がまずあるわけである。財政の逼迫から名物茶道具を手放していたとはいえ、侘び茶の記録がない以上、光秀の在世中も、足利将軍家の茶の湯は書院台子の茶と考えてよいであろう。

では、侘び茶と書院台子の茶、どちらの茶の湯を光秀が嗜好していたのか。光秀の茶の湯を見るキーの一つとなる。次は本題へ入る前に、まずは周辺ということで、光秀の主君や頼った家はどのような茶の湯であったのかを見ていきたい。

信長は独自の基準で茶道具コレクションを作っていた

光秀は信長に仕える前に越前国（福井県東部）の朝倉氏を頼っている。朝倉氏は、一乗谷《いちじょうだに》遺跡（福井市一乗谷）の発掘成果から茶の湯を嗜んでいたこと自体は確かである。それは茶器と思われるものと共に、消耗品なので出土することは珍しいのであるが、茶筅《ちゃせん》があることからも明らかである。ただ、文献で茶の湯の様子を具体的に示せるかとなると難しいというのが現状である。

それに対して、織田信長の茶の湯はわかっていることが多くなる。中には「名物狩り」と「御茶湯《おんちゃのゆ》御政道《ごせいどう》」という二つの歴史用語で、すでにご存知の方がおられるであろう。

信長には、のちに柴田勝家（一五二二～八三）の懇望をいれて贈ることになる茶釜「姥口釜《うばくちがま》」（藤田美術館所蔵）をはじめ、父信秀から相続していた茶道具があった。これは文献でこそ明確に示せないものの、信長が上洛以前から茶の湯を嗜んでいたことを推測できる材料となる。

信長は上洛後、このもともとあったコレクションに加えて、朝倉家のような滅ぼした大名家からの戦利品や降伏の証以外に、京都や堺、奈良の茶人から名物茶道具を強制的に買い上げたり、献上させたりした。一つ目のキーワード、「名物狩り」である。

ただ、信長は名物であれば闇雲に入手したというわけではない。茶入「木辺（木目）肩衝《かたつき》」のように、目にはしても（天正九年二月二十一日。翌日に光秀にも披露）、手元に収めないケースがあった（『宗及《そうぎゅう》他会記《たかいき》』『天王寺屋会記』）。つまり、食指を動かす判断基準があった。

琴線の一つは、足利将軍家所蔵という伝来である。「東山御物《ぎょぶつ》（足利義政の旧蔵品）」に代表される足利将軍家旧蔵の茶道具を入手することは、権威の獲得という意義があった。そして、これは諸方に散逸していた名物茶道具の多くが天下人や大名家のもとに帰し、慰労や形見分けなどで将軍と大名家の間を行き交うばかりとなる江戸時代の姿へと至る。

また、珠光ゆかりの茶道具という伝来も、信長が欲しいと感じる鍵であった。信長が利休、その後嗣によって大成される侘び茶に対して好意的に見ていたということであろう。

さらに、忘れられがちなのが、信長自身の好みである。信長の在世中、茶碗は天目《てんもく》茶碗、珠光が見出したことに端を発する「珠光青磁《せいじ》」に代表される青磁茶碗といった唐物が中心であり、ほかに侘びた風合いから朝鮮半島で作られた高麗《こうらい》茶碗が好まれ始めていた。そのうち天目茶碗は、至高とされるものが曜変《ようへん》天目であるが、信長は曜変天目は早期に手放した一つの事例があるばかりで、ほかは所有はおろか、献上の申し出を断った話すら同時代史料に見出せない。信長が曜変天目を好まず、周囲もそれをわかっていたのであろう。信長の好みは、ほかの茶道具でも今後明らかになるであろう。

光秀は下賜だけでなく、信長と茶道具の交換も行っていた

信長は、「名物狩り」を行ううえで、最初から名物茶道具の知識を持っていたわけでなく、また独

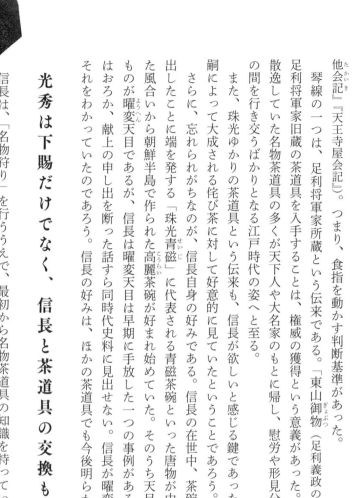

学で学んだわけでもない。名物茶道具の存在を所有者情報と共に信長にレクチャーする存在がいた。この役割を担ったのが、今井宗久《そうきゅう》（一五二〇～九三）をはじめとする堺や京都（初期のみ）の商人たちである。そして、彼らは常勤ではなく、茶会などを催す際に出仕する非常勤の形で信長に茶の湯で仕えた。江戸時代、幕府の「御数寄屋」職をはじめとする「茶道役《さどうやく》」のはしりと考えてよい。

さらに、信長の家臣団にも美術工芸品の調達や茶会開催の調整などにあたった人物がいた。堺代官を勤めた松井友閑《ゆうかん》である（竹本：二〇一八）。ただ、友閑は、堺代官就任後は絶えず信長の膝下に居ることが物理的に不可能になる。そのため、必要に応じて近臣が代わりにその役割を果たしていたと思われる（八尾：二〇一九）。

ところで、信長は入手した茶道具を将来、誰に託す意向だったのであろうか。原則的には嫡男・信忠が相続をするという暗黙のルールがあった。それに反し、茶道具を特別に家臣にプレゼントすることがあった。二つ目のキーワード、「御茶湯御政道」である。「御茶湯御政道」は豊臣秀吉の書状にある文言を語源とし、「ゆるし茶湯」ともいわれる。

茶道具が下賜されたのは秀吉をはじめとする重臣が多く、光秀もその栄に預かっている。光秀が信長に下賜されたと明らかであるのは次の五点がある（竹本：二〇〇六）。

掛物：椿の絵（牧谿《もっけい》筆、天正六年元旦下賜）、信長自筆の書（天正十年一月七日以前に下賜）

葉茶壺：筑紫（下賜時期不明、『松屋名物集』）

茶釜：八角の釜（天正六年元旦下賜）、平釜（天正十年一月二十五日以前に下賜）

また、光秀は下賜を受けるだけではなく、天正六年元旦、信長が初釜を催す際に茶釜「吉野釜」を提供し、そのまま進上している。ということは、この日に下賜された「八角の釜」と「椿の絵」は忠孝に対する慰労だけではなく、「吉野釜」進上への返礼の意味もあったであろう。さらに、「吉野釜」は信長からの茶道具下賜以前に光秀が茶会を催していた証となり、「御茶湯御政道」が茶の湯を嗜むこと自体の許可ではないことも示している。これら五点が現存しているのか否かであるが、残念ながら一点も現存が確認されていない。「吉野釜」についても同じく現存はわかっていない。

光秀の遺物は灰塵に帰したわけではなかった

そもそも光秀旧蔵の茶道具で現存するものは少ない。さらにいえば、松永久秀《ひさひで》（一五〇八～七七）による茶杓《ちゃしゃく》（銘「玉椿」、野村美術館所蔵）のような、自ら手がけた茶道具は伝来しておらず、管見の限りでは、光秀の自作道具は記録すら見出せない。

そのような中、わずかに残る旧蔵道具に、朝鮮半島から伝来した高麗物の井戸茶碗・銘「坂本」（野村美術館所蔵）が知られている。ちなみに、「坂本」の銘は、光秀の居城があった近江国の坂本（滋賀県大津市）が思い浮かぶが、銘の由来はわかっていない。そのため、江戸時代中期、表千家の茶の湯を学んだ京都の糸割賦《いとわっぷ》商人（中国産生糸の仲買業を営む権利株を持つ商人）・坂本周斎《しゅうさい》（一六六六～一七四九）が所有していることから、その所蔵が関係するのではとする指摘もある（谷：二〇一三）。

ほかには直近に、青磁香炉「浦千鳥《うらちどり》」（遠山記念館所蔵）が、現在は所在不明の茶入「青木肩衝」と共に改めて紹介されている（依田：二〇二〇）。青磁香炉「浦千鳥」は、「浦千鳥香炉由来書」というタイトルの由来書が添っている。それによると、天正十年（一五八二）の山崎合戦ののち、坂本城攻撃を担当した堀秀政《ひでまさ》（一五五三〜九〇）は、落城寸前に城を守る明智秀満《ひでみつ》（？〜一五八二）から城中にあった明智家の家宝を目録と一緒に託される。その中に青磁香炉「浦千鳥」も含まれていた。

秀政は、預かった遺物を秀吉に披露し、そこから「浦千鳥」が秀政に与えられた。そののち、「浦千鳥」は御家騒動から取り潰しとなる堀家宗家ではなく、秀政の次男親良《ちかよし》（一五八〇〜一六三七）に始まる分家で相続され、下野国真岡藩《もうか》（栃木県真岡市）、烏山藩《からすやま》（栃木県那須烏山市）を経て、信濃国飯田藩（長野県飯田市）で幕末を迎えている。

信長と運命を共にした京都所司代村井貞勝《さだかつ》の旧蔵道具（茶入「小紫肩衝」、天目茶碗・銘「豊後」）が秀吉に披露された日時が天正十年七月十二日夜（『宗及他会記』『天王寺屋会記』）とわかるのに対して、光秀の家宝が披露された日付は不明である。現実的に考えれば、信忠以外の信長の子供や孫は健在であり、光秀を討ったとはいえ、まだ秀吉は一重臣という立場でしかない以上、即座に自らの主導のもと披露、功臣への下賜とはいかなかったであろう。

ともかく、光秀の遺愛道具は、坂本城と共にすべて消えたわけではなかった。そして、信長下賜の茶道具は、秀吉へと託された遺物から一つも確認できない。本当に一点もないのかの精査もあるが、なぜ一点もないのかの理由は推測も含めて今後の課題である。

茶道各流儀の始祖とは茶の湯での交わりがなかった

ここまで信長から下賜された茶道具、現存茶道具と見てきたが、人との関わりはどうであろう。光秀の在世中は、千利休を筆頭に、現在の茶道の流儀へと続く人物が生涯を送っている。そこで、光秀と彼らとの関わりに目を移すと、三斎《さんさい》流の祖である細川忠興《ただおき》（三斎、一五六三〜一六四五）の存在がまずある。しかし、残念ながら娘婿の関係にあたる忠興と光秀が茶会に招き、招かれて関係を温めたとする記録は具体的には見出せない。

考えてみれば、忠興は、千利休亡きあと、その高弟七人を称した「利休七哲《しちてつ》」に数えられ、利休の教えに忠実な茶風とされる茶人である。創作茶道具が記録に現れる利休の円熟期以前である光秀の在世中は、忠興が茶の湯に傾倒する時期とズレがあるといえるかもしれない。

ほかにとなると、光秀は千利休やその後嗣ともあまり接点を見出すことができない。上田宗箇《そうこ》流の祖である上田重安《しげやす》（宗箇、一五六三〜一六五〇）は、本能寺の変後、主君丹羽長秀《にわながひで》（一五三五〜八五）の下で大坂で戦闘に加わり、光秀の娘婿にあたる津田（織田）信澄《のぶずみ》（?〜一五八二）の首を獲ったという逸話がある。

しかし、これは秀吉政権下での大名としての躍進へと続く武功である。茶人としての宗箇は、利休にも学んでいるが、「利休七哲」の古田織部《おりべ》（重然《しげなり》、一五四三〜一六一五）を敬慕し、その指導を大きく受けている。宗箇も三斎と同じく、光秀とは茶人としての活動期にズレがあるということになる。

では、どのような茶人と親交があったのかとなると、信憑性のある現存史料からは、天王寺屋津田家の宗及（?〜一五九一）が挙げられる。

天王寺屋は、子供がいなかったことから暖簾を下ろす江戸時代前期まで和泉国の堺で商家として活動していた。天王寺屋は、それ以前から茶の湯を嗜んでいたと思われるが、宗達《そうたつ》（一五〇四〜六六）、宗及、そして最後の当主になる宗凡《そうぼん》（?〜一六一二）の三代にわたって茶会の記録（茶会記）を残している（『天王寺屋会記』）。そのうち、宗及の代には光秀の茶会に出向いたことがわかる（『宗及他会記』、以下、宗及が関わる記録は同史料による）。

今残る光秀最初の茶会は茶道具下賜後のお披露目

光秀最初の茶会は、天正六年（一五七八）正月十一日朝である。この日は、その年の元旦に信長から贈られた八角釜と椿絵のお披露目であった。同行者は宗及、先に触れた茶入「木辺（木目）肩衝」の所蔵者で河内国平野郷（大阪市平野区）の町人平野道是《どうぜ》、堺の町人銭屋宗訥《ぜにやそうとつ》（?〜一五九〇）である。

席入りすると、点前座には、小板に頰当風炉と八角釜が載せられ、釜を釣るために「もつから釣（鈎）」が用いられた。そして、籠棚という台子に黒色の台に載せた小ぶりの天目茶碗「霜夜」と、京都の馬場紹加がかつて所蔵していた金色の合子《ごうす》（建水《けんすい》）が飾られていた。「霜夜」は「三色しこめて」

とあり、茶碗に茶巾と茶杓、茶筅が仕込まれていた。今の運び点前と同じ茶碗への仕込みであるが、違うのは棚に最初から飾っている点である。

主客共に仕度を整える休憩（中立ち）があり、席に戻ると、床には信長からの拝領品「椿絵」が掛かっていた。宗及は、牧谿作と記録している。続けて「但、八椿、竹内伊与（予）絵也、両花ノ絵也」とある。牧谿の椿絵には模写、もしくはモチーフにした竹内伊予による椿の絵があり、それを宗及は以前に耳にするか、目にしていたのであろう。竹内伊予の椿絵は八本の椿だが、のちにある補足も加味すると、二輪の花が咲いた一本の椿と違いがあった。そして、床前には、四方盆（四角形の盆）に茶入「式部少輔肩衝」が仕覆《しふく》（袋）に収めた状態で飾られていた。

濃茶の「茶堂（茶頭）」は、宗及が勤め、「式部少輔肩衝」は床前から床へと飾り直された。茶道具の扱いを知る人が茶道具を直すという当時の習慣にならったものである。後段が過ぎて、再び手洗いや身繕いなどの一息があったのち、床の「椿絵」と「式部少輔肩衝」は仕舞われていて、代わりに葉茶壺「八重桜」が置かれ、拝見に供された。

薄茶は、「タウ（唐）茶碗」とあるので、天目や青磁などではない、より素朴なものと思われる中国製の茶碗でもてなされ、「茶堂（茶頭）」は若狭《わかさ》屋宗啓《そうけい》に交代している。そして、この日は宗啓所持の茶壺も披露された。宗啓は信長に茶壺を披露したのであろう。蓋の覆いの裂地《きれじ》として「龍ノ段子《どんす》」を信長から拝領していたとある。宗啓は客人に宗及をカウントしておらず、茶会の世話役として光秀のために詰めていたと思われる。

会ではのちに見る食事が済むと、「信長様への年頭のご挨拶で着てください」という一言と共に白綾の小袖と茶の織色小袖一重が光秀から宗及にプレゼントされた。その言葉通り、茶会を終えると、宗及はそのまま城内から御座船に乗り、安土に向かっている。茶会の場所は坂本城内ということになる。着物の用意は、下賜された茶道具での茶会開催を信長に伝えてもらうことを光秀が宗及に望んでいたこと、また信長も食材として光秀のために鶴を手配までしているので、茶会の様子を土産話に期待していたことが推測される。

光秀は坂本城にいくつもの茶会ができる場を作っていた

この天正六年（一五七八）正月十一日朝の茶会では、茶道具はほかに瓢《ひさご》（瓢箪）の炭斗《すみとり》と六角の火《こ》筋《じ》（火箸）が使われていた。以降、光秀は次の十会にわたって宗及を茶会に招いている。

天正七年正月七日朝（於坂本城内六畳敷と三畳敷）
　　正月八日朝（於坂本城内六畳敷。同行者・草部《くさべ》屋道設《どうせつ》）
天正八年正月九日朝（於坂本城。信長、食材に生きた鶴提供。宗及に小袖二重贈る）
　　十二月二十日（於坂本城、次の間で食事。同行者：筒井順慶《じゅんけい》）
　　十二月二十一日（於坂本城内別御座敷。小袖袷《あわせ》を宗及と宗凡に贈る）
天正九年正月十日朝（於坂本城。同行者：宗凡・山上宗二、初めて同道）

正月十一日朝（於坂本城内浜ノ方の御座敷。同行者：山上宗二・宗凡）

天正十年正月七日朝（於坂本城。信長自筆御書披露。同行者：山上宗二）

正月二十五日朝（於坂本城。信長より拝領平釜披露。同行者：島井宗室《しまいそうしつ》）

正月二十八日朝（於坂本城。同行者：銭屋宗訥・山上宗二）

天正七年以降は、若狭屋宗啓が「茶堂（茶頭）」を勤めることはなくなる。「茶堂（茶頭）」が場を進めた際は、宗及が勤めた。

場所は推測もあるが、すべて坂本城である。天正七年正月七日朝の会は、六畳敷は釜をかけずに炉に火をおこしているばかりであり、床には『山上宗二記』に名物として見える葉茶壺「八重桜」が飾られていた。実際の茶席は、続きの部屋と思われる三畳敷に設けられた。六畳敷は、宗及には暖をとりつつ身繕いをしてもらい、光秀自身は最後の用意を整える時間の控の間のような感じであろうか。

ほかにも坂本城には別御座敷、御成《おなり》の間（天正八年正月九日朝会の昼食で使用）、琵琶湖に面していたと思われる浜の方の御座敷がある。別の御座敷ということは、天正六年一月十一日朝の茶席で宗及が目にしたものと同じかもしれない御座敷がさらにあった。加えて、坂本城は天守下に小座敷があったことが指摘されている（竹本：二〇二〇）。

堺の中では意外に人脈が少なかった

日時は年頭、時には年末から年頭にかけてのことが多く、連日にわたっている。堺から遠路やって来た宗及にゆっくり滞在してほしいという光秀の心遣いが推測される。天正七年正月八日は「惟日手立振舞也」とあり、光秀が丹波国八上《やかみ》城（兵庫県丹波篠山市）の波多野《はたの》氏攻略に出陣するに際し、戦勝祈念としばらく会えなくなる前の挨拶のためであった。また、天正八年十二月二十一日は葉茶壺「落葉」と思われる「大壺」が光秀から宗及に贈られ、そのお礼に出かけたら茶会を開いてくれたと書き添えられている。

同行者は、平野道是と銭屋宗訥のほかには、堺の町人草部屋道設、宗及の息子吉松（のちの宗凡）と大和国の国衆で光秀の与力である筒井順慶（一五四九〜八四）、山上宗二、博多の商人島井宗室（一五三九〜八四）が挙げられる。前後関係からみれば、茶会記での明記がないだけで、実は前日にも宗及に同行していたという可能性は考えられる。

先に『山上宗二記』から光秀が生きていた頃の茶の湯の歴史観を見たが、光秀と宗二は宗及を仲介として光秀と面識があった。同じ歴史認識であった観がより強くなる。

こうして見ると、千利休や今井宗久の名がなく、堺の町人は宗及のほかでは、銭屋宗訥、草部屋道設、山上宗二と数が少ない。広く堺の茶人と親交を重ねたというわけではないと思われる。また、堺以外で茶の湯が盛んであった地域では、京都と奈良の茶人の名前がない。実際、当時の京都、奈良の茶の湯を知るうえで欠かせない茶会記である『松屋会記』には光秀の記録は全く見出せない。

信長家臣団の同輩とは茶の湯の親交が薄かった

茶会は天正八年（一五八〇）正月九日朝に明智十五郎（光秀長男、?～一五八二）、天正九年正月十一日朝に斎藤利三《としみつ》（一五三四～八二）と、息子や家老が手伝っていた。彼らは宗及への贈り物のプレゼンターを務めている。斎藤利三は、天正八年十二月二十日晩から夜に宗及を茶会に招いているが、その際、茶道具は光秀が自身のものを手配している。光秀は二十日朝には自らの茶会、晩に向けては利三のために茶道具の用意と、終日の働きである。

宗及は、光秀の重臣が設けた茶会にも出掛けている。天正八年九月二十一日朝、坂本で開かれた明智秀満の口切茶会である。茶道具は記載がなく、宗及以外の客は光秀、明智一族の「小兵衛」か「小左衛門」と思われる「明少」、斎藤利三であった。宗及が信長の重臣や家臣だけでなく、その家臣とも親交を重ねることはごく稀である。光秀が一族あげて宗及と交わろうとする姿勢と、それに応える宗及の親密さがうかがえる。

光秀がもてなす側ではなく、客として出かけた茶会に目を移すと、光秀が客として見える事例は少ない。光秀が細川幽斎《ゆうさい》（藤孝、一五三四～一六一〇）以外で信長家臣団の茶会に参会したのは、天正七年二月二十七日朝、松井友閑が京都で催した会に、村井貞勝、宗及と訪れたものがある。ほかには茶会ではないが、天正八年九月二十六日に東大寺の塔頭・四聖坊所蔵の道具が光秀の宿所で拝見に供されたことが挙げられる。当時、光秀は大和国の検地奉行として奈良に赴いていた。随行した宗及は名前を書き残していないが、滝川一益《かずます》（一五二五〜八六）も検地奉行であった。一益も一緒にいた可能性は否定できない。

それぞれ方面軍として任にあたっており、顔を合わす機会自体も限られたであろうが、光秀は重臣同士とは茶の湯での交わりが薄かったと思われる。ちなみに、この奈良下向では、法隆寺の宝物である香木「太子香」の一部が信長に献上された際、法隆寺の別当が取り分けたものが光秀にも贈られ、宗及も合わせて手にしている。

俄仕込みではなし得ない光秀の茶道具コレクション

光秀が所持した茶道具について、茶会記からわかるのは次の通りである。

葉茶壺：八重桜、落葉（天王寺屋宗及に譲渡か）
掛物：牧谿作「椿絵」、藤原定家《ていか》色紙（淡路嶋かよふ千鳥の歌）、三幅一対の絵、大燈国師《だいとうこくし》墨跡、織田信長自筆御書
花入：錫鉢、備前焼槌（形）花入、二重蕪花瓶

香炉：しほけ（塩笥）香炉
香木：太子香
盆：四方盆、紅盆、盆、ホリタル（彫物）盆、長盆、方盆
硯：硯（藤原定家旧蔵）
文台：文台（藤原定家旧蔵）
風炉：頬当風炉、風炉
釜：八角釜、筋釜、円釜、鍋なりの釜、平釜（織田信長より拝領）
釜を釣る道具：もつかう鈎、鎖、小鎖、自在
火箸：六角、鉄
炭斗：瓢（瓢箪）
蓋置：駅鈴（古代、官人が駅の官馬を用うるため、その証として携行した鈴）
茶入：式部少輔肩衝、大海
茶碗：天目茶碗「霜夜」、唐茶碗、高麗茶碗（特徴記載なしのもの、草部屋道設旧蔵、高キ高麗茶碗、平高麗茶碗、深き高麗茶碗、浅き高麗茶碗、井戸茶碗）、瀬戸天目
台（天目茶碗を載せる台）：黒色台、貝台
水指：真（塗）手桶、備前焼、芋頭水指、ゐ（餌）ふこ水指、手桶
建水：金色合子（馬場紹加旧蔵）、金、亀の蓋（奈良で入手）、珠光の亀の蓋、大亀の蓋

掛物は毎会掛けているわけではない。ただし、これは光秀ならではの考えというわけではない。掛物が必須となり、とりわけ墨跡が最重要視され始めるのは光秀が亡くなって以降の話である。堺の豪商茶人・武野紹鷗《たけのじょうおう》（一五〇二〜一五五五）が用いた最初とされる和歌の掛物では藤原定家の色紙がある。紹鷗の流れを汲んだ趣向であると考えること自体は間違いではないが、一つ断っておきたいのは紹鷗の流れを汲む誰もが和歌の掛物をこぞって入手し、掛けたというわけではない。和歌の素養がなければ俄仕込みの馬脚を露すだけであり、和歌の心得とセットで成り立つ話である。その点、光秀は和歌の教養でも申し分ない。文台もその嗜好の延長線上のコレクションといえる。

また、花入を飾った際、花を客前で活けたり、客に活けてもらうことを荒木村重《むらしげ》（?〜一五八六）などは行っているが、光秀は最初から花を活けて飾っている。

書院台子の茶を念頭におきつつの高麗茶碗への嗜好

点前座回りの茶道具に目を移すと、茶入は「肩衝」とのみ記されることが多いが、「式部少輔肩衝」と思われる。そして、「式部少輔肩衝」は別物と理解する向きもかつてはあったが、茶入「青木肩衝」であると思われる。さらに現存道具と照らし合わせると、青磁香炉「浦千鳥」が確認できない。宗及は茶席にあったもののほかに光秀所持の茶道具をたくさん見せてもらったとのみ記していることがあるので、その中に含まれていたのであろう。

特徴的なのは、高麗茶碗の多さである。高麗茶碗は侘びた趣向から好まれ始めていたものであるが、背の高いものや深いもの、浅いもの、平茶碗と複数所持していた。宗及も流行りのものの目を肥やす機会ということもあってか、特徴ごとに捉えている。そして、井戸茶碗（天正八年十二月二十一日会）は秀吉が好んだことで知られているが、茶会記上で見ると、光秀の披露は天正六年十月二十五日朝に古儀《こぎ》茶道藪内《やぶのうち》流の祖・藪内宗和《そうわ》に次いで古い。この井戸茶碗が現存する「坂本」であるのかは、拝見の記録などがないのでわからない。高麗茶碗と唐茶碗で見ると、侘び茶への嗜好がうかがえる。

一方で、侘び茶とは相容れない要素もある。真塗《しんぬり》手桶である。手桶の水指は、侘び茶の茶道具として始まった。茶の湯の本質は、美味しい水で点てた茶を飲むことに突き詰められるが、器は華美でなくとも、汲み立ての美味しい水であれば良いという考えで木地のままの手桶を用いたのである。そこから書院台子の茶にふさわしい形として漆塗りを施した真塗手桶が、武野紹鷗によって創意された。先に見た茶室で小間《こま》は、小座敷の存在は気になるが、三畳敷だけである。台子を毎回必ず用いたわけではないが、光秀は書院台子の茶が基本にあったのかもしれない。

光秀は茶席での食事は控えめを心掛けた

宗及は光秀の茶会において会席、食事を毎会記録しているわけではない。会席なしの会もあったかもしれない。会席は天正六年正月十一日朝と天正八年正月九日朝の会に記録があり、前者は復元もなされている（糸乗：二〇一九）。その内容を見ていこう。

天正六年（一五七八）正月十一日朝は、縁を赤味がかった栗色、中板を黒色に仕立てた栃折敷で本膳が出された。膳には素焼きの土器に鮒《ふな》の膾《なます》（野菜などがともにあったかは不明）、信長から拝領した生きた鶴を調理した汁、絵と彩色を施した桶に和え物（食材は不明）、筍ご飯、土筆とウドの和物をあしらえた鶉の焼鳥を盛った彩色のある大振りの土器があった。一汁四菜である。

そして、菓子として縁高に結んだ花を敷き、その上に薄皮饅頭といりかや（煎榧、カヤの実を煎った菓子）が用意された。当時の茶会における菓子は、果物などの水菓子や栗、昆布などの煮染めが主であった中で饅頭が見える。また今でいう主菓子と干菓子のような取り合わせも、どこか現代に近い感覚を思わせるものがある。

この日は後段があり、足の付いた木の膳に素麺と冷麺、薬味としてであろう「スリコ（山椒の粉）」、酒の肴に焼いた芹《せり》が用意され、土器に「ウケイリ」の吸物、印籠に味噌と山椒、むき栗、金柑がさらにあった。素麺は侘び茶草創期の会席で散見され、入浴（今のサウナにあたる岩風呂）と酒や茶のもてなしがセットになった「淋汗《りんかん》の茶の湯」でよく見る献立である。「ウケイリ」は山芋と豆腐に魚肉を入れてすりつぶし、塩を加えた受入豆腐があるが、ここでは判然としない。印籠は後段のお菓子と考えてよいであろう。

天正八年正月九日朝は、信長から贈られた生きた鶴を調理した吸物でお酒のやりとりが三度ほどまずあった。宗及が手土産に持参した鳥子皿は酒ではなく吸物の器に用いたと思われる。菓子も蓋のある小壺状のもので用意されたが、内容は不明である。そののち昼食も御成の間に用意され、本膳七種、二膳五種、三膳五種の献立であった。ほかに「引物（酒の肴）」が種々用意され、それぞれ器は金泥《きんでい》が施されていた。菜と汁含めての数であろうが、具体的な献立はわからない。今の料理屋のようにお品書きがあって、それを持ち帰るというわけではないので、宗及も覚えきれなかったかもしれない。

『山上宗二記』に、会席について「紹鷗の時代からこの十年前（天正年間初年）までは、（土器など食器にも）金銀を散りばめ、二の膳、三の膳まであった」とある。食器に関しては、宗二のいう世相に違わないが、光秀は過分な会席にならないようにしていると思われる。どちらかというと、侘び茶でいう一汁三菜に近いものである。

光秀のいたれりつくせりの食でのもてなし

会席ではないが、昼食の豪華さは印象に残る。茶会以外の機会に目を向けると、天正九年四月、宗及は光秀の所領へ旅行している。九日に丹波国亀山（京都府亀岡市）から現在の京都府北部を目指して出発し、翌十日朝は福知山城下（京都府福知山市）で明智秀満から「七五三ノ膳」の振る舞いを受けている。七・五・三の膳は、本膳料理での式正とされる一の膳に七種、二の膳五種、三の膳三種の菜が用意された膳と考えるべきかもしれないが、本膳料理はいまだ成立を見ていない時期であり、三度にわたってお酒のやり取り（三献）があり、初献七膳、二献五膳、三献三膳であった可能性もある。

翌十一日朝に宗及と光秀は福知山からさらに北へ向かい、途中、福寿院《ふくじゅいん》で振る舞いがあった。趣向は、その場で茶屋を設けて池も用意し、生きた鮎や鯉、鮒といった川魚を放すという次第である。福寿院といえば、天正十年に光秀が連歌会「愛宕百韻《あたごひゃくいん》」を催した愛宕神社（京都市右京区）にあった六宿坊の一つがあるが、行程から見て京都近郊に戻ったわけではない。酒呑童子《しゅてん》と鬼退治の昔話でしられる大江《おおえ》（福知山市大江町）にあった福寿院である。大江山を借景にしたのであろう。

また、秀吉は大坂城に組み立て式の茶屋を設けているが、光秀のそれは池を設けてなので、秀吉の山里でのものとは趣向を異にしていたと思われる。そして、茶屋を設けたとあるばかりで、宗及は茶が振る舞われた旨や茶道具を一切記していないことに注意したい。つまり、休憩と食事の場に茶屋が仮設されただけで茶会ではないということである。ちなみに、この日も七・五・三の膳であった。

十一日には丹後国に到着し、夜が明けて十二日朝、細川忠興から歓迎の席が設けられた。人数は光秀父子三人、細川幽斎父子三人、里村紹巴《さとむらじょうは》（一五二四〜一六〇二）、山上宗二、平野道是、そして宗及である。食事の内容は、本膳に七種、二膳五種、三膳五種、四膳三種、五膳三種、引物が二回の合計七膳が用意された。さらにお菓子が、結び花で装飾をし、十一種用意された。

この日は食事後、辰之刻（午前七時から九時）に天の橋立を見物し、船での遊覧や再び食事によるもてなしや連歌会があった。ここまで見ると、途中、即席で茶屋や池をあつらえて福寿院で一息ついたのは決して偶然ではなく、百人一首で知られる小式部内侍《こしきぶのないし》の和歌「大江山いくのの道の遠りればまだ文も見ず天の橋立」を踏まえたものとわかる。

具体的な献立はわからないが、光秀の食でのもてなしは、七五三の膳を前提としていたことが、この丹波旅行も踏まえると考えることができそうである。

信長とはもてなしの感覚にズレがあった

本章では、具体的な茶の湯像がわかるように天王寺屋宗及の茶会記を素材に、光秀の茶の湯を見てきた。光秀は書院台子の茶をベースに新進の高麗茶碗に心を寄せていた。会席は茶の湯であるという前提を忘れず、華美にならないように心掛けたといえる。紹鷗が生きた時代から一世代の間、侘び茶が大成へと向かう中の過渡期の茶人の姿としても今後考えられていってよいと思われる。

光秀は、京都の茶人と親密だったとはいえないが、例外的な存在として京都近郊、吉田神社（京都市左京区）の神主で公家であった吉田兼見《かねみ》（一五三五〜一六一〇）が挙げられる。兼見は、光秀とは盟友関係の細川家と縁戚関係（兼見の娘が細川家に嫁いでいる）でもあった。兼見の茶会の記録は簡素なことが多く、その中身があまり追えないことから本章では省略したが、日記『兼見卿記』からは細川家と共にその事実は明らかになる。

最後に、光秀の食でのもてなしについて触れたことから話を派生させると、信長のもてなしとして何度か復元もなされているものに天正十年五月、徳川家康をもてなした際の献立がある。実はその接待役は光秀であり、光秀が用意に関わっている。そして、光秀はその接待役を途中で解任されているのであるが、その解任の引き金に食材として用意した魚が傷んでいたこととする説（『武功夜話』）、献立が将軍を迎える御成のように豪華過ぎると立腹した説（『真書太閤記』）がある。

後者は信長のほかのもてなしの機会と比べればさほど出すぎたものとはいえないとする解釈もあるが（江後：二〇〇七）、光秀が宗及に振る舞ったもてなしを見ると、光秀からすれば至って普通の感覚が、実は周りから見れば華美であったという感覚のズレが根底にあったのかもしれない。

【主要参考文献】

糸乘踏霞「饗応料理を再現！　光秀の膳は当時の最先端だった！」（歴史REAL編集部編『明智光秀とは何者なのか？』洋泉社歴史新書y、二〇一九年）
江後迪子『信長のもてなし――中世食べもの百科』（吉川弘文館、二〇〇七年）
神津朝夫『山上宗二記入門――茶の湯秘伝書と茶人宗二』（角川学芸出版、二〇〇七年）
神津朝夫『千利休の「わび」とはなにか』（KADOKAWA、二〇一五年、初刊二〇〇五年）
竹本千鶴『織豊期の茶会と政治』（思文閣出版、二〇〇六年）
竹本千鶴『松井友閑』（吉川弘文館、二〇一八年）
竹本千鶴「茶人としての明智光秀」（『淡交』七四巻二号、二〇二〇年）
谷　晃「井戸茶碗　その研究の未来に向けて」（根津美術館学芸部編集『井戸茶碗　戦国武将が憧れたうつわ』根津美術館、二〇一三年）
野村美術館学芸部編『野村美術館名品図録（新版）』（財団法人野村文華財団、二〇〇八年）
八尾嘉男「織田信長政権期のいわゆる「利休七哲」の茶の湯　荒木村重と牧村兵部について」（『研究論集　歴史と文化』五号、二〇一九年）
依田　徹「館蔵品紹介　青磁香炉　銘　浦千鳥　龍泉窯」（『遠山記念館だより』五七号、二〇一九年）
依田　徹「明智光秀の茶道具」（『淡交』七四巻二号、二〇二〇年）

第十一章　明智光秀の連歌と教養

渡邊大門

光秀の教養

武将が好んだ文芸として、和歌・連歌がある。むろん光秀も例外ではなく、文芸に親しんだ。武将は武芸の修練だけに限らず、和歌や連歌に熱心だった。とりわけ連歌は一体感が必要な文芸だったので、家臣団統制の一環として活用されたといわれている。戦国時代は京都が戦火に晒され、多くの公家が地方に下向し、武将らに和歌・連歌の指導を行った。

光秀の教養については、これまで多くの書物で指摘されてきた。その好例は、本章で取り上げる『愛宕百韻《あたごひゃくいん》』にほかならないないだろう。光秀は本能寺の変の数日前、有名な「ときは今　天が下なる五月哉」という発句を詠み、直後に信長を討った。抽象的な内容だけに、古来から様々な解釈がなされ、その謎の多さが際立っている。

光秀が連歌会に参加した記録は多く、茶会を催した記録もある。武将としてそれなりの地位に上ると、連歌会や茶会に出席することが一種の嗜みであった。秀吉のような百姓の出身であっても、地位が上がるに連れて、茶や能楽に関心を寄せた。当時の武将は地方に本拠を置く者も、連歌師や和歌に通じた公家を招いていたほどである。

よほど優れた家集などを残しているとか、細川玄旨《げんし》（藤孝《ふじたか》・幽斎《ゆうさい》）のように古今伝授《こきんでんじゅ》をし得る立場にあれば別であるが、ことさら光秀を教養人として強調する必要はないと考える。その点だけは、最初に強調しておきたいと思う。

光秀と教養については、茶、和歌、連歌など多岐にわたるが、茶については第十章の八尾論文で取り上げられるので、ここでは連歌を中心にして取り上げることとしたい。

連歌とはどういう文芸か

そもそも連歌とは、どのような文芸なのだろうか。

連歌は中世に流行した文芸で、和歌から派生した詩歌の一形態である。短歌の上句と下句、つまり五・七・五の長句（発句）と七・七の短句（脇句）以下、数人で交互に詠み続ける。各句は独立しながらも前句との二句間に詩趣を構成し、一巻を通じてのテーマはないものの、全体の変化と調和を重んじた。そのために、全体を統制する式目、作法が定められている。

奈良・平安時代の発生期には長・短二句のみの唱和（短連歌）が多かったが、次第に長く連ねて詠む（長連歌）ようになった。鎌倉初期から五十、百、百二十句などと連ねるようになり、鎌倉後期には百句が基本型として固定した。これが百韻である。百韻を単位として千句、万句という形式があるほか、五十韻、歌仙（三十六句）等も行われた。

連歌が文学として確立したのは南北朝以後で、二条良基《よしもと》と救済《ぐさい》によって基礎が確立され、以後は室町時代に宗砌《そうぜい》、心敬《しんけい》、宗祇《そうぎ》、宗長《そうちょう》ら連歌師が誕生して最盛期を迎えた。南北朝時代には二条良基《よしもと》の式目書『連歌新式』（『応安新式』）、撰集『菟玖波集《つくば》』、『新撰菟玖波集』（宗祇ら）が成って連歌文学が確立し、室町時代には和歌をも凌ぐ全盛期を迎えた。連歌は作者たちが一座して共同で制作する座の文芸であり、句と句の付け方や場面の展開の面白さ（付合）を味わうことと共に、その場の社交的性格が人々を惹きつけたのである。

しかし、戦国時代から停滞、固定化の道を辿り、織豊期の里村紹巴《さとむらじょうは》あたりを最後にして次第に衰退した。江戸時代には文学史上の地位を俳諧に譲り、世襲制度の幕府御用連歌になったのである。

光秀と初めての連歌

光秀が連歌会に初めて参加したのは、永禄十一年（一五六八）十一月十五日に催された百韻（五・七・五の長句と七・七の短句を交互に連ねて百句に至る形式）興行である。連歌師の里村紹巴の一門である昌叱《しょうしつ》、心前《しんぜん》のほか、細川藤孝《ふじたか》ら十二名が参加して催された。紹巴が十二句、藤孝が十句を詠む中で、光秀はわずか六句しか詠んでいない。それは、光秀が信長の配下として日が浅く、また連歌の熟練度が相当レベルまで達していなかったからだという。

では、光秀はどこで連歌を学んだのだろうか。これまで、光秀は細川藤孝に仕えていた可能性が高いと指摘されてきた。明確に史料は残っていないが、藤孝から連歌の手ほどきを受けたものと推測される。もちろん、百韻興行に出席した連歌師の指導もあったかもしれない。右の連歌会に藤孝と光秀が同席していたのは、決して偶然のことではないだろう。

光秀と連歌にまつわる史料は乏しいが、元亀元年（一五七一）の比叡山焼き討ち後の逸話が面白い。光秀は近江坂本（滋賀県大津市）を信長から与えられ、築城工事を行っていた。その時、三甫なる人物が「浪間より　かさねおける　雲のみね」と発句を詠むと、光秀は続けて「いそ山つたへ　しげる杉村」と脇句を付けたという。

光秀の連歌熱が高まるのは、もう少しあとのことになる。光秀は判明するだけで、生涯で五十数回の連歌会を主宰あるいは参加したといわれている。記録に残らない身内だけ連歌会もあったと推測されるので、実際はもっと催されたのかもしれない。天正五年（一五七七）以降になると、光秀の連歌熱はいっそう高まることになる。

同年四月五日から七日の三日間にわたり、光秀は愛宕山（京都市右京区）で千句の賦何《ふなに》連歌を興行した。この連歌会には紹巴やその一門に加え、藤孝も参加していた。千句の興行は、百韻を十回繰り返すハードなものだった。ゆえに三日も日数がかかるのである。おまけに連歌は出席者の息が合うかが問題で、句と句の付け方や場面の展開によって、良くもなるし悪くもなる。相当な修練が必要だったに違いない。

以降、光秀はハードな千句の興行に力を入れていく。天正七年七月十八日、光秀は居城の丹波亀山城（京都府亀岡市）で千句の賦何連歌を興行した。やはり、紹巴やその一門が参加している。天正九年一月六日にも、光秀は居城の近江坂本城で連歌会を催しており、執心だった様子がうかがえる。

光秀は天正九年四月九日に紹巴を伴って、同月十二日に丹後宮津《みやづ》の細川忠興《ただおき》を訪ねて饗応を受けた。同日には船で九世戸《くせのと》を見学し、天橋立（以上、京都府宮津市）の文殊堂で振る舞いを受けた。その際、光秀は紹巴、藤孝らと連歌の会を催し、藤孝、紹巴のいずれかにより『源氏物語』の講読が行われ、光秀も側で聞いていた。戦国武将が『源氏物語』や『伊勢物語』の講義を聞くことは珍しくなかったので、光秀も以前から関心をもって勉強していたのかもしれない。

光秀と源氏物語

天正八年（一五八〇）に推測される、五月四日付けの光秀の書状がある（「竹内文平氏所蔵文書」）。宛先は、里村紹巴である。当時、光秀は毛利氏との戦争に出陣しており、書写山《しょしゃざん》（兵庫県姫路市）あたりまで出陣していた。書状には、摂津国の生田《いくた》（神戸市中央区）、須磨《すま》（神戸市須磨区）、築島（神戸市兵庫区）、明石《あかし》（兵庫県明石市）の地名が挙がっている。次に、それぞれの具体的な場所について、文学史的な観点から考えてみよう。

生田森は源平合戦の古戦場で、また順徳院などの歌人が和歌を詠んだ場所である。須磨の月見松は、歌人の在原行平《ありわらのゆきひら》（業平《なりひら》の兄）や『源氏物語』に登場する光源氏が月見をしたと伝えられていた。明石の人丸塚は、歌人・柿本人麻呂の神霊が祀られていたとされている。明石の岡部の里は『源氏物語』にちなんでおり、岡之屋形（岡部の館）は、明石を治めていた明石入道の娘で光源氏の恋人の明石の君が住んでいたとされている。おそらく光秀は、これらの旧跡などについて知っていたのだろう。

光秀は戦争に巻き込まれつつも、行く先々で「ほとゝきす　いくたひもりの　木間哉」「夏は今朝嶋かくれ行　なのミ哉」などと発句を口ずさんでいる。前者は生田の森のことを指しており、後者は明石から見える淡路島を詠んだものであろうか。いずれにしても、光秀が連歌に相当熱心だった様子がうかがえる。

このように見ると、光秀の文芸に関する知識は、それなりのものがあったと認めざるを得ない。それは連歌だけでなく、和歌や『源氏物語』などにも及んでいた。そうした素養がもともと光秀にあったものか、後天的に身についたものかは今後の検討課題である。

光秀の教養をめぐる評価

光秀の教養について、連歌を中心に見てきたが、どのようなことが言えるのだろうか。茶に関しては特筆すべき点は乏しいが、連歌の興行や参加はほかの武将と比較して、突出して多いと言える。また、光秀が連歌の会で藤孝と同席し、丹後に訪れた記録もあるので、その関係はかなり濃密だったと考えられる。

その点を考慮すれば、光秀の娘ガラシヤと藤孝の嫡男忠興が結婚したことは、偶然のこととは言えないだろう。光秀が過去に藤孝の配下にあったということは、右のいくつかの事実からも、あながち嘘とは言い難いと思える。

重要なことは、当時における連歌を通じた濃密な人間関係にあろう。里村紹巴が多くの武将と交流していたことは、周知の事実である。また、連歌師はたびたび地方に下向するなどし、当該地域の戦国大名の情報を持っていた。光秀が連歌師を通して、多くの情報を得ていたことは想像に難くなく、その可能性は非常に高い。

問題となるのは、光秀が教養人であるという所与の設定がなされていることである。この点について考えてみよう。光秀が連歌会に参加した記録は多く、茶会を催した記録もある。武将としてそれなりの地位に上ると、連歌会や茶会に出席することが一種の嗜みであった。秀吉のような百姓の出身であっても、地位が上がるに連れて、茶や能楽に関心を寄せた。武将として教養を身につけ、多少の文芸に通じることは、ある意味で当然のことだった。

地方に本拠を置く能登の畠山氏や越前の朝倉氏は、連歌師や和歌に通じた公家を招いていた。そのように考えてみると、優れた家集などを残したとか、細川玄旨（藤孝・幽斎）のように古今伝授を受けたのであれば別であるが、必要以上に光秀を教養人として評価する必要はないのではないか。史料の残り方の問題もあるが、光秀以上に和歌や連歌に親しんだ武将はいくらでもいる。
武将としての実力がなければ、信長から登用されることはない。教養や文芸は、人間関係を築くためのツールに過ぎないのである。

『愛宕百韻』とは何か

光秀が教養人として喧伝される要因となったのが、天正十年（一五八二）五月二十八日（諸説あり）に愛宕山威徳院《いとくいん》（京都市右京区）で興行された、有名な『愛宕百韻』である。前日の二十七日、光秀は居城のある亀山（京都府亀岡市）から愛宕山に仏詣をするため、一宿して参籠した。そして、神前に赴くと、太郎坊の御前で二・三度籤を引いたという（『信長公記』）。

この時、光秀は里村紹巴、里村昌叱、猪苗代兼如《いなわしろけんにょ》、里村心前、宥源《ゆうげん》、威徳院行祐《ぎょうゆう》らに交じって、有名な「ときは今　あめが下知る　五月哉」という発句を詠んだ。この発句は「とき＝土岐」と解釈され、土岐氏の支族である明智氏が「あめが下」つまり天下を獲ることを織り込んでいると解釈されてきた。本能寺の変が勃発したのは、六月二日のことなので、数日前に謀反決行の意思表示をしていたとされる。

このような解釈は、当時の人々も受け入れていたようである。豊臣秀吉の御伽衆大村由己《おおむらゆうこ》の手になる『惟任謀反記』（『惟任退治記』とも）には、光秀が五月二十八日に「ときは今　あめが下知る　五月哉」という発句を詠んだことを記したうえで、次のように感想を漏らしている。

今、これを思惟すれば、即ち、誠に謀反の先兆なり。何人か兼ねてこれを悟らんや。

これを現代語訳すれば、「今になって考えてみると、これ（光秀の発句）は誠に謀反の前触れであった。いったいどれだけの人が、このことを理解していたのだろうか」という感じになる。具体的に何が謀反の前触れなのか書いていないが、おそらく「あめが知る」を普通に「天下を獲る＝信長への謀反」と捉えたのだろう。

『愛宕百韻』の諸本

とはいえ、『愛宕百韻』については、実に謎が多い。そもそも『愛宕百韻』の原本は残っておらず、すべて写である。しかも、開催日は『信長公記』などによって、天正十年五月二十八日と考えられているが、『愛宕百韻』の写によっては日付が異なっている。この点をもう少し詳しく検討することにしよう。

大阪天満宮所蔵の『愛宕百韻』は、日付が天正十二年五月二十四日になっており、光秀の発句は「時は今　天下なる　五月かな」となっている。日付は四日も遡り、発句は「天下なる（あまがしたなる）」となっているので、意味が異なってくる。「天下なる」では、光秀が天下獲りを目論んだことを証明したことにはならないだろう。何よりも、なぜ天正十二年になっているのか謎である。

早稲田大学図書館伊地知鉄男文庫所蔵の『愛宕百韻』は、光秀の発句が「時は今　雨か下知る　五月かな」となっており、日付は大阪天満宮所蔵の『愛宕百韻』と同じく天正十二年五月二十四日である。発句が「天」でなく「雨」であれば、やはり光秀が天下獲りを目論んだことを証明したことにはならないだろう。

『愛宕百韻』の開催日は様々である。次に、すでに掲出した説も含めて時系列に列挙しておこう。

①松宇文庫所蔵『愛宕百韻』など―天正十年五月二十四日。
②富山市立図書館山田孝雄文庫所蔵『愛宕百韻』など―天正十年五月二十七日。
③大阪市立大学学術情報総合センター森文庫所蔵『愛宕百韻』など―天正十年五月二十八日。
④大阪天満宮所蔵『愛宕百韻』など―天正十二年五月二十四日。

④の天正十二年五月二十四日というのは、明らかな誤写だろう。したがって、候補としては、①から③までになる。ただ、問題なのは、『愛宕百韻』の開催日を記した史料は『信長公記』に限られていることだ。『信長公記』は二次史料とはいいながらも精度の高い史料であり、現状ではこれに代わる史料がない以上、天正十年五月二十八日が最有力と言わざるを得ない。

『愛宕百韻』の本文は、次の通りである。

ときは今　天が下しる　五月哉　　光秀
水上まさる　庭の夏山　　行祐
花落つる　池の流れを　せきとめて　　紹巴

常に問題になるのが、光秀の発句である。すでに取り上げたように、諸本によっては「時は今　天が下なる　五月かな」、「時は今　雨か下知る　五月かな」となっており、共に光秀の天下獲りの意思が読み取りづらい。

「ときは今　天が下しる　五月哉」であったとしても、それは光秀による天下獲りの意思表明ではなく、毛利氏を征伐して天下を治めるという考え方がある（田中：二〇〇〇）。また、廣木一人氏は、連歌師と武将の関係が文芸のみの範囲であると指摘する。そのうえで、紹巴が天正六年に羽柴（豊臣）秀吉の西国出陣の戦勝を祈願し、「羽柴千句」を張行したことを挙げ、あえて光秀が紹巴の前で謀反を吐露しないと考えるのが常識だと述べる（廣木：二〇〇二）。つまり、紹巴から謀反の情報が秀吉に流れることを危惧するのは当然なのだ。

光秀の発句にまつわる逸話

光秀の発句については、湯浅常山《じょうざん》の『常山紀談』（明和七年〈一七七〇〉頃成立）に有名な逸話が残っている。

本能寺の変後、秀吉は『愛宕百韻』に参加した紹巴を呼び出し、光秀の発句の意図について知っていたのではないかと詰問した。紹巴は慌てて、「光秀の発句は「天が下知る」ではなく、「天が下なる」だったはず」と弁解した。「天が下なる」ならば、単に五月雨が空の下に降っているだけの意味なので、光秀の天下獲りの意思には解せない。

ところが、秀吉は紹巴の説明に納得せず、『愛宕百韻』の懐紙《かいし》をわざわざ取り寄せて確認した。すると、懐紙には「天が下なる」でなく、「天が下知る」と書いてあった。驚いた紹巴は秀吉によく見てほしいと懇願し、自分が知らないところで、「天が下なる」の部分が「天が下知る」に訂正されたと主張した。秀吉は紹巴の説明に納得し、紹巴を許したというのである。

この話には、続きがある。実は、江村鶴松が「天が下知る」と書いたのだが、光秀が討たれたのち、紹巴が西坊と秘かに結託して、「天が下知る」の部分を削って、また同じ「天が下知る」と書いたというのである。つまり、もともと「天が下知る」と書いていたのだが、わざわざその部分を削ることによって、あたかも訂正したかのように見せかけたというのである。

『常山紀談』は、戦国の世を生きた武将の逸話集にすぎず、明確な根拠に基づいて書いたものではない。この逸話に関しても裏づけ史料があるわけではなく、史実か否かは不明である。ただ、「天が下なる」であれ、「天が下知る」であれ、連歌研究者が光秀の天下獲りの意思表明と考えていないのは、先述の通りである。

津田三郎氏による『愛宕百韻』の解釈

光秀が連歌に執心していたこと、『愛宕百韻』に謎が多いことはすでに触れた通りである。さらに光秀の発句に独自の解釈を施した津田三郎氏は、この発句に中国や日本の古典の知識がいかんなく発揮されているとし、光秀が朝廷の意向を受けた源氏（＝光秀。土岐氏は清和源氏）が平氏（＝信長）を討つことを表明したと指摘する（津田：二〇〇二）。

例えば、「時は今……」の箇所は、諸葛亮《しょかつりょう》（孔明《こうめい》）の『出師表《すいしのひょう》』（出陣に際して将軍が志を上表する文）の「今は……危急存亡の秋《とき》なり」を踏まえているという。また、『太平記』の元弘三年（一三三三）に土岐頼貞《ときよりさだ》が挙兵した記述を挙げ、「とき（時）」に「土岐」が掛詞《かけことば》（一つの言葉に二つの意味を持たせる技法）として重ねられていることは首肯できるという。ただし、後述する通り、光秀が土岐氏の流れを汲むという説には、明確な根拠がないので大いに疑問が残る。

さらに「天が下しる（知る、治る）」に「天下を治める」という語義を認めながらも、主語は「土岐」でなく「天皇」と主張する。理由は、「中世には天皇を指して、「治天の君」といった」からであるという（治天には天皇を含めず、上皇のみとする説もある）。

津田氏は天皇を「天が下しる（知る、治る）」の主語とする理由について、下句の「五月哉」を踏まえて、次の通り主張する。

①源頼政《よりまさ》が以仁王《もちひとおう》を奉じて挙兵したのは、五月である（『平家物語』）。

②足利高氏（尊氏）、新田義貞が挙兵して北条氏を滅ぼしたのは、五月である（『太平記』）。

古典に通じた光秀は、それらの流れを想起し、自身も源氏の末裔として「横暴」な平氏（織田信長）を討とうとしたという。それは、幕末に討幕を掲げた長州藩の人々が、楠木正成《まさしげ》の討幕活動になぞらえて「正成をする」と称したように、さしづめ光秀は「高氏した」ことになると解釈する。つまり、五月というタイミングは、先人に倣ったということになろう。こうして津田氏は、「五月哉」に重い意味があると考える。

一見すると説得力がありそうな説であるが、こじつけであると考えざるを得ない。光秀には連歌の素養があったし、『源氏物語』に親しんでいたことは明らかである。しかし、中国の古典はもとより、『平家物語』や『太平記』を細部にわたって覚えていたのかは、別途証明が必要であろう。ましてや、信長を討つという難題について、古典になぞらえて決意をしたというのも不可解な解釈である。謀反のタイミングは古典によるのではなく、政治情勢を見極めたうえで実行すべきことではないか。

受け入れがたい解釈

津田氏の解釈は、付句の「水上まさる　庭の夏山」にも及ぶ。付句の解釈は、『平家物語』の「橋合戦」を踏まえた句であるという。

先述した頼政は、平家方の上総介忠清と宇治川を挟んで戦いに及んだ。忠清は頼政の善戦に焦りつつも川を渡る際に、「いまは河をわたすべく候が、おりふし五月雨のころで、水まさッて候」と述べたという。現代語訳すれば、「今、川を渡ろうとしたのだが、おりふし五月雨の頃なので、川が増水している（ので渡河できない）」という意になろう。そして、上総介忠清の本姓は信長と同じ「藤原」で、

「上総介」も信長の官途だった。こうした類似点から、付句の「水上まさる　庭の夏山」を評価する。

三句目の紹巴の「花落つる　流れの末を　せき止めて」は、『源氏物語』の「花散里《はなちるさと》」が原型になっているという。

光源氏は、政敵の右大臣と娘によって官位を剝奪され、都から追放された。光源氏は失脚を予見して、愛人の花散里のもとへ別れを告げるために訪れる。それが五月雨の時だった。また、津田氏は右大臣が信長の官職だったことにも注目すべきという。光源氏の危機は王権の危機であり、それを今の朝廷の危機になぞらえたとする。そして、紹巴は朝廷から連歌会に送り込まれたと考える。

それは、同じく紹巴の「一筋白し　月の川水」という句でも裏づけられると指摘する。中国の伝説によると、月には桂の大樹があり、その根元から清流が湧いて川になるといわれ、王朝の和歌でも好まれたという。津田氏は「月の川水」こそが、光秀が渡河した「桂川」であることが決定的であると指摘する。つまり、紹巴は光秀に対し、桂川を渡って、京都攻めを促してるというのである。それは、紹巴が朝廷の使者として、光秀に信長討ちを促したということになろう。

しかし、連歌は場の文学である。連衆が心を合わせて、一つの作品を作らなくてはならない。その場で、一瞬のうちに古典の様々な場面が脳裏を駆けめぐり、そうした意思表明ができるのであろうか。極めて疑問である。

結論から言うと、この段階で光秀が信長討伐を意識していたかどうかは別として、わざわざそのようなことを連歌会で表明しないのではないか。先述した廣木氏の指摘の通りで、ごく常識的に考えればわかることである。いずれにしても、津田氏の解釈は思い込みによる部分や無理をして数々の古典から解釈を導き出している点が多々あり、にわかに賛同することはできない。光秀の発句に織り込まれた語句を古典に求めるならば、同じ語句を用いたものはたくさんあり、いくらでもこじつけることが可能だからである。

そして、根本的なことを言えば、津田氏が支持する「朝廷黒幕説」は、すでに成り立たないことが明らかとなっている（渡邊②：二〇一九年）。むしろ、津田氏は「朝廷黒幕説」を成り立たせるため、都合のいいように『愛宕百韻』を解釈したことにならないだろうか。

光秀は土岐氏の流れを汲むのか

『愛宕百韻』について、ユニークな解釈を示したのが明智憲三郎氏である。明智氏の主張の一つには、光秀の出自とされる土岐氏の再興がある。長らく、光秀は土岐明智氏の流れを汲むといわれてきたが、それは正しいのだろうか。

光秀の出自については、すでに拙著で取り上げた（渡邊①：二〇一九）。結論を言えば、光秀の先祖が土岐明智氏の流れを汲むことは立証できない。光秀に関する系図や編纂物は各種存在し、その出自についても各説ある。しかし、いずれも有力な手掛かりになるとは思えず、今後の検討を要する。以下、光秀が土岐明智氏の流れを汲むことが立証できないポイントをいくつか挙げておく。

①光秀を記載する系図は、いずれも父の名前が異なっていること。
②光秀の父が一次史料に登場したことがないこと。
③光秀の前半生は不詳であり、実際に美濃に本拠を置いたことが証明できないこと。
④各種の編纂物等においても、光秀の前半生や出自が異なって描かれていることが多く、いずれを信用してよいか判断がつかないこと。

右の点から、光秀が本当に土岐明智氏の系譜を引くのか疑問を呈した。実は、この時代において、よく出自がわからない人物は非常に多く、出自を偽っている例はそんなに珍しくない。福岡藩の黒田氏は近江の佐々木黒田氏の流れを汲むと自称しているが、実際には誤りである可能性が高いといわれている。

したがって、光秀が土岐明智氏の系譜を引くことについては、未だに確証を得ず、慎重にならざるを得ないのである。どうしても土岐氏の再興を主張するのであれば、光秀が土岐明智氏の系譜を引くことを証明する必要がある。

明智憲三郎氏の『愛宕百韻』の解釈

光秀の出自が土岐明智氏でないとするならば、明智氏が提示した天正十年五月の『愛宕百韻』の解釈にも疑問が生じよう。改めて『愛宕百韻』の冒頭の三句は、以下の通りである。

発句　ときは今　あめが下なる　五月かな　　光秀
脇句　水上まさる　庭の夏山　　行祐
第三　花落つる　池の流を　せきとめて　　紹巴

右の三句は、おおむね次ように解されている（島津：一九七九）。
発句　時は今、雨の下にいる五月だ。
脇句　折しも五月雨が降りしきり、川上から流れてくる水音が高く聞こえる夏の築山。
第三　花が散っている池の流れを堰き止めて。

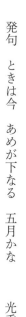

普通の解釈では、前の句を受けて連想しながら、風景の移ろいを詠んでいることがわかる。しかし、明智氏は土岐氏の歴史の理解を前提として、次のように読めるという（明智：二〇一三）。
発句　時は今、五月雨にたたかれているような苦境にある五月である（六月になれば、この苦境から脱したいという祈願）。
脇句　土岐氏の先祖（水上）よりも勢いの盛んな（夏山のような）光秀様（そうであるから祈願は叶うという激励）。
第三　美濃守護職を失った（花落つる）池田氏の系統（池の流れ）をせきとめて（明智氏が代わって土岐氏棟梁を引き継げばよいという激励）。

こう解釈したうえで、『愛宕百韻』が毛利氏討伐の出陣連歌であると同時に、土岐氏の栄枯盛衰を重ねたもので、土岐氏再興への激励でもあったという。本能寺の変における光秀の動機の一つとして、明智氏は土岐氏の再興を挙げている。つまり、『愛宕百韻』とは、光秀による信長討伐の意思表明であり、紹巴らはそれを激励したということになろう。

光秀の出自が土岐明智氏であるか否かを差し置いたとしても、この解釈には疑問が残る。そもそも連歌の読み方で、それぞれの句に暗号のようなメッセージを託すようなことがあったのだろうか。いずれの解釈とも、それぞれの語句に強引に自説の解釈を当てはめただけで、とても納得できるようなものではない。

加えて言うならば、紹巴らが光秀を激励することについて、何かメリットがあったのかということである。廣木氏が指摘するように、紹巴は光秀と昵懇であったに違いないが、秀吉らほかの武将とも連歌を通じて、親しく交流をしていた。連歌師は生活を支えるため、多くの武将と交わったが、それはあくまで連歌という文芸の場に限られた。ましてや、紹巴が秀吉らほかの武将に通報する可能性もあるのだから、光秀が不注意にも自らの謀反を予告することはないだろう（廣木：二〇〇二）。

連歌とは、一座した作者たちが共同で制作する座の文芸である。それは、句と句の付け方や場面の展開の面白さ（付合）を味わうことにあり、暗号のようなものを託して詠むものではない。そうなると、平凡ではあるかもしれないが、連歌師の専門家である島津氏の解釈に従うべきと考える。

『愛宕百韻』は本能寺の変と関係あるのか

『愛宕百韻』の光秀の発句の意味については、田中隆裕氏が明快に記している（田中：二〇〇〇）。次に、箇条書きにして掲出しておこう。

①光秀が愛宕山に参詣した理由は、愛宕山に祀られている勝軍《しょうぐん》地蔵菩薩に毛利征伐の無事遂行を祈願するためである。

②その翌日に行われたのが、戦勝祈願の一環の『愛宕百韻』である。

③当然、発句を詠むのは総大将の光秀であり、毛利を征伐すれば、天下が治まるという趣旨を詠まなくてはならない。

④「天が下知る」とは毛利征伐で天下を治める意であり、「ときは今」はこの一戦に賭けるという光秀の祈願成就の意気込みである。

史料の裏の裏を読み、新たな解釈を示した例は、『愛宕百韻』にもたくさんある。史料の読み方を追究することは大切だが、無理をして読んでも仕方がない。あくまでも虚心坦懐に丁寧に読むべきであろう。そこから導き出された読み方が平凡であっても、それが正しいのならば、良しとしなくてはならないと考える。

これまでの『愛宕百韻』の読み方は、光秀の謀反を勘繰るものが多かった。それは、本能寺の変の直後からうかがえる。

　現代になると、さらに『愛宕百韻』の読み方はテクニカルになり、複雑さを増していった。津田氏は「朝廷黒幕説」を裏づけるため、光秀の教養に着目した。そして、『愛宕百韻』は光秀や紹巴の古典知識をフル活用したもので、「信長を討ち、朝廷を守れ」との紹巴のメッセージと解した。しかし、それが成り立たないのは、すでに述べた通りである。

　明智氏は、光秀が土岐明智氏の流れを汲むことを前提とし、『愛宕百韻』を土岐明智氏再興のメッセージと解した。しかし、その解釈はあまりに大胆すぎるばかりでなく、こじつけも甚だしいと言わざるを得ない。

　連歌研究においても、さらに『愛宕百韻』の研究が進められているが、やはり本章で示した解釈が妥当であると考える。

　結局、『愛宕百韻』の解釈をめぐっては、まず自説ありきで話が進められ、そこに向かって発句などが解釈される。歴史研究では、最もまずいパターンである。いずれにしても『愛宕百韻』の解釈は、まず自説から切り離し、改めて虚心坦懐に読解を進める必要があろう。


【主要参考文献】

明智憲三郎『本能寺の変　431年目の真実』（文芸社文庫、二〇一三年）
小高敏郎『ある連歌師の生涯　里村紹巴の知られざる生活』（至文堂、一九六七年）

桐野作人「〝文化人〟としての光秀」（『歴史読本』編集部編『ここまでわかった！　明智光秀の謎』新人物文庫、二〇一四年）
島津忠夫校注『新潮日本古典集成　連歌集（第三三回）』（新潮社、一九七九年）
田中隆裕「愛宕百韻は本当に「光秀の暗号」か？　——連歌に透ける光秀の腹のうち」（『歴史読本』四五巻一二号、二〇〇〇年）
津田　勇「〔コラム〕『愛宕百韻』を読む——本能寺の変をめぐって」（安部龍太郎ほか編『真説 本能寺の変』集英社、二〇〇二年）
廣木一人「連歌の方法——「愛宕百韻」を手がかりに」（同『連歌の心と会席』風間書房、二〇〇二年）
綿抜豊昭『戦国武将と連歌師——乱世のインテリジェンス』（平凡社新書、二〇一四年）
渡邊大門①『明智光秀と本能寺の変』（ちくま新書、二〇一九年）
渡邊大門②『本能寺の変に謎はあるのか？　史料から読み解く、光秀・謀反の真相』（晶文社、二〇一九年）

第十二章　本能寺の変の諸説を語る

千葉篤志

本能寺の変——日本で一番有名なクーデター

本能寺の変とは、天正十年（一五八二）六月二日未明、織田信長の家臣である明智光秀が、京都の本能寺に宿泊中であった信長を襲撃して自害に追い込んだ事件である。この事件によって、織田政権は崩壊し、その後の山崎合戦で羽柴秀吉が光秀に勝利し、その勢力を台頭させ、やがて日本全国の政治的な統一を達成したことから、豊臣政権の成立の契機となる重要な事件とも言える。

本能寺の変に対する関心は、研究者だけでなく世間一般にもおいても高い。それは、時代の革命児である信長が、天下統一目前で家臣の謀反によって死去するという衝撃的な最期を遂げるからであろう。小説や映画、TVドラマ、コンピューターゲームでも、圧倒的な数の明智軍に敵わないことを悟った信長が、本能寺に火を付け、炎の中で自害するシーンは、信長の潔い最期として劇的に描かれることが多いであろう。

このように、事件の歴史的な意義やフィクションによる演出などもあって、本能寺の変は日本で一番有名なクーデターと言えるのではないだろうか。ちなみに、十九世紀後半の絵師歌川芳盛《よしもり》が慶応四年（一八六八）五月の上野戦争を描いた錦絵『本能寺合戦之図』は、上野の寛永寺に立て籠った彰義隊とそれを攻撃する新政府軍の様子を、光秀が本能寺に宿泊していた信長を襲撃する本能寺の変から名前を借りて錦絵の題名としている。

しかし、そのような有名な事件で、大方の事実は当時の史料で確認できるものの、まだ詳細不明な部分が残っている。それは、変を起こした光秀が、事件後の六月十三日に山崎合戦で敗北し、逃亡中に落武者狩りに遭遇して死去したため、光秀の政権が非常に短期間で終結してしまったことが原因であろう。後述するように、二〇〇〇年代から二〇一〇年代に本能寺の変に関する新たな史料が発見され、変前後の事実がわずかながら判明しつつあり、これからも新出史料の発見を期待しつつも、本章では、本書刊行時点における本能寺の変に関する諸説を概観していきたい。

天正十年の信長と光秀

まず最初に、本能寺の変が起きる直前の天正十年正月から六月二日までの信長と光秀の主な動向を確認していく。正月一日、信長は安土（滋賀県近江八幡市）で一族や家臣団と年始の挨拶を交わし、光秀も正月六日に安土へ参上した（『信長公記』、『蓮成院《れんじょういん》記録』）。正月二十日、吉田兼和《かねかず》（兼見《かねみ》。吉田神道宗家当主。京都の吉田神社の神主）が坂本城（滋賀県大津市）にいた光秀を訪問した（『兼見卿記』）。

二月一日、信濃国木曾谷（長野県木曽郡一帯）の領主木曾義昌《よしまさ》が武田勝頼《かつより》から離反して、信長に服属した（『信長公記』）。これを契機として、信長は武田領国への侵攻を命じ、駿河方面から徳川家康、飛驒方面から金森長近《かなもりながちか》、信濃国木曽・伊那方面から織田信忠《のぶただ》が侵攻を開始し（『信長公記』など）、織田軍の武田領国侵攻の情報を摑んだ小田原北条氏も、伊豆・駿河東部方面の武田領へ侵攻した。二月九日、光秀をはじめとする畿内の諸将にも、信長から信濃出陣の用意が命じられた（『信長公記』）。

三月二日、信忠が伊那郡の高遠城《たかとお》（長野県伊那市）を攻略し、翌三日には上諏訪（長野県諏訪市）まで軍勢を進めた（『信長公記』）。三月四日、光秀は軍勢を率いて坂本城を出発し、翌五日に信長と共に安土から信濃へ向かって出陣した（『兼見卿記』、『信長公記』）。一方、織田軍の侵攻に抵抗しきれなくなった武田勝頼は、妻子や側近を連れて甲府（山梨県甲府市）を脱出したものの、頼みとした小山田《おやまだ》信茂《のぶしげ》などの離反もあり、三月十一日に甲斐国田野《たの》（山梨県甲州市）で自害した。こうして大名家としての甲斐武田氏を滅亡させた信長は、三月二十九日に配下の諸将に武田領国の知行割りを行った（『当代記』、『信長公記』）。

四月七日頃から武田攻めに従軍した諸将が安土へ帰還し（『多聞院日記』、『信長公記』）、信長も四月十日に甲府を出発して、四月二十一日に安土へ帰還した（『細川家記』、『信長公記』）。四月二十四日、信長から一色義定《いっしきよしさだ》（五郎）と長岡藤孝《ふじたか》（細川藤孝）に中国地方出陣の準備が命じられ、その命令の伝達役として光秀の名前が確認できることから（「細川家文書」）、光秀も同時期に近江へ帰還していたかもしれない。

四月二十五日、武家伝奏《ぶけてんそう》の勧修寺晴豊《かじゅうじはれとよ》が京都の村井貞勝《さだかつ》（織田氏家臣）の屋敷を訪問し、信長を関白か太政大臣か征夷大将軍に推薦して任官させる話し合いが行われた（三職推任）。五月三日、推任を伝える勅使として、正親町《おおぎまち》天皇からは上﨟局《じょうろうのつぼね》（佐五局）、皇太子の誠仁《さねひと》親王から「大御乳の人」が派遣され、晴豊も両人に同行して、翌四日に勅使一行は安土へ到着した。当初、信長は勅使との面会を避けていたが、五月六日に勅使と面会した。しかし、信長は明確な回答をせず、同日中に勅使一行は京都へ帰還した（以上は『日々記』）。

五月七日、信長は織田信孝《のぶたか》（信長の三男）に四国平定に関する指示を与えた（「寺尾菊子氏所蔵文書」）。五月十四日、光秀は信長から安土を訪問する徳川家康の接待役を命じられ、翌十五日から十七日まで光秀は接待役を務めた（『兼見卿記』、『信長公記』）。五月十七日、信長は備中方面に出陣している羽柴秀吉の軍勢に合流するために、光秀・長岡忠興《ただおき》（細川忠興。藤孝の嫡男）・池田恒興《つねおき》・塩河吉大夫・高山右近《うこん》・中川清秀《きよひで》に先陣として出陣するよう命じ、光秀は安土から坂本（滋賀県大津市）へ帰還した（『信長公記』）。

本能寺の変の勃発

五月二十六日、光秀は坂本を出発して丹波国亀山（京都府亀岡市）に移動し、翌二十七日に亀山から愛宕山《あたごやま》へ移動して一宿参籠し、山内の太郎坊で二、三回籤《くじ》を引いた。翌二十八日、同じく山内の西坊で連歌師の里村紹巴《さとむらじょうは》らと連歌会を開催し、この時に有名な「時は今、あめが下知る五月哉」という句を詠んだ。そして、同日中に亀山へ帰還した。五月二十九日、信長はわずかな小姓衆を率いて安土から上洛し、四条西洞院《にしのとういん》にあった本能寺（京都市中京区）に宿泊した（以上は『兼見卿記』、『信長公記』）。

六月一日夜、光秀は亀山で明智秀満《ひでみつ》・明智次右衛門・藤田伝五・斎藤利三《としみつ》（この四人に溝尾庄兵衛《みぞおしょうべえ》、妻木主計頭《つまきかずえのかみ》、四王天《しおうてん》但馬守、並河掃部助《なみかわかもんのすけ》などを加える史料もある）と談合して信長を討つことを決め、その夜の内に亀山から軍勢の進路を変更して老ノ坂を越えて、洛中へ入った（『信長公記』）。なお、この軍勢の中にいた本城惣右衛門という武士は、京都へ進軍する理由がわからず、最初は信長ではなく家康を討つと思ったと後年になって語っている（「本城惣右衛門覚書」）。

六月二日未明、明智軍が一万人余りの軍勢で本能寺を包囲して、四方から乱入した。信長と小姓衆は、最初は下々の者の喧嘩かと思ったが、鬨《とき》の声を上げて御殿に鉄砲を打ちかけるのを聞き、これは謀反だと判断した。森蘭丸《らんまる》に敵が光秀だと伝えられた信長は「是非もなし」といい、五十人ばかりの手勢で防戦した。しかし、圧倒的な兵力差には勝てず、信長は側に仕えていた女性たちを逃がし、御殿に火を付けて自害した（『信長公記』）。

信長が明智軍に襲撃されたのを聞いた信忠は、宿泊していた押小路室町《おしこうじむろまち》の妙覚寺《みょうかくじ》（京都市上京区）から信長の救援に向かおうとしたが、村井貞勝父子に本能寺はすでに焼け落ちて救援は間に合わないので、勘解由《かげゆ》小路室町（京都市上京区）の二条御所に籠城するよう進言されたので、五百人の手勢で二条御所へ入り、そこにいた誠仁親王と若宮（のちの和仁《かずひと》親王。即位後に後陽成《ごようぜい》天皇）を禁裏へ避難させて籠城した。籠城側では信忠に脱出を進言する者もいたが、信忠は籠城を決めた。

間もなく明智軍が二条御所を攻撃し、信忠の手勢は必死に防戦したが、明智軍が付近の近衛《このえ》邸からも攻撃を開始したため、劣勢となった信忠は遂に御所に火を付けて自害した（『信長公記』）。こうして、本能寺の変は明智軍の勝利で終結した。

本能寺の変の原因

本能寺の変に関する諸説の中で、最も関心の高いものは、なぜ光秀が信長に謀反を起こしたのかということであろう。これは、本能寺の変が織田政権の崩壊と羽柴秀吉の台頭に直接関係する事件であり、また、本書の刊行時点においても、光秀の謀反の契機を直接的に示す史料が確認されていないからであろう。そのことから、専門的な研究だけではなく、小説やTV番組などでも「歴史ミステリー」として取り上げられることが多い。

そのことから、変の原因については、信長や光秀に関連する諸書で様々な説が挙げられているため、紙幅の都合上、ここですべてを網羅することは不可能である。そのため、変の原因について特に集中的に検討している高柳光寿氏と谷口克広氏の研究成果に依拠して、主な諸説を確認していく。

①怨恨説

・家康が安土にいる信長を訪問した際に、光秀が饗応役を務めていたが、信長から西国への出陣を命じられて饗応役を取り上げられた（『太閤記』、『川角太閤記』など）。
・光秀が稲葉一鉄と口論になり、仲裁に入った信長が一鉄の主張が正しいと裁定した。それを聞いた光秀が不満を示したところ、信長が光秀に暴力を振るった（『祖父物語』、『川角太閤記』、『続武者物語』など）。あるいは天正十年の武田攻めの時に諏訪の法華寺で、光秀が「我々も骨を折った甲斐があった」と言ったら、その言葉に腹を立てた信長が光秀を折檻した（『祖父物語』）。
・酒宴中に酒を飲まなかった光秀に対して、信長が怒って刀を抜き、そのあとで光秀の頭を叩いた（『続武者物語』など）、あるいは酒宴中に小用で席を立った光秀に、信長が槍を突き立てて詰問した（『義残後覚』、『続武者物語』、『柏崎物語』など）。
・信長の小姓である森蘭丸が、もとは父の可成《よしなり》が支配し、現在は光秀が支配している近江国志賀郡の領有を希望し、信長が三年後にそれを約束した（『改正三河後風土記』）。
・光秀が丹波国八上城《やかみ》（兵庫県丹波篠山市）を攻めた時に、光秀の母親を人質として八上城を開城させたが、信長が降伏してきた八上城主の波多野秀治《はたのひではる》とその一党を処刑してしまったために、光秀の母親が城内で処刑されたことを恨んでいた（『総見記』）。
・光秀の妻が美人だと知った信長が、その妻を出仕させたところ、長廊下を歩いていた妻が後ろから抱きついてきた信長を扇子で打ち、それ以降、光秀は信長からたびたび恥をかかされた（『落穂雑談一言集』）

②野望説（早期計画説・陰謀露見説）

・光秀は天正十年の二月から武田勝頼と内通して信長を打倒することを計画していたが、勝頼側が信長の謀略だとして取り合わなかった（『甲陽軍鑑』、『林鐘談』）。

・天正十年の武田攻めの時に信長に降った穴山信君《あなやまのぶただ》から、光秀が勝頼と内通していたことを暴露されるのを恐れた（『細川家記』）。

・光秀の謀反は突然その時に思い付いたものではなく、以前から考えていたことで、それが発覚しそうになったので謀反を起こした（『惟任謀反記』、『秀吉事記』、『豊鑑』など）

・光秀が槙島《まきしま》（京都府宇治市）にいた時、井戸良弘《いどよしひろ》（若狭守）に「自分の願望が叶ったら、小国を一つ与える」と言い、そのあとで光秀が謀反を起こした（『白石紳書』）。

・光秀は元から謀反人で、丹波国山国《やまぐに》（京都市右京区）に城を築いた時に、そこを周山《しゅうざん》と呼んだ。これは、中国古典からの引用で、自分を周の武王《ぶおう》に見立てて、信長を殷《いん》の紂王《ちゅうおう》に見立てたからである（『老人雑話』。紂王は殷王朝末期の暴君で、武王は紂王を討って周王朝を建国した）。

・愛宕山西ノ坊で開催された連歌会（愛宕百韻）で、光秀の発句「時は今あめが下しる五月哉」の意味（時＝土岐氏、あめが下＝天下、土岐氏が天下を取るという意味）を推量した連歌師の里村紹巴が、すぐに句をつけ、その後の会話で光秀が本能寺の堀の深さを聞いた（『林鐘談』。愛宕百韻については『信長公記』にもある）。

③政策上の対立説

・信長が光秀の領地である近江国坂本と丹波一国を召し上げて、まだ織田領になっていない出雲国・石見国を与える領地替えを行うことに不満だった（『明智軍記』）。

・信長は四国へ進出するにあたって、最初は土佐の長宗我部《ちょうそかべ》元親《もとちか》に実力による四国の領有化を認め、光秀を長宗我部氏との取次役として活動させていた。しかし、阿波を本拠地とする三好康長《やすなが》をはじめとする三好氏勢力が信長の傘下に入ると、信長は元親に土佐と阿波南半国の領有を認めるが、讃岐と伊予の長宗我部氏領を召し上げると通達した。これに対して元親が不満を示し、取次役であった光秀は信長と元親の板挟み状態になった（『元親記』）。

・正親町天皇に対する譲位強要や平姓の信長の将軍任官計画など信長の度重なる横暴を阻止しようとした。

・信長の自己神格化（信長の誕生日に信長を参詣するように強要したことなど）を阻止しようとした。

④精神的理由説

・信長の性格（短気、気まぐれ、傲慢、残忍、冷酷）と光秀の性格（教養人、常識家、小心、神経質）が合わなかった（性格不一致説）。

・変の直前に愛宕山に参詣して勝軍地蔵に戦勝祈願したあとに籤《くじ》を三回引いたこと、四国政策におけるプレッシャー（信長と元親の板挟み状態、三好氏の取次役にライバルである秀吉が任命されたこと）などから、ノイローゼ状態だった（精神的疾患説）。

⑤黒幕説

①〜④までは、いわば光秀単独犯説と言えるように、変の原因を光秀個人に求めるものであった。これは、江戸時代の史書や軍記物などで、信長が理不尽な暴君として描かれ、この評価が江戸時代以降も続いていたことが関係しているだろう。

しかし、一九九〇年代に入ると、一九九二年のNHK大河ドラマ『信長 KING OF ZIPANGU』が放送されたこともあって、信長に対する世間的な関心が高まってきた。その中で、変の原因についても、光秀単独ではなく、光秀を操っていた黒幕が存在したのではないかという説が浮上してきた。

黒幕として挙げられた人物（または勢力）とその根拠について、以下に簡潔に述べる。

・羽柴秀吉→出陣中の備中国から京都へ戻る時間が速すぎる。本能寺の変が起きて最も利益を得た。
・徳川家康→天正七年（一五七九）に長男の信康《のぶやす》を謀反容疑によって自害させられたことを恨んでいた。
・足利義昭→光秀は元直臣であり、室町幕府の再興を考え、事前に連絡を取り合っていた。
・朝廷→正親町天皇に対する譲位の強要、三職推任問題、京暦への意見など、信長が朝廷の権威をたびたび蔑《ないがし》ろにするので抹殺しようとした。
・イエズス会→かねてから日本征服を考えており、その過程で信長の存在が邪魔になった。
・毛利輝元→信長の中国地方進出を阻止するために、足利義昭を擁して光秀に謀反を働きかけた。
・上杉景勝→変が起きる六月二日以前に光秀から謀反の情報を知らされていた。
・本願寺教如《きょうにょ》→天正八年の石山本願寺降伏以後、教如が諸国秘回を行ったのは、反信長の姿勢を示すものであった。

・千宗易《そうえき》（利休）→信長が南蛮交易の利益を独占しようとした。
・森蘭丸→信長の寵愛を独占しようとした。
・このほかにも、光秀・秀吉・家康の共犯説、最近のＳＮＳの発達によるものなのか、宇宙人説という著しく根拠不明な説も見られる。

①〜⑤までの説は、江戸時代の史書や軍記物、本能寺の変前後の史料からの推測、歴史学以外の視点による検証など、いずれも状況証拠による説にすぎないため、確証が持てるものではない。後述するが、近年の石谷《いしがい》家文書の発見などで、変前後の状況を示す当時の史料が確認され、より詳細な事実が判明しつつあるものの、変の原因を直接的に示しているとは言い難く、現時点では、変は光秀が何らかの理由で単独で行ったと言わざるをえない。

しかし、諸説の正否はともかく、原因を直接示す史料が確認できていないにもかかわらず、原因だけをめぐって多くの諸説が挙げられること自体が、本能寺の変＝織田政権の崩壊＝革命児信長の死去と捉えられていると言える。言い換えれば、「旧体制を打ち破って新時代を築いたカリスマ的な政治家」としての信長像が広く世間一般に流布している証拠とも言えるであろう。

考古学・地理学から見た本能寺の変

信長が死去した場所である本能寺は、法華宗（日蓮宗）本門流の本山で、元亀元年（一五七〇）十二月に信長の京都における定宿となった寺院である。しかし、それ以降の信長は妙覚寺に宿泊することが多く、天正八年以降に再び信長の宿所として定着した。変のあとで寺僧側から還住を求められたため、織田信孝は本能寺に寺地を返還し、羽柴秀吉は軍勢による陣取りの禁止と寺僧の還住を指示した。

こうして本能寺は、信長の墓所として少なくとも天正十年十一月から再建工事が開始され、天正十七年（一五八九）に本堂が完成するが、天正十九年（一五九一）に秀吉の命令によって現在地（京都市中京区）に移転した。二〇〇〇年代以降、信長が死去した旧本能寺の発掘調査がたびたび行われた結果、旧本能寺の痕跡がいくつか確認された。

まず、蛸薬師《たこやくし》通（四条坊門小路）と西洞院通の交差点の北西部と蛸薬師通の南側にある本能小学校の跡地から、東西に延びる堀跡が発見された。特に、本能小学校の跡地から発見された遺構は、幅約四メートル、深さ約一・三メートルで、これが旧本能寺の南にあった堀で、「本城惣右衛門覚書」に記されている「南堀」を指していることが確認された。

次に、天正十七年に旧本能寺は現在地に移転し、移転後の跡地に南北に延びる道路（小川通）が造られたため、旧本能寺の跡地は東西に分断されるが、その西側の土地から礎石を据えた柱穴の根石部分、異体字の「能」の字が刻まれた軒丸瓦《のきまるがわら》、焼けて赤く変色した平瓦と丸瓦、焼けた壁土と炭、本能寺の変で被災した可能性がある絵画の軸端が発見された。このうち、柱穴の根石部分や「能」の字が刻まれた軒丸瓦は本能寺の建物の一部で、焼けた瓦や壁土などは火事の痕跡で、変が起きた時期に近いものであることが確認された。
小川通に分断された東側の土地では、「能」の字が刻まれた文字瓦・下棟や門などに使用された可能性がある鬼瓦・北から延びてきてL字に西へ折れ曲がる堀・長さ二メートル以上で高さ〇・八メートル以上の石垣が発見された。また、ここから北にある六角通と西洞院通の交差点の西南部では、井戸や軒瓦が発見された。特に、東側の土地で発見された堀と石垣は、旧本能寺の内部を区画する堀の一部と確認された。

旧本能寺の敷地は、六角通から南、四条坊門通から北、西洞院通から西、油小路通から東の一町四方（一町は約一二〇メートル）であったことが、永禄十一年（一五六八）九月四日付けの足利義昭奉行人奉書などで確認されている。

それと発掘成果を合わせて考えると、旧本能寺は、城砦のような構造を持っていて、小川通の西側で発見された建物の一部は、文献史料で本能寺の信長の宿所として頻出する「御殿」や「御屋敷」のことを指している可能性があると指摘された。そして、信長はこの専用の宿泊施設で明智軍を迎え撃ったために、大軍の明智軍に包囲されて本能寺から脱出できなかったのではないかと推測されている。

一方、六月一日夜に亀山を出発した明智軍は、老ノ坂を越えて洛中に侵攻したと『信長公記』などに書かれている。しかし足利健亮氏によれば、一万人余りの大軍である明智軍を、迅速かつ秘密裏に洛中へ侵攻させることを考えると、明智軍の進軍経路は、当時丹波と京都を結ぶ丹波街道の主要ルートにあたる峠道の老ノ坂ではなく、丹波街道の隠れ道で、狭く険しい尾根道であった唐櫃《からと》越（のちに明智越という通称で呼ばれる）を通って侵攻した可能性があるとのことである。また、信長のいる本能寺は、信忠が最初にいた妙覚寺とは、直線距離で約七〇〇メートル、のちに信忠が籠城した二条御所とは約一・七キロメートル離れていた。

以上のような考古学的・地理学的な見地から推測すると、変において明智軍が迅速かつ秘密裏に大軍を洛中に侵入させ、約二キロメートル圏内の本能寺と二条御所を包囲したため、信長と信忠が京都から脱出できなかったのではないだろうか。

石谷家文書の発見①

平成二十五年（二〇一三）九月、岡山県にある林原美術館で室町幕府の奉公衆（室町将軍の側近グループの一つ）であった石谷氏に伝来する四十七点の中世文書が発見された。その後の調査結果により、四十七点のうち、明智光秀に関するものが二点確認された。二点とも年号の記載はないが、書状の内容と関連する政治状況により、天正十年（一五八二）と比定されている。

石谷氏の中で光秀の動向と関係がある人物は、石谷光政《みつまさ》と頼辰《よりとき》の二人である。光政の後継者である頼辰は光秀の重臣斎藤利三の実兄で、光政の娘は長宗我部元親に嫁ぎ、元親の長男信親《のぶちか》の実母であった。そして、頼辰の娘は従兄弟にあたる信親に嫁いだ。斎藤氏・石谷氏・長宗我部氏が血縁関係を結んだ時期は不明であるが、光秀が織田氏と長宗我部氏の取次役となった背景には、石谷氏を介した血縁関係があったことは確かであろう。

これを前提として、発見された文書を確認すると、一つは、差出人が斎藤利三、宛先が空然《くうねん》で、日付が正月十一日付けの書状である。空然は石谷光政の法名であるため、少なくとも天正十年正月十一日時点で光政は出家して、頼辰が後継者となっていたことがわかる。

書状の内容は、元親の要請によって信長の朱印状が出され、そのために頼辰と仁首座が空然の所に下向するので、朱印状の通りに始末をつけるように万事にわたって空然が意見すべきこと、空然に湯治を行って養生すべきことを述べ、利三のほうは諸事が取り乱れている状況なので、詳細は頼辰が説明することを、利三が空然に伝えたものである。なお追伸で、朱印状の内容は元親のためでもあり、光秀も元親を粗略に扱うことはしないので、粛々と朱印状の内容通りに事にあたるようにとも利三が述べている。

書状にある信長の朱印状は現時点で発見されていないが、『元親記』の記述にあり、先述の政策上の対立説でも触れた、讃岐・伊予を召し上げて、土佐一国と阿波の南半分を長宗我部氏領にすることを指していると考えられる。そうなると、正月十一日付けの利三書状は『元親記』の記述を裏づける史料として、光秀が変の直前まで織田氏の四国政策に関わっていたことを示す史料と位置づけられる。

石谷家文書の発見②

もう一つの発見された文書は、差出人が長宗我部元親、宛先が斎藤利三で、日付が五月二十一日の書状である。書状の本文は最初に文章があり、そのあとに箇条書きが五つあって、本文の前に追伸がある。二条目の「御朱印」の部分から、正月十一日付けの利三書状と関連する史料と考えられる。

書状の内容は、まず最初に、元親が利三の長宗我部氏の処遇に対する懇切丁寧な気遣いに礼を述べたあと、一条目では、今回の元親の要請に関して、進物など何かと遅れていることについて心配しており、今度の秋頃にこちらの要請を再度申し上げるつもりであるが、この上は長宗我部氏側の要請も叶わない可能性も覚悟していると述べている。

二条目では、信長の朱印状に応じるべく、長宗我部氏側が占領した阿波国内の一宮《いちのみや》城・夷山《えびすやま》城（以上、徳島市）・畑山《はたやま》城・牛岐《うしき》城（以上、徳島県阿南市）・仁宇《にう》城（徳島県那賀町）の南方から撤退した。この様子を信長に披露するよう元親が要請したところ、頼辰から披露が難しいと伝えられた。元親はそれを残念に思い、合わせて長宗我部氏側が信長に対して悪意を持っているわけではないことを利三に伝えている。

三条目では、信長の命令に対しては特に異議はないが、海部《かいふ》城（徳島県海陽町）と大西《おおにし》城（徳島県三好市）だけは長宗我部氏の領有を認めてほしいと述べている。その理由は、阿波国と讃岐国を占領しようとしているわけではなく、この二城は長宗我部氏の本国である土佐国の入口にあたるからと主張している。

四条目では、利三が武田攻めから帰還したことを祝い、五条目では何事も頼辰と相談することが重要であると述べ、追伸では頼辰へ元親の考えを残さず伝えたので、新たに内々の書状を出すことはないが、長宗我部氏側の心底を察してほしいことを述べている。

この書状が出される前の五月七日、信長は信孝に四国平定に関して、讃岐国を信孝に、阿波国を長宗我部氏と敵対する三好康長に、残りは信長が淡路に出陣した時に指示することを命じた。五月十一日には、信孝が四国へ渡海する船の準備をしている（『信長公記』）。

五月二十一日付けの元親書状は、信長の四国出兵が進行する中で、長宗我部氏側の要請に対する織田氏側の回答が遅れている（あるいは充分なものではない）状況に、元親が必死に訴えている様子がわかる史料で、その訴えの受け手が、光秀の関係者である石谷頼辰と斎藤利三であった。

以上のことから、この二点の文書は、変の直前の信長の四国政策と光秀陣営の動向がわかる重要な史料と言える。ただし、この二点をもって、本能寺の変の原因を四国政策における信長と光秀の対立と決めつけるのは早計であろう。

また、変後に元親が本願寺に使者を送り（『宇野主水日記』）、足利義昭が毛利氏と長宗我部氏の間を取り持とうとしていることから（「香宗我部家家伝証文」）、石谷家文書の二点の書状を、足利義昭黒幕説を補強する考えもある。しかし、現時点ではあくまでも織田氏の四国政策に対する長宗我部氏側の動向を伝えるもので、変の直前まで畿内を中心に一大勢力となっていた織田政権内で政治課題があったことまでしか言及できないであろう。

本能寺の変直後の明智光秀書状

『織豊期研究』一九号に掲載された藤田達生氏の論稿において、本能寺の変直後の明智光秀の動向に関する一点の書状が紹介された。書状の差出人は光秀で、宛先は紀伊国雑賀《さいか》（和歌山市）の土豪である土橋重治《つちばししげはる》（平尉《へいのじょう》）である。書状の大きさは縦一一・五センチ×横五六・七センチで、年号の記載はなく、日付が六月十二日になっているが、書状の内容と関連する政治状況により、天正十年（一五八二）と指摘された。

この書状は、東京大学史料編纂所が所蔵する影写本のうち、「森家文書」に収録されており、従来は書状の写しが史料集などに掲載されて知られていた。しかし、岐阜県美濃加茂市の美濃加茂市民ミュージアムに原本が所蔵されていることが確認され、藤田氏の調査結果によって、「森家文書」に収録されている写しの原本にあたること、書状は原形を変えずに軸装され、書状を収納していた包紙も一緒に軸装されていることが判明した。

書状の文面については、まず本文と追伸の部分に分かれ、次に本文は冒頭部分のあとに三カ条の箇条書きがあり、追伸は本文の前に書かれている。

藤田氏によると、冒頭では、光秀が重治と初めて書状を交わしたところ、「上意」への奔走を命じられたことを重治が光秀に知らせた。その回答に対して光秀が礼を述べ、「御入洛」の件を承諾したので、それに奔走することが重要だと述べている。

そして、箇条書きについては、一条目で重治をはじめとする雑賀衆と連携することを称え、光秀と雑賀衆の連携について相談することを述べている。二条目では、高野山・根来《ねごろ》衆・雑賀衆が相談して和泉と河内に出陣することは重要であると述べ、出陣後の知行地などについては、「年寄」（明智側の重臣か）と雑賀衆の間で今後の友好のためにも念入りに相談することを述べている。

三条目では、明智軍が近江と美濃を平定し、のちほど使者を派遣して詳細を伝えると述べている。最後に、追伸では、「御入洛」について奔走することが重要であり、詳細は「上意」によって指示があるので、ここでは省略することを述べている。

以上の内容から、六月十二日の光秀書状が、当時の光秀の状況、「御入洛」に対する重治の奔走の確認、高野山・根来衆・雑賀衆の和泉と河内への出陣計画について記されたもので、本能寺の変後の光秀側の政治動向がわかる史料の一つと位置づけられた。

この内容に関して、藤田氏は本文中に登場する「御入洛」と「上意」の主体が、天正四年以降に毛利氏の下に庇護されていた足利義昭であること、「御返報」と冒頭で光秀が重治の回答に対して礼を述べていることに注目し、本能寺の変後に光秀が各地の大名に連絡を取って自身の支持勢力を増やす中で、その要として義昭を上洛させ、彼を奉戴する政権構想があったのではないかと考察した。

そのことから、藤田氏は六月十二日以前に光秀が義昭や重治と連絡を取り合っていたと考察し、本能寺の変の黒幕が足利義昭であったとも考察している。先述したように、黒幕説に関しては、それを示す直接的な史料が発見されていないので、まだ検討の余地があるが、少なくとも六月十二日の光秀書状が、本能寺の変後に光秀が室町将軍を味方に付けようとした政治動向を示していることは間違いないであろう。

羽柴秀吉による預物対策

『古文書研究』八五号に掲載された村井祐樹氏の論稿において、本能寺の変直後の羽柴秀吉の動向に関する一点の書状が紹介された。書状の差出人は秀吉で、宛先は秀吉の家臣である堀尾毛介《ほりおもすけ》(吉晴《よしはる》)・速水勝太(少太。守久)・服部伝八の三名である。書状の大きさは縦一四・二センチ×横三六・〇センチで、年号の記載はなく、日付が八月十四日になっているが、関連する史料との比較検討により、天正十年(一五八二)と指摘された。

この書状の内容は、「預物と乱妨物(略奪された物)については、一切糾明しないように。『上様御物』のことについては、確かな証拠があれば(それが『上様御物』であることが確かならば)、預り主に戻し(『上様御物』を預けた者に届け)、その他の物については、確認調査はしないように」というもので、このことを秀吉が宛先の三名に命じている。「上様御物」とは、信長から下賜されたもの、あるいは信長に関係する物品と村井氏は推定している。

また、この書状に関連する史料として、村井氏は四点の史料（七月十二日付け羽柴秀吉判物写、七月二十八日付け羽柴秀吉書状、八月七日付け羽柴秀吉書状、八月九日付け浅野長吉《ながよし》・杉原家次《すぎはらいえつぐ》書状）の内容と比較検討した。その結果、八月十四日付けの秀吉書状は、山崎合戦で秀吉が光秀に勝利したあと、京都に入った秀吉が行った預物対策に関する史料であることがわかった。

預物とは、戦乱などの非常時に際して、村落や町場の住民が盗難や略奪から大事な家財を避難させるために、それらを寺院や神社などに預ける当時の習俗である。特に、村落間の紛争や領主間の戦争が多発した中世の日本においては、藤木久志氏などの研究（『村と領主の戦国世界』など）により、民衆が戦乱を生き抜くために行った自衛手段の一つで、当時の民衆が戦乱に翻弄されているだけの存在ではなかった実態を示すものとして重視されている。

そのような預物が、本能寺の変が勃発した際にも京都の住民の間で行われており、村井氏が検討した先の四点の史料と新出の八月十四日付けの秀吉書状によると、本能寺の変後に京都とその近郊で明智軍による略奪が行われ、その略奪品は各所に預けられていた。そして、京都に入った秀吉は、そのような略奪によって預けられた物品の提出を命じた。

しかし、京都に入った羽柴軍の中に、秀吉の威勢を借りて、明智軍が略奪して預けた物品ではない、ほかの物品まで略奪する者が現れ、京都の治安が悪化した。これにより、秀吉の家臣で預物対策の担当者であった桑原貞也《くわばらさだなり》（次右衛門尉）が罷免され、浅野長吉（秀吉の義弟）と杉原家次（秀吉の妻高台《こうだい》院《いん》の母方の伯父）が後任の担当者となった。このような経緯があった後に、堀尾たちに宛てて出されたのが、村井氏が紹介した八月十四日付けの秀吉書状である。

村井氏は、八月十四日付け秀吉書状の内容は、それまで京都の治安維持のために行っていた明智軍の預物や略奪品の糾明が、かえって羽柴軍による略奪を招いてしまったことから、秀吉が京都における施策の方針転換を余儀なくされたと言及している。また、「上様御物」に限ってそれを預けた者に戻すことを認めていることについて、この時点で秀吉が織田政権の一員として信長の権威を示す必要性があったとも述べている。この二点から、八月十四日付けの秀吉書状が、本能寺の変後の秀吉による権力掌握がスムーズに行われたわけではない実態を示す史料であると考察している。

結語

以上、天正十年正月から六月二日までの信長と光秀の主な動向、本能寺の変に関する諸説を概観してきた。その結果、本書刊行時点において、次の二点が言えるであろう。

一点は、事件自体が「革命児信長の時代の終焉」と捉えられていたことから、事件の原因や黒幕の存在が注目され、それが変を起こした光秀の評価にも繋がっていることである。もう一点は、変の前後に関する新出史料が発見されたことなどにより、変の前後の詳細な状況が判明したものの、変の原因について直接示すまでには至っていないことである。特に、石谷家文書をはじめとして、近年になって魅力的な史料が相次いで発見されているが、その解釈を変の原因と単純に結びつけることには、慎重を要するであろう。

折しも、明智光秀を主人公とする二〇二〇年のNHK大河ドラマ『麒麟がくる』の放送により、光秀や本能寺の変に関する世間一般的な関心が高まる機会が再び訪れようとしているが、そのような中で新たな史料が発見されれば幸いである。

【主要参考文献】
足利健亮『地理から見た信長・秀吉・家康の戦略』（吉川弘文館、二〇一六年。初刊二〇〇〇年）
浅利尚民・内池英樹編『石谷家文書　将軍側近のみた戦国乱世』（吉川弘文館、二〇一五年）
池上裕子『織田信長』（吉川弘文館、二〇一二年）
河内将芳「中世本能寺の寺地と立地について」（『立命館文學』六〇九号、二〇〇八年）
河内将芳『日蓮宗と戦国京都』（淡交社、二〇一三年）
河内将芳『宿所の変遷からみる信長と京都』（淡交社、二〇一八年）
高柳光寿『明智光秀』（吉川弘文館、一九八六年）
谷口克広『検証 本能寺の変』（吉川弘文館、二〇〇七年）
藤井讓治編『織豊期主要人物居所集成〔第2版〕』（思文閣出版、二〇一六年）
藤田達生・福島克彦編『証言 本能寺の変――史料で読む戦国史③』（八木書店、二〇一〇年）
藤田達生「美濃加茂市民ミュージアム所蔵（天正十年）六月十二日付明智光秀書状」（『織豊期研究』一九号、二〇一七年）
村井祐樹「本能寺の変直後における秀吉の預物対策」（『古文書研究』八五号、二〇一八年）
渡邊大門『明智光秀と本能寺の変』（ちくま新書、二〇一九年）

『平安京左京四条二坊十五町跡・本能寺城跡』（京都市埋蔵文化財研究所発掘調査報告二〇〇七―一一、財団法人京都市埋蔵文化財研究所、二〇〇八年）
『本能寺跡発掘調査報告　平安京左京四条二坊十五町』（関西文化財調査会、二〇〇八年）

第十三章　本能寺の変後の明智光秀と朝廷

堺　有宏

「過渡期」の公武関係

天正十年（一五八二）六月二日、「天下人」として中央権力を掌握していた織田信長は、家臣明智（惟任《これとう》）光秀の謀反によって横死した。本能寺の変である。

この事件をめぐっては、古くから様々な議論が行われているが、これを公家と武家との関係、すなわち公武関係の視点から見ると、これまで構築されていた織田権力と朝廷との関係が、本能寺の変という武家権力者たる信長の消滅をきっかけとして、図らずもその終焉を迎えたことを意味した。日本社会が中世から近世へと移行しようとする転換期において、この本能寺の変が各方面に与えた影響は計り知れないが、それは当然のことながら公武関係についても例外ではなく、変によって織豊期の公武関係は新たな局面を迎えることになるのである。

そうした当該期の公武関係において、一つの転機として位置づけられる本能寺の変を経て、新たに始まったのが、信長を倒して新たな武家権力者となった光秀と朝廷との関係であった。

もっとも、その関係は光秀が六月十三日の山崎合戦において、羽柴秀吉や織田信孝《のぶたか》（信長の三男）らの織田軍に敗れたことで、結果的には一時的なものに終わってしまった。ゆえに、その後、中央権力を掌握した武家と朝廷との関係は、織田家中における権力闘争を経て、新たに武家権力者としての地位を確立させた秀吉と朝廷との関係に移行するが、変から山崎合戦までの間に行われた光秀―朝廷間での交渉が当該期における公武関係の一端であることは間違いない。それは、いうなれば明智暫定権力期における公武関係であり、「過渡期」の公武関係として位置づけることができよう。

朝廷黒幕（関与）説とは

この間における光秀と朝廷との関係については、本能寺の変を中心とした光秀の動向を追う中で早くから言及されてきたが、その実態がより注目されるようになったのは、信長への謀反を起こすに至った光秀の動機について検討が行われる中で一九九〇年代より登場した、いわゆる朝廷黒幕（関与）説との関連においてである。以下、同説を中心として光秀と朝廷との関係に関する研究動向を簡潔に述べよう。

朝廷黒幕（関与）説を実証的な研究手法に基づいて本格的に提唱した桐野作人氏は、信長と朝廷との確執を背景として、当時の朝廷内に近衛《このえ》前久《さきひさ》による「反信長神聖同盟」という共同謀議グループがあったとし、それに加わった光秀が「朝敵信長打倒」という共同の目的を果たすために変を起こしたという見解を示した（桐野：一九九二）。

続いて同じく朝廷黒幕（関与）説を主張した立花京子氏は、織田権力期における公武対立を前提として、変に誠仁《さねひと》親王（正親町《おおぎまち》天皇唯一の皇子）をはじめとした朝廷関係者による関与があったと述べ、変を朝廷による「信長打倒戦」と評価し、光秀と親王の一体説を提示した（立花：二〇〇二）。

ところが、その後、桐野氏は朝廷黒幕（関与）説を否定して光秀単独説へと改め、光秀と朝廷との関係は儀礼的、形式的なものであって決して親密ではなかったと捉え直し（桐野：二〇〇一）、立花氏も黒幕（関与）の主体について、イエズス会を中心としたものに転換させた（立花：二〇〇四）。

一方で、このような研究動向を受けて、朝廷黒幕（関与）説の再検証を行った谷口克広氏は、「思い込み」や「論理の飛躍」など、その問題点を挙げ、「先入観に導かれて史料を曲解するところから生まれた説」として、同説が成立しないことを指摘している（谷口：二〇〇七）。また近年では、呉座勇一氏が「朝廷黒幕説はもはや過去の学説」と道破している（呉座：二〇一八）。

こうしたこともあって、現在学界において一連の朝廷黒幕（関与）説は下火になっているようである。とはいえ、この朝廷黒幕（関与）説の登場を一契機として、光秀と朝廷との関係についてより注目が集まり、変後の関係も含めてその研究が一定の深化を見せたことは確かであろう。

けれども、現在光秀と朝廷との関係に関する研究は、朝廷黒幕（関与）説の衰退に伴って停滞してしまった印象である。そこには、前述のように両者の関係が極めて短期間で終焉を迎えたこともあり、あまり公武関係の範疇《はんちゅう》として見なされていないことも、少なからず影響しているように思われる。

そこで、本章では先学の成果に学びつつも、ひとまず朝廷黒幕（関与）説からは離れ、「過渡期」の公武関係であるということを念頭に置いて、本能寺の変後における光秀と朝廷との関係を叙述し、改めてその実態について考えることにしたい。

公武関係から見た二条御所合戦①——織田権力期公武関係の終焉

本能寺の変は周知の通り「天下人」信長の最後を物語る出来事であるだけに一般的な関心も高いが、公武関係という視点から注目すべきは、それより派生した二条御所合戦であろう。

当時、京都妙覚寺《みょうかくじ》を宿所としていた信長の嫡男信忠《のぶただ》は、変の一報に接して信長のもとに向かおうと妙覚寺を出たところ、京都代官の村井貞勝《さだかつ》父子が駆け寄ってきて、本能寺がすでに焼け落ちたことを聞かされ、明智軍は必ずこちらへ攻めてくるので、より防備に適した二条御所に立て籠るよう助言を受けたことで同地へと移った（『信長公記』巻十五）。

二条御所とは、もともと京都における信長の拠点として、天正四年（一五七六）より始まった安土築城となかば連動する形で普請された屋敷のことで、当時の史料には「二条殿御屋敷」（『言継《ときつぐ》卿記』天正四年七月十九日条）などと記されて登場する。その着工時期は必ずしも明確ではないが、河内将芳氏によると、同年五月上旬頃であるという（河内：二〇一八）。

そののち、京都吉田神社の神主で公家の吉田兼見《かねみ》（兼和《かねかず》）の日記『兼見卿記』天正五年九月二十九日条に「御屋敷普請悉《ことごと》く出来」とあることから、この頃、「二条殿御屋敷」は一応の竣工を見たようである。しかし、天正七年（一五七九）十一月、「二条殿御屋敷」は誠仁親王に進上され（『兼見卿記』天正七年十一月二十二日条ほか）、これ以降、「二条殿御屋敷」は「二條の御所」（『御湯殿上日記』天正八年正月五日条ほか）や「下《しも》の御所」（同、天正八年三月二十九日条ほか）などと呼ばれるようになった。

したがって、変当時、二条御所は誠仁親王一家の居所となっていたが、そこに籠城を目的として信忠らが移ってきたことで、御所は明智軍に包囲されることとなり、合戦に際して親王らの去就が問題となった。公家勧修寺晴豊《かじゅうじはれとよ》の日記『日々記《にちにちき》』天正十年六月二日条によると次のようにある。

城介（織田信忠）は二条の御所に親王御方（誠仁親王）御座候、参られ候、そのまま取りつめ申し候、村井（貞勝）の（退）かれ候への由申す、当番の衆御供申しのかれ候、

光秀による本能寺襲撃の知らせを受けて二条御所へと向かった晴豊が、当時の二条御所での様子について記したのが右の記述である。それによると、変を受けて信忠らが誠仁親王の居所である二条御所へと移り、これを追った明智軍によって二条御所は包囲されたが、貞勝が退避するよう勧めたことで、親王らは当番の公家衆が御供をして二条御所から無事に退避したことがわかる。二条御所を離れた誠仁親王らは禁裏御所へと移った。

その後、二条御所では変を受けて信忠のもとに集まった織田方と明智軍との間で戦いが繰り広げら

れ、信忠らは光秀の大軍を相手に力戦したようだが、明智軍が二条御所に隣接する近衛前久邸より弓や鉄砲を用いて攻撃してきたことで次第に劣勢となり、やがて信忠は自害、貞勝らも討死にした。

この二条御所での出来事について公武関係の視点から注目すべきは、貞勝が誠仁親王にその退避を勧めていることであろう。貞勝は長らく信長の京都代官としてその庶政を預かり、朝廷との交渉も担当してきた人物である。今回貞勝が親王に退避を勧めたのも、そうした立場と必ずしも無関係ではあるまい。

貞勝の勧めを受けた親王側の応答は、当該史料には記されていないが、むろん何らかの応答を行ったことは十分想定されるところである。しかしながら、右に述べたように貞勝はこの二条御所において信忠らと共に敗死するため、変をもってはしなくも京都代官としての役目を終えることになる。

これらのことを踏まえると、二条御所合戦に際して貞勝が誠仁親王にその去就をめぐって退避勧告を行ったことは、長らく朝廷との交渉を担当してきた京都代官たる貞勝の文字通り最後の職掌であると共に、織田権力と朝廷との最後の公武間交渉として位置づけられ、二条御所合戦での織田方の敗北は織田権力期公武関係の終焉を意味するものであったといえる。

なお、誠仁親王に退避を勧めた主体について、『信長公記』巻十五は信忠とする。前述の『日々記』の内容と合わせて考えると、信忠の意を受けて貞勝が親王に退避を勧めたと解釈する余地もあるが、ここでは史料的性格を考慮して、ひとまず『日々記』の記述に従っておきたい。その主体が信忠であったにせよ、貞勝であったにせよ、いずれにしても、誠仁親王の去就をめぐる織田権力と朝廷との交渉が織田権力期における最後の公武間交渉であったことは間違いないであろう。

公武関係から見た二条御所合戦②——明智暫定権力期公武関係の萌芽

一方で外国史料に目を向けると、右に述べた二条御所での様子について、より詳しく記されている。例えば、「一五八二年十一月五日付、口之津発信、ルイス・フロイスのイエズス会総長宛、一五八二年度・日本年報追信」（以下「日本年報追信」と略す）（『十六・七世紀イエズス会日本報告集』第Ⅲ期第6巻所収）によると、次のようにある。

> 都の所司代、村井（貞勝）殿が世子《（信忠）》に同伴していたので、彼の勧めによって、武具を付け馬に乗って件の街に来ていた明智《（光秀）》に使者を送り、如何に処することが望みか、また御子《（誠仁親王）》も同様に切腹すべきかと問うたところ、明智は御子に何も求めはしないが、信長の世子を逃がさぬため、馬にも、また駕籠《かご》にも乗らず即刻、邸から出るようにと答えた。この伝言によって内裏《（正親町天皇）》の御子は婦人たちと共に（邸を）出で、都の上手に向かいその父（内裏）の邸に入った。

従来の研究では、この史料から信忠らによる二条御所での籠城を受けて誠仁親王が切腹を覚悟していた点が注目されてきたが、当該期の公武関係を考えるうえで注目したいのは、誠仁親王の去就をめぐる光秀—朝廷間での交渉が記されていることである。

すなわち、貞勝の勧めを受けた誠仁親王は、光秀に使者を遣わして自身の去就について問い合わせ、これを受けた光秀は親王に対しては何も求めてはいないが、信忠を逃がさないため馬や駕籠には乗らず、速やかに二条御所を退去するよう答えたことが知られる。前述の『日々記』の内容では知り得なかったが、この「日本年報追信」の記述に基づくと、貞勝の退避勧告を受けた親王は、光秀のもとに使者を遣わして自身の去就について問い合わせていたのであった。

もっとも、これは外国史料に記されたものではあるが、当該記事については、すでに桐野氏によって日本の同時代史料との整合性から信用できることが指摘されている（桐野：二〇〇七）。そうすると、信忠らによる二条御所での籠城は、本能寺の変によって生じた突発的な事案ではあるものの、「日本年報追信」の記述から変発生当日に早くも光秀―朝廷間で公武交渉が行われていることがうかがえ、ここに両者間における公武関係の萌芽《ほうが》を見出すことができる。

また、これを前述の織田権力期公武関係の終焉と合わせて考えると、この二条御所合戦の直前に見られる、誠仁親王の去就をめぐる一連の公武交渉を区切りとして、二条御所合戦を経て織田権力期の公武関係は終焉を迎え、代わって明智暫定権力期の公武関係が幕を開けたと言えよう。

このように、本能寺の変より派生して起こった二条御所合戦は、公武関係の視点から捉えると、暫定的ではあるものの、その関係の一方を担う武家権力者側の交代を如実に示す出来事だったのである。

光秀の安土入城

信長・信忠父子を討ち果たした光秀は、洛中にて落人探しを行ったあと、近江の織田方が京都に攻め込んでくることを警戒して、その日のうちに京都を発し、近江へと向かった（『信長公記』巻十五）。この光秀の動きに際して、兼見は未《ひつじ》の刻（午後二時頃）、大津通りを下向する光秀のもとに馬で駆けつけ、粟田口《あわたぐち》（京都市東山区・左京区）辺りで対面し、「在所の儀万端頼み入る」と申し入れている（『兼見卿記』別本、天正十年六月二日条）。桐野氏によると、この兼見の行動には粟田口にある吉田社領を明智軍による乱妨から守る意図があったという（桐野：二〇〇七）。

その後、近江に入った光秀だが、勢田《せた》城（滋賀県大津市）の山岡景隆《かげたか》らが光秀による誘降を拒否して勢田橋を焼き払い、居城にも火をかけて山中へと退いたため、やむなく光秀は橋詰めに足場をこしらえて軍勢を配置し、自身は居城のある坂本（同大津市）へと帰った（『信長公記』巻十五）。光秀が橋詰めに足場をこしらえて軍勢を配置したのは、おそらく焼き払われた勢田橋を再建するためであろう。その後、焼き払われた勢田橋は、明智軍によってすぐさま再び架けられた（「日本年報追信」）。

『兼見卿記』別本によると、六月三日、光秀は近江に攻め入り、四日、同国を平定し、五日、安土城（滋賀県近江八幡市）に入ったという。光秀の安土入城については、『日々記』も五日の出来事として記すが、奈良興福寺多聞院《たもんいん》僧侶の日記『多聞院日記』天正十年六月五日条には「安土は去んぬる四日に向州《明智光秀》へ渡り了《おわ》んぬ」とあり、「日本年報追信」も同じく四日（「土曜日」）のこととする。『多聞院日記』が五日条にわざわざ「去んぬる四日」と記していることを重視すると、光秀は四日、安土城に入城し、兼見らはそれを五日に知り、その日の出来事として捉えたようにも思えるが、実際の光秀による安土入城が四日と五日のどちらだったのか、現時点では判断し難い。

当該期の公武関係を考えるうえでも、いつ光秀が安土入城を果たし、いつ朝廷側がその一報に接したのか、といった問題は重要であるが、その入城日について、『兼見卿記』と『日々記』には、いずれも「去んぬる」といった文言もなく、単に五日のこととして記されていることからすると、朝廷側が光秀による安土入城を五日に知り、その日の出来事として認識していたことは確かなのだろう。

勅使吉田兼見の安土派遣

さて、このような光秀の動きを受けて、六日、朝廷では兼見を勅使として、翌日安土城の光秀のもとへ派遣することを決めた（『日々記』天正十年六月六日条ほか）。

当時の公武間交渉は、一般的に「武家伝奏《てんそう》」と呼ばれる役職に任じられた公家が担当したが、朝廷は必ずしもこの武家伝奏のみを用いて武家との交渉を行っていたわけではなかった。神田裕理氏の研究によると、朝廷は交渉先や内容に合わせて武家伝奏ではない人物（僧侶や後宮女房などを含む）も、公武間交渉の担い手として起用し、柔軟に対応していたことが指摘されている（神田：二〇一七）。今回、勅使に選ばれた兼見は武家伝奏ではない。兼見に白羽の矢が立ったのは、光秀との親交が深かったことが最大の理由であった（桐野：二〇〇二）。朝廷は光秀への勅使として公家衆の中から闇雲に兼見を選んだのではなく、それなりの意図を持って、柔軟かつ主体的に光秀との接触に乗り出したのである。

その兼見によると、晴豊より早々に参内《さんだい》すべき旨が記された書状が到来し、これを受けて兼見が晴豊のもとへと向かい、同道して誠仁親王に祗候《しこう》すると、親王より光秀への勅使として下向するよう直に命じられると共に、「京都の義、別義無きの様堅く申し付くべきの旨」を仰せられ、光秀への進物を預かったという（『兼見卿記』別本、天正十年六月六日条）。ここにある「京都の義」とは、一般的に本能寺の変後に混乱を極めた京都の治安維持を指すといわれている。

変後の京都は、公家山科言経《やましなときつね》の日記『言経卿記』天正十年六月三日条などに「洛中騒動斜めならず」とあるように、かなり秩序が乱れた状況にあった。また変以降、禁裏御所では民衆が避難して「小屋懸け」（仮小屋を造ること）という有様であった（『日々記』天正十年六月四日条ほか）。

朝廷は変の余波を受け、京都の治安悪化という現実面での深刻な問題に直面していたのである。先学も指摘するように、誠仁親王はこうした状況を踏まえて、勅使兼見を安土に派遣し、光秀に治安維持を命じようとしたのであった。つまり、朝廷が光秀との接触を図る背景の一つに京都の治安維持という課題があったのである。

かくして勅使としての役目を受けた兼見は、七日、早々に近江へ下向して、申《さる》の下刻（午後五時前）、安土に到着し、安土城において光秀と対面、「御使の旨」を伝えて誠仁親王より預かった進物などを渡した。対する光秀は、それらを忝《かたじけな》く受け取り、「今度謀叛の存分」を語っている（『兼見卿記』別本、天正十年六月七日条）。その日、安土城下の町屋で一宿した兼見は、翌八日午《うま》の下刻（午後一時前）に吉田郷へと帰って休息したのち、参内して誠仁親王に光秀の返答を伝えた（『兼見卿記』別本、天正十年六月七・八日条）。

その内容は、①光秀がこのたびの勅使派遣を忝く思い、一段と御礼を申し入れたこと、②誠仁親王が無事に二条御所から退避したことについて光秀が「祝着」であると申し入れたこと、③明日、光秀が上洛して御礼を申し入れることの三点であったが（『日々記』天正十年六月八日条）、この時、伝えられた光秀の返答の一つとして、親王が二条御所から退避した件について「祝着」の旨が述べられていることは、二条御所合戦から七日の勅使兼見による安土下向までの間に光秀—朝廷間での直接的接触がなかったことを示唆している。

つまり、今回朝廷が勅使兼見を安土に派遣して光秀と接触したことは、光秀—朝廷間において二条御所合戦の直前に行われた交渉に続く二度目の公武間交渉であったと言えよう。

朝廷は変後に直面した現実的問題の解決を図るため、信長を滅ぼして新たに武家権力者となり、京都を支配下に置いた光秀との接触を模索し、光秀と最も親しい兼見を勅使に選定して、その関係構築に乗り出したのである。

光秀と朝廷

安土にあった光秀は、八日、京都に向けて出発し、九日未の刻に上洛した。これに先だって、光秀は兼見に対し、自筆書状をもって兼見邸を訪問することを伝えており、光秀上洛の知らせに接した朝廷側では、光秀を出迎えるため、摂家《せっけ》・清華家《せいがけ》の公家衆が悉く白川《しらかわ》（京都市左京区）に集まり、兼見はこの旨を光秀に伝えたが、光秀は「此の砌《みぎり》太《はなは》だ無用」といって、公家衆の出迎えを断わった（『兼見卿記』別本、天正十年六月九日条）。

上洛した光秀は、かねて自筆書状をもって伝えていたように兼見邸に入り、「先度禁裏御使早々忝く存じ、重ねて祗候致すべし」と述べた（同上）。この時、光秀が述べた「重ねて祗候致すべし」に関して、「重ねて」の語句に注目した桐野氏は「少なくとも二回目の参内ということになるのか」と述べている（桐野：二〇〇一）。

確かに「重ねて」には、「もう一度。再び。さらに」の意味があるが、そのほかに「この次。将来。今後。そのうち」という語意もある（『日本国語大辞典 第二版』小学館）。ここでは後者の意味でとったほうが、無理なく理解できるのではないだろうか。よって、当該記事は二回目の参内を意味するのではなく、「そのうち祗候致します」と解釈され、この時点において光秀は、まだ参内には至っていなかったと判断される。

ただし、桐野氏も言及しているように、これより光秀に参内の意志があったことは十分読み取れる。結果的に光秀の参内は実現しなかったが、参内の意志を表明したことで光秀が朝廷との良好な関係の構築を望んでいたことは確かだといえる。

光秀の参内をめぐっては、『明智軍記』に、六月十日、光秀は公家の久我吉通《こがよしみち》（敦通《あつみち》）を介して禁中へ奏聞《そうもん》し参内を許されたとある。また、『増補筒井家記』にも十日未明、光秀は参内し、金子《きんす》や白帛などを献上したことが記されている。しかし、両史料が後世に成立した軍記物や編纂物であること、『兼見卿記』をはじめとする当時の朝廷側の史料にそうした事実が確認できないことをみると、すでに指摘されているように俗説とみてよいであろう。

さて、勅使派遣を謝して参内の意向を伝えた光秀は、次いで兼見に銀子五百枚を預けて、これを正親町天皇と誠仁親王に進上するよう依頼し、また京都五山や大徳寺にそれぞれ銀子百枚、兼見に対しても五十枚を寄進した。『兼見卿記』正本の天正十年六月九日条によると、兼見への寄進は吉田神社の修理を目的としたものであったという。その後、兼見邸の小座敷に逗留した光秀は、兼見の饗応を受け、連歌師の里村紹巴《さとむらじょうは》らを交えて夕食を共にしたあと、下鳥羽《しもとば》（京都市伏見区）へと出陣した。

他方、兼見は晩になって、光秀より預かった銀子五百枚を禁裏御所に持参して誠仁親王に対面し、その委細を申し入れた。これを受けた誠仁親王は前回光秀に求めたことと同じく、「京頭の儀かたく申し付け候」との女房奉書を発して御礼を仰せられ（『日々記』天正十年六月九日条）、それを兼見が下鳥羽の光秀陣所へと届けたが、結果的には、これが明智暫定権力期における光秀と朝廷との最後の公武間交渉となった。

明智暫定権力期公武関係の実態

こうした変後の光秀と朝廷の動向を見てみると、両者の関係は比較的良好なものとして始まったが、光秀への勅使派遣や公家衆による出迎えから、その関係の構築に積極的であったのは、どちらかといえば朝廷側であったように思われる。その積極的な態度の裏には、前述のように変後に生じた「洛中騒動」や「小屋懸け」といった現実面での深刻な問題が、朝廷による光秀との接触に少なからず作用したと考えられる。

しかし、朝廷による光秀との本格的な交渉は、変後、朝廷が「洛中騒動」や「小屋懸け」といった現実的問題に直面しながらも、直ちに行われたわけではなかった（変当日の兼見による光秀への個人的な「在所」の保護依頼を除く）。

光秀による本能寺への襲撃が言経や兼見の記すように「謀叛」（『言経卿記』天正十年六月二日条。『兼見卿記』別本、天正十年六月七日条）であり、当時の公家衆の中に変を光秀の謀反と認識していた者がいたことや、光秀の安土入城という出来事を一つの境として、朝廷による光秀との交渉が比較的顕著に現れてくることを勘案すると、その間、朝廷は「謀叛」に及んだ光秀と接触すべきか否か逡巡《しゅんじゅん》していたことが推察され、光秀が安土城を接収したという事実が朝廷にとって、光秀との接触を試みる一つの判断材料になったのではないかと考えられる。周知の通り、安土城は織田権力の象徴であり、それを光秀が接収したことで、朝廷は光秀を「謀叛」人から、暫定的ではあるものの信長に代わる新たな武家権力者として見なし、京都の治安維持を期待したのではないだろうか。

その際、一貫して光秀―朝廷間の取り次ぎを兼見が担っていることは、光秀と兼見との親密な関係の延長線上に、光秀と朝廷との関係が構築されようとしていたことを示している。そういう意味では、光秀と朝廷の双方にとって兼見という存在は、その関係を構築するにあたっての重要な結節点であったと言えよう。

光秀の敗北

下鳥羽へと出陣した光秀は、十日、河内方面へと進んだ（『兼見卿記』正本、天正十年六月十日条）。興福寺蓮成院《れんじょういん》に伝わる『蓮成院記録』によると、この頃のものと思われる動きとして、光秀は山城と河内の境に位置する洞ヶ峠《ほらがとうげ》（京都府八幡市・大阪府枚方市）に着陣したという。

しかし、十一日、光秀は下鳥羽に帰陣して、淀《よど》城（京都市伏見区）の普請に取りかかった。『多聞院日記』天正十年六月十日条には、「藤吉（羽柴秀吉）近日に上り決定〳〵」と見え、本能寺の変当時、備中高松《たかまつ》（岡山市北区）において毛利氏と対峙していた秀吉の上洛が決定的であるとの知らせが奈良にまで届いていたことがうかがえる。おそらくこの頃、光秀は秀吉の上洛の動きが決定的となったことを受けて、下鳥羽へと戻ったのだろう。

一方で、その秀吉は変の一報を受けて、六月四日、毛利氏との和睦を結んだのち、京都を目指して備中から撤退、姫路（兵庫県姫路市）・尼崎（同尼崎市）などを経て富田《とんだ》（大阪府高槻市）へと進み、これに摂津の池田恒興《つねおき》や中川清秀《きよひで》、高山重友《しげとも》が加わった。また変当時、四国方面軍の司令官として岸和《きしわ》田《だ》（大阪府岸和田市）にあったとおぼしき信孝も（『宇野主水日記《うのもんど》』天正十年六月二日条）、一三日昼頃には秀吉と合流している（「金井文書」）。

そして十三日申の刻（午後四時頃）、山崎において光秀率いる明智軍と信孝・秀吉らの織田軍は合戦に及んだ（『兼見卿記』天正十年六月十三日条）。世にいう山崎合戦であるが、勝敗は周知の通り織田軍の勝利に終わった。敗れた光秀は勝龍寺《しょうりゅうじ》城（京都府長岡京市）へと逃れ、跡を追った信孝・秀吉ら二万余りの軍勢によって城を包囲された。

その後、光秀はわずかな手勢と共に夜陰に乗じて城を脱出し坂本を目指したものの、その途中、一揆の襲撃を受けてあえなく敗死した。光秀終焉の地は一次史料によってもまちまちであるが、『多聞院日記』天正十年六月十七日条によれば、「山階《やましな》」だったという。

朝廷の対応

では、こうした光秀の動向に対して、変後、光秀と接触し、その関係構築を試みていた朝廷は、どのような対応を見せたのであろうか。

光秀敗北の知らせは、その日のうちに朝廷側にも届いたようである。『日々記』天正十年六月十三日条には、「早天に明知《光秀》陣所はいぐん《敗軍》」とある。また、『兼見卿記』同日条にも「山崎表において合戦に及び、日向守《明智光秀》敗軍せしめ、勝龍寺に取り入ると云々」と記されている。しかしながら、その後、朝廷が光秀との関係を発展させることはなかった。というのも、朝廷は光秀敗北の知らせを受けて、早くも山崎合戦に勝利した信孝・秀吉との接触を試みるからである。

十四日、朝廷は信孝・秀吉が勝龍寺城を攻略し、上洛するとの知らせを受けて、勅使として勧修寺晴豊、親王使として広橋兼勝《ひろはしかねかつ》の両名を派遣し、二人は塔森《とうのもり》（京都市南区）まで赴き、そこで馬より下りた信孝・秀吉に太刀を下賜《かし》した。その際、信孝・秀吉は「一段はや〳〵《早々》とかたじけ《忝》なき由」を申しており（『日々記』天正十年六月十四日条）、このたびの勅使・親王使の派遣がいかに迅速に行われたかがうかがえる。

これは、変後四日を経て安土城の光秀のもとに勅使兼見を派遣することに決めた前述の朝廷の対応と比べると、すこぶる敏捷《びんしょう》である。こうした朝廷が武家との接触に至るまでの時間的な差異が何を意味するのか必ずしも明らかではないが、すでに述べたように、当時の公家衆の中に本能寺の変を光秀による「謀叛」と認識していた者がいた。

このことを敷衍《ふえん》して推測するならば、朝廷は「謀叛」によって新たな武家権力者に伸し上がった光秀との接触には、少なからず抵抗を感じて慎重であったのに対し、逆にその光秀を打ち破った信孝・

秀吉は信長に連なる正統な武家権力者として、そうした抵抗を感じなかったことが、結果的に武家との接触に至る時間的な差異として現れたのであろうか。

このち朝廷側に光秀敗死の一報が伝わるのは、十五日のことである。例えば、兼見は『兼見卿記』天正十年六月十五日条に「向州（光秀）醍醐《だいご》の辺りにおいて一揆に討ち取られ、その頸《くび》を村井清三《せいぞう》、三七郎（織田信孝）殿へ持参せしむ」と記している。その前日（勅使・親王使が信孝と秀吉のもとに派遣された日）の十四日条には、「昨夜向州（光秀）勝龍寺に退散すと云々、未だ落所を聞かず」とあることから、まだこの時点では、京都に敗北後の光秀の詳細は伝わっていなかった。

そうすると、朝廷は光秀の死を知る前に、早くもその関係を放棄し、山崎合戦で新たに勝者となった信孝・秀吉に接触したことになる。光秀と朝廷との関係は、朝廷が光秀の死を知る以前、すなわち山崎合戦における光秀の敗報および信孝・秀吉による上洛の一報が朝廷側に届いた時点で、すでにその終焉を迎えていたのである。

関係終局の背景

以上、本章では「過渡期」の公武関係であるということを念頭に置いて、本能寺の変後の光秀と朝廷との関係について考えてきた。

両者の関係は、変より派生した二条御所合戦直前の誠仁親王の去就をめぐる一連の公武間交渉において、織田権力と朝廷との関係が終焉を迎える一方で、図らずも幕を開けた。変後の朝廷は光秀が織田権力の象徴であった安土城を接収するまで、光秀との接触を逡巡していたと推察されるが、それ以降は、勅使兼見の安土派遣や公家衆による出迎えを通して光秀との接触を図った。その背景には、変後に朝廷が直面した「洛中騒動」や「小屋懸け」といった現実面での深刻な問題が少なからず影響していたと思われる。

他方、光秀も参内意志の表明や兼見を介した銀子進上によって、朝廷との関係構築に乗り出した。そこには、突然の「謀叛」によって新たな武家権力者との関係構築に迫られた朝廷と、その朝廷の接近によって、信長に代わる新たな武家権力者として認められる形となった光秀の姿があった。つまり、変後の光秀―朝廷間での交渉は、織豊期における新たな公武関係の始まりを予見させるものであったのである。しかし、光秀の敗北によって、その関係は早くも終わりを迎えた。

こうしてみると、本能寺の変を受けて新たに始まった光秀と朝廷との関係は、まだ初期段階ではあるものの、比較的良好に展開していたことは確かであろう。ただし、その関係が永続的なものへと発展するか否かは、ひとえに光秀権力の確立にかかっていたといえる。

しかしながら、織田権力期より深い繫がりがあり、光秀が期待を寄せていた丹後の細川（長岡）藤《ふじ》孝《たか》や大和の筒井順慶《じゅんけい》が味方しなかったこと、備中高松城攻めにあたっていた秀吉が予想に反して毛利氏と和睦を結び、京都に迫ってきたことなどを背景として、光秀が最終的にその権力を確立するには至らなかった。それを果たせなかったがゆえに、光秀と朝廷との関係は終局を迎えたのである。

言い換えれば、「過渡期」の公武関係は、単に京都を支配下に置いた武家と朝廷との間のみで完結するものではなく、時々刻々と変化する周辺情勢の影響を受けて生じる、様々な課題を武家側が克服しながら構築されるものであったと言えよう。

【主要参考文献】

池上裕子『織田信長』（吉川弘文館、二〇一二年）
河内将芳『宿所の変遷からみる　信長と京都』（淡交社、二〇一八年）
神田裕理「織田・豊臣期の武家伝奏」（同編著『伝奏と呼ばれた人々――公武交渉人の七百年史』ミネルヴァ書房、二〇一七年）
桐野作人『信長謀殺の謎――織田信長謀殺の朝廷疑惑人脈を追う』（ファラオ企画、一九九二年）
桐野作人『真説本能寺』（学研M文庫、二〇〇一年）
桐野作人『だれが信長を殺したのか　本能寺の変・新たな視点』（ＰＨＰ新書、二〇〇七年）
桑田忠親『明智光秀』（講談社文庫、一九八三年）
呉座勇一『陰謀の日本中世史』（角川新書、二〇一八年）
高柳光寿『明智光秀』（吉川弘文館、一九五八年）
立花京子「本能寺の変と朝廷――「天正十年夏記」の再検討に関して」（同著『信長権力と朝廷　第二版』岩田書院、二〇〇二年、初出一九九四年）
立花京子『信長と十字架――「天下布武」の真実を追う』（集英社新書、二〇〇四年）
谷口克広『検証本能寺の変』（吉川弘文館、二〇〇七年）
谷口研語『明智光秀――浪人出身の外様大名の実像』（洋泉社歴史新書ｙ、二〇一四年）
藤田達生『証言本能寺の変――史料で読む戦国史』（八木書店、二〇一〇年）

第十四章　山崎合戦の性格

柴　裕之

見直される山崎合戦

天正十年（一五八二）六月二日、織田家宿老の惟任《これとう》（明智）光秀が率いる軍勢は、京都の本能寺（京都市下京区）に滞在していた主君の織田信長を討った。いわゆる「本能寺の変」である。

この光秀が起こしたクーデターは、天下人にあった信長が突然討たれたということもあって、当時においても衝撃的な事件であった。このあと、光秀はこのクーデターに伴う事後の対応に努めていく。ところが、わずか十一日後に起きた信長三男の織田信孝《のぶたか》・羽柴秀吉らとの「山崎合戦」に敗れ、態勢を立て直すために、居城の近江坂本城（滋賀県大津市）へ向かう途中に討たれた。

この間の動向は、これまでにも多くの研究成果がある。しかしその多くは、のちに秀吉が天下人へと台頭していく歴史過程の前提として扱われている。近年、光秀はこれまでの「革命児」信長についていくことのできなかった「常識人」というイメージのもとではなく、同時代史料に基づいた、戦国時代に生き活動した「同時代人」としての視点から、その「実像」の捉え直しが試みられている（柴編：二〇一八）。また、本能寺の変後の動向も、秀吉の天下人への台頭という歴史観を前提にせず、その過程を追う検討が進んでいる（柴：二〇一八）。山崎合戦も、こうした近年の研究の中で見直され始めている状況にある。

本章は、こうした近年の研究動向を踏まえたうえで、その成果に拠りつつ、改めて本能寺の変後の光秀と、対する織田信孝や羽柴秀吉らの織田勢力の動向を追い、両勢力が激突した山崎合戦がどのような情勢の展開のもとに起きたのか、確認する。そのうえで、山崎合戦の性格を、その過程とその後の影響をも視野に置きながら探ることを目的としたい。

なお、本稿では光秀とその家を明智名字ではなく、惟任名字で呼称する。天正三年七月以降、光秀は信長から授与された惟任の名字を名乗って、信長の信頼する織田家宿老、近江国坂本領と丹波国を統治する「織田譜代大名」（信長によって取り立てられた織田権力下の大名）として活動し、本能寺の変後も明智名字に戻すことなく、惟任名字を使用し続けた。このため、織田権力（中央権力としての織田家）下の光秀は、「惟任光秀」にあったという事実を重視し、惟任名字で記すことにする。丹羽長秀を「惟住《これずみ》長秀」、細川藤孝を「長岡藤孝」と記載するのも同様である。

また「明智光秀文書集成」（藤田達生・福島克彦編『明智光秀　史料で読む戦国史③』所収）、名古屋市博物館編『豊臣秀吉文書集』第一巻（吉川弘文館、二〇一五年）、功刀俊宏・柴裕之編『戦国史研究会史料集4　丹羽長秀文書集』（戦国史研究会、二〇一六年）からの史料引用は、文書名とともに、出典の記載を『明智』＋文書番号、『秀吉』＋文書番号、『丹羽』＋文書番号を略記する。

本能寺の変の実態

天正十年(一五八二)六月二日の朝、惟任光秀は京都の本能寺に滞在していた織田信長を討った。けれども、光秀のクーデターはこれで終わったわけではなかった。その後、惟任軍は信長の嫡男で織田家当主の立場にあった信忠が迎撃に備えて籠城していた二条御所(京都市中京区)へと向かったのだ。信忠は、惟任軍が本能寺を襲撃した時は、宿泊所としていた妙覚寺《みょうかくじ》(京都市中京区)にいた。惟任軍の本能寺襲撃を聞いた信忠は、父の信長を救うべく妙覚寺を出発したが、途次で京都奉行の村井貞《さだ》勝《かつ》とその子息貞成《さだなり》・清次《せいじ》より本能寺落居の報告を受けると、二条御所へ入った。

二条御所は、もともとは信長の京都屋敷として造営されたが、天正七年に正親町《おおぎまち》天皇の後継者の地位(皇儲《こうちょ》)にあった誠仁《さねひと》親王一家に進上され、当時は親王御所(下《しも》御所)として公家たちも参勤していた。このため、親王一家や詰めていた公家たちの身上にも危機が及ぶ事態となった。そこで惟任軍との交渉によって、午前八時頃(「辰刻」)に親王一家や詰めていた公家たちは、正親町天皇の御所(上《かみ》御所)へ退避した(『言経《ときつね》卿記』ほか)。

そして、信忠勢と惟任軍との間で交戦が始まった。信忠勢は善戦を果たすが、惟任軍が北隣の近衛《このえ》前久《さきひさ》の邸宅屋上より弓・鉄砲にて攻撃すると、次第に無勢となっていった。そして御殿にも火がかけられたことから、信忠は自刃し(享年二十六)、信長四男・信忠の弟で織田家御一門衆の織田信房《のぶふさ》、村井貞勝父子のほか、菅屋長頼《すがやながより》・福富秀勝《ふくずみひでかつ》ら多くの馬廻衆も戦死した。ここに、光秀は信長に続き、後継者の信忠らも討ち果たしたのだった。

このあと、光秀は信長・信忠父子の討滅による京都の鎮静に努めたうえで、近江国へ向かっていった。目指す先は、織田権力の政庁にあった近江安土城（滋賀県近江八幡市）である。つまり、光秀はいま織田権力の中枢に君臨する天下人信長とその後継者信忠の討滅を成し遂げ、その中枢拠点の掌握に向かったのだ。このことから、光秀にとって、本能寺の変とはただ主君の信長を討ち果たすだけではなく、現状の織田権力中枢を打破し、その拠点を掌握することを目的としたクーデターだったことがわかる。

本能寺の変の要因をめぐっては、光秀の怨恨説や野望説、さらには背後に朝廷や室町幕府将軍足利義昭《よしあき》との関係などをみる「黒幕」説と、現在もその論争は尽きることがない。けれども、光秀の行動を辿ると、その背景に、天下人信長を中核とした織田権力の中枢と光秀率いる惟任家との政治運営をめぐる対立があったことだけは間違いないだろう。そこには、「革命児」信長と「常識人」光秀との個人的な対立という一般に知られている像はみられない。

この光秀が率いる惟任家によるクーデターを受け、織田権力の直接的な基盤地にあった近江・美濃両国では、凋落《ちょうらく》からの復権を試みる京極高次《きょうごくたかつぐ》や伊賀道足《どうそく》（安藤守就《もりなり》）ら応じる勢力も現れた。また、織田家宿老の惟住長秀を中心に政治運営がなされていた若狭国でも、旧守護家の武田元明《もとあき》が応じて蜂起したと伝わる。このため信長・信忠を失ったいま、唯一の織田家の嫡流として家督相続者にあった信長嫡孫の三法師《さんぼうし》（のちの織田秀信《ひでのぶ》）は、織田家の居城である美濃岐阜城（岐阜市）から尾張清須城《きよす》（愛知県清須市）へ難を避けている。

さて信長・信忠父子を討滅させた惟任軍は、山城勝龍寺城《しょうりゅうじ》（京都府長岡京市）に宿老の明智（三沢《みぞう》）秀次《ひでつぐ》を配備したのち、近江国へ進軍した。ところが、瀬田城《せた》（滋賀県大津市）の城主山岡景隆《かげたか》の勧誘に失敗したうえ、安土城へ向かうにあたり渡橋すべき交通の要衝にあった瀬田橋を焼き払われてしまう。この事態に、光秀は自身の居城である坂本城へ戻り、早急に橋の修繕に努めることを余儀なくされてしまう（『信長公記』）。そして六月四日には、修繕した橋を渡って、安土城へ向かうと共に近江国内の平定を進めていった。

この中で、惟住長秀が城代を務めていた佐和山城《さわやま》（滋賀県彦根市）は光秀に応じた山崎城（同前）の城主山崎秀家《ひでいえ》によって攻略され、また羽柴秀吉の居城である長浜城《ながはま》（同長浜市）も山本山城《やまもとやま》（同前）の城主阿閉貞征《あつじさだゆき》による攻略のうえで、惟任家宿老の斎藤利三《としみつ》が入城している（『多聞院日記』ほか）。一方、安土城には五月末の信長の上洛にあたって、本城御留守居衆・二の丸御番衆が配備されていた。そこに、光秀による信長・信忠父子の討滅の情報を受け、城内は動揺の最中にあった。

この事態に、二の丸御番衆を務めていた蒲生賢秀《がもうかたひで》は、安土城の金銀や財宝には一切手を付けず、同城を織田家家臣の木村高重《たかしげ》に任せた。そのうえで、賢秀は信長の妻子を自身の居城である日野城《ひの》（滋賀県日野町）に避難させて、嫡男の賦秀《やすひで》（のちの氏郷《うじさと》）と共に、惟任軍の進撃に備えた（『信長公記』ほか）。安土城へ進軍した惟任軍は木村らの守衛を退け、六月五日に光秀は入城を果たした（『兼見卿記』）。

ここに光秀は、織田権力中枢の打破と拠点の掌握というクーデター＝本能寺の変の目的を成し遂げたのであった。

光秀の事後対応

信長・信忠父子を討滅し、織田権力の政庁である近江安土城を押さえた光秀であったが、このクーデターはしっかりとした計画のもとに実施されたわけではなかった。実は、信忠はこの時、本来は畿内観光に訪れていた徳川家康らを案内することになっていた。ところが信長が上京するのを受け、信忠は京都に滞在することに予定を変更してしまった。この結果、天下人信長とその後継者にあった信忠が、偶然にも京都に会してしまうという状況が起きた。本能寺の変は、この偶発的な機会を見逃さずに活かした光秀が率いる惟任家によるクーデターであったのだ。

そのための事後対応として、光秀は早急に各地の戦線で活動する織田家諸軍将への対処と共に、「天下静謐」＝京都を中核とした日本の中央にあった五畿内の鎮静と統治の正常化を進めていった。これにあたり、光秀はまず自身の政治的・軍事的配下にある与力軍将、丹後宮津《みやづ》城（京都府宮津市）の城主長岡藤孝《ふじたか》・忠興《ただおき》父子や大和郡山《こおりやま》城（奈良県大和郡山市）の城主筒井順慶《じゅんけい》らに対して、自身に従い、「天下」（京都を中核とした五畿内）の鎮静に協力するよう求めた。

また、この時は備後国鞆《とも》（広島県福山市）にいた旧主の室町幕府将軍足利義昭に接触を始め、義昭の帰洛に尽力する意志を示した一方で（「美濃加茂市民ミュージアム所蔵文書」『明智』一二二、ただし『明智』は「森文書」として掲載）、各地の織田家諸軍将の反攻を封じるため安芸毛利・越後上杉両氏ら反織田勢力との連携を模索していった。だが、安芸毛利・越後上杉両氏は、織田権力との戦況は劣勢にあり、なおかつ正確な情報を摑めずにいた。

一方、こうした光秀が事後対応を進める中、誠仁親王は勅使を安土城の光秀のもとへ遣わした。勅使に選ばれたのは、光秀と親懇な公家で京都吉田神社の神官であった吉田兼和《かねかず》（のちに兼見《かねみ》に改名）だった。天正十年（一五八二）六月七日、兼和は安土城を訪れて光秀に対面し、勅使として誠仁親王から言付かった京都の治政に安泰を取り計らうようにと伝えた。光秀は、この勅旨を承る一方、兼和との雑談に「今度謀反《むほん》の存分《ぞんぶん》」（なぜ本能寺の変を起こしたのか）を語ったようだが、残念ながら兼和の日記にはこれ以上の記述はみられない（『兼見卿記』別本）。

畿内周辺の織田勢力の動向

さて、この頃、畿内周辺はどのような状況にあったのだろうか。

信長は、本能寺の変前に安芸毛利勢力との対決に、自らの中国出馬を計画すると共に、土佐長宗《ちょうそ》我部《かべ》氏との間で生じた四国情勢の解決にあたって、天正十年（一五八二）六月三日を予定とした信長三男の織田信孝を総大将に擁した出兵の実施を進めていた。そのため信孝の軍勢は、宿老の惟住長秀の軍勢と共に四国出兵の渡海を目の前にして、和泉国堺（大阪府堺市）周辺にあった（『貝塚御座所日記』）。
そこに、信長・信忠父子の討滅の急報が入るやいなや、信孝自身はすぐに惟任軍の討伐に向かおうとしたが、率いる軍勢は各地からの寄せ集めの軍団であったこともあり、諸兵は動揺し分散したといわれる（一五八二年十一月五日付けキリスト教イエズス会宣教師ルイス・フロイス報告書〔『十六・七世紀イエズス会日本報告集』第三期第六巻所収〕）。このため、惟任勢と対峙するに至らず、惟住長秀と共に摂津大坂城（大阪市中央区）に向かい、態勢の立て直しを取り計らうことになった。

また信長二男で伊勢北畠《きたばたけ》家の当主北畠信雄《のぶかつ》は、居城の伊勢松ヶ島《まつがしま》城（三重県松阪市）で信長・信忠父子の討滅を知り、惟任軍に服従を迫られていた日野城の蒲生家救援に出陣する。ところが、平定して間もない伊賀国で「牢人衆」が蜂起し、その対応に追われていた（『多聞院日記』ほか）。近江・美濃両国では、惟任勢力の優勢な状況は変わりなかったが、その勢いに乗じて旧領回復を図ろうとした伊賀道足が、六月八日に同じ美濃三人衆の稲葉一鉄《いなばいってつ》（良通《よしみち》）・貞通《さだみち》父子との戦いで敗死した（『臼杵稲葉家譜』ほか）。

こうした中、摂津大坂城に入城した信孝と惟住長秀は、六月五日に同城の千貫櫓《せんがんやぐら》にいた織田家御一門衆の織田信澄《のぶずみ》を殺害する（『多聞院日記』ほか）。信澄は、信長の弟信成《のぶなり》（初名は信勝《のぶかつ》、一般には「信行《のぶゆき》」で知られる）の子で、近江大溝《おおみぞ》城（滋賀県高島市）の城主として近江国高島郡を支配した。妻は光秀の娘であることから、光秀との関係は深く、畿内軍事司令官にあった光秀が努めていた「天下」周縁の守衛の一翼を担った。

このため、信孝と長秀は、信澄が光秀に応じるのを恐れ、殺害したのであった（信澄の享年は二十五、または二十八と伝わる『寛政重修諸家譜』）。そして信澄殺害のうえで、信孝・長秀は河内国の諸将を味方に付け、惟任勢力との対決に備えていった。

また摂津国では、織田家重臣の池田恒興《つねおき》、そして同国国衆の高山重友《しげとも》（一般には「右近《うこん》」の官途名で知られる）・中川清秀《きよひで》ら（以下、この集団を「摂津衆」と表記する）が、光秀からの従軍要請を拒絶した。恒興は、信長とは乳兄弟（母が信長の乳母）にあり、高山重友・中川清秀はいずれも信長の恩恵が深い存在だった。そもそも摂津国は、この時は信長の直接管轄下にあり、彼らは光秀と関係の深い与力軍将の立場にあったわけではない（中西：二〇一九）。そのうえ、これまでにおける信長との個々の関係から、彼らは光秀に与しなかったのだろう。

このため畿内近国の鎮静化を急ぐ光秀にとって、摂津・河内両国の反惟任勢力の平定が急務になっていった。この事態に、摂津衆ら反惟任勢力は、援護を各地の織田諸軍将に求める。この中でいち早く対応を示した軍将こそが、中国地方での安芸毛利家との対陣を切り上げ、畿内へ帰還していった、宿老の羽柴秀吉だったのである。

羽柴秀吉の帰還

羽柴秀吉は、天正五年（一五七七）十月から中国地方方面の軍事司令官として、安芸毛利勢力の攻略にあたっていた。そして、本能寺の変時には「筑前守殿御分国」（羽柴領国）と称された、江北浅《ごうほくあざ》井《い》家の領国を継承した近江国長浜領（滋賀県長浜市旧市域とその周辺）のほかに、播磨（赤穂・佐用《さよう》両郡は除く）、但馬、因幡の各国を統治する織田譜代大名にあった。そのうえ、備前・美作各国と伯耆国東部の従属国衆を政治的・軍事的配下の与力に置くという、その勢力は織田家中において一、二位を争う存在だった（柴：二〇一一）。

そして天正十年五月には、毛利勢力との「境目《さかいめ》」（境界地域）の要城で、毛利方の城将清水宗治《しみずむねはる》が守る備中高松《たかまつ》城（岡山市北区）を包囲し、「水責《みずぜめ》」を開始した。この「水責」は、平城であった高松城の周囲に堤を築き、足守《あしもり》川から水を引いて実施された。五月十九日には、水が端城《はじょう》（外郭）の土塁を越え、秀吉は高松城はほどなく落城するだろうと書状に記している（「溝江文書」『秀吉』四一九）。けれども、しばらくは秀吉の期待に反し、雨は降らなかったようだ。その後、五月末から六月三日にかけて、ほぼ連続して雨が降った。この結果、六月三日には水位が上昇し、高松城は水没寸前にあったと考えられている（盛本：二〇一六）。

すでに毛利側も、羽柴軍の「水責」から高松城を救援するために、当主の毛利輝元《てるもと》ほか一門の吉川《きっかわ》元春《もとはる》や小早川隆景《こばやかわたかかげ》も出陣していた。この毛利軍との対陣に対して、秀吉は信長に援勢を求めた。これを受け、信長は数日後に毛利勢との決戦に出馬する予定だった。また光秀の軍勢も、本来は信長の中国出馬に従い、先に向かう手はずとなっていた（『信長公記』）。秀吉は、水没寸前に追い込まれた高松城と、それに伴う毛利方への優勢な戦況のもとに、信長の到着を待つという状況にあったのだ。

ところが六月三日の深夜、光秀による信長・信忠父子の討滅を伝える急報が、秀吉のもとに届いたとされる（『惟任退治記』）。この急報を受け「おとろき《（驚）》入」ったと、のちにその時のことを書状に記している（「金井文書」『秀吉』五一二）。秀吉が信長・信忠父子の討滅の急報を得ることができたのは、信長出馬に備え、畿内との情報網を張りめぐらしていたことによるのだろう。つまり、信長本隊の出陣が予定されていたことが、他の地域よりもいち早く秀吉に信長・信忠父子の討滅を伝えることになったのだ。

その後、秀吉は優勢な状況を踏まえ、急ぎ毛利家との和睦締結の交渉に動きだした。交渉の結果、六月四日に毛利家と誓紙《せいし》（『水月古鑑』『秀吉』四二二）を交わして和睦を締結させた秀吉は、清水宗治らの切腹を見届けて高松城の包囲を解除したあと、六月五日には光秀を討つべく進軍を始めた。

同日中に備前国沼《ぬま》（岡山市東区）に至った秀吉は、その途次に中川清秀へ信長・信忠父子は惟任軍の攻勢を切り抜け、近江国膳所《ぜぜ》（滋賀県大津市）に無事遁れたと偽りの情報を伝え、彼らを繋ぎ止めている（「梅林寺文書」『秀吉』四二四）。そして翌六月六日には、沼から大雨の中、約七十八キロメートルの距離を進軍し、居城の播磨姫路城（兵庫県姫路市）に入った（『松井家譜』）。

姫路城にて休息して情報収集・分析を行ったのち、六月九日には姫路を発ち、明石《あかし》（兵庫県明石市）へと向かった。明石に着いた秀吉は織田信孝と連絡を取り、明後日には摂津国尼崎《あまがさき》（同尼崎市）に向かうことを伝えている（「坂井正秋蔵文書」『秀吉』四二七）。この時、秀吉のもとに、淡路国衆の菅《かん》達長《みちなが》が淡路洲本《すもと》城（兵庫県洲本市）を攻略したことが伝わっていた。

淡路国は、前年の天正九年九月には、池田元助《もとすけ》（恒興の嫡男）と秀吉の軍勢に制圧されていたが（『信長公記』）、本能寺の変による混乱情勢の中で、菅達長が反旗を示したのである。この事態は、対処を滞らせれば、秀吉の帰還はここで時間を費やされる状況にあったかもしれない。この事態に、秀吉は淡路国に軍勢を派遣し討伐にあたる。翌六月十日、菅達長を洲本城から追って淡路再制圧を果たしたうえ、明石海峡を抑える要の岩屋城《いわや》（兵庫県淡路市）の防備を固めた。そのうえで、畿内に向けて進軍し、六月十日の夜中には摂津国兵庫（同神戸市）に至った（「荻野由之氏所蔵文書」秀吉四三一）。

そして六月十一日、秀吉の軍勢は予定通り尼崎に到着した。翌六月十二日には、池田恒興・中川清秀・高山重友の摂津衆と合流を遂げている。

この備中国高松から畿内への羽柴軍の進軍スピードは、従来言われているほど決して早いものではない（盛本：二〇一六）。けれども、のちに「中国大返し」といわれる、わずか数日の羽柴軍の帰還達成というインパクトが、その事態を予期せずまとまりをかき充分な備えをしていなかった惟任勢力に動揺を与え、惟任軍との対戦に優勢な状況をもたらすことに繫がっていったのである。

長岡藤孝・忠興父子と筒井順慶の動き

一方、光秀は天正十年（一五八二）六月八日、服従しない摂津衆を討つために上洛の途に就いた（『兼見卿記』）。上洛にあたり、光秀は近江安土城に二男の自然《じねん》と娘婿で宿老の明智秀満《ひでみつ》を配置した（「安養寺文書」『丹羽』参考四八ほか)。

また居城の坂本城には、一五八二年十一月五日付けのルイス・フロイス報告書(前掲)によると、イエズス会司祭オルガティーノらに京都までの通行許可証を与えた「明智の一子」がみられる。この「明智の一子」とは、光秀の嫡男光慶《みつよし》だろうと推察される。つまり、光秀は上洛にあたり、息子二人をそれぞれ坂本城と安土城に配し、上洛・出陣中の敵対勢力の反攻に備えたのだった。

翌六月九日、光秀は上洛した。その際、公家たちが入京する光秀を迎礼に行こうとした。これに対して、光秀は公家たちの迎礼を断っている。その後、吉田兼和の邸宅に入った光秀は、正親町天皇・誠仁親王へ銀五百枚、五山諸寺と大徳寺へ銀百枚を献上した(『兼見卿記』)。また京都市中(洛中)の住人に、地子銭《じしせん》(土地税)を免除したとされる(『京都町屋旧事記』)。この地子銭免除は、光秀の「偉業」として後世に語り継がれていった。そして光秀は、兼和の邸宅で夕飯を食したのち、下鳥羽《しもとば》(京都市伏見区)方面へ出陣した(『兼見卿記』)。

一方、この頃には羽柴軍の中国地方からの帰還状況が伝わり、光秀の協働要請に応じない姿勢を示した存在も見られ始めた。その代表的な存在が、長岡藤孝・忠興父子と筒井順慶である。

彼らは、いずれも光秀の与力軍将にある。このうち長岡家とは、藤孝との古くからの親懇の間柄にあり、三女の玉《たま》が藤孝の嫡男忠興に嫁いでいるという、昵懇の関係にあった。ところが六月三日の朝に、本能寺の変の報を受けた藤孝・忠興父子は、信長への厚恩を重んじて髪を剃り落とし、玉を離縁のうえ幽閉するなど、惟任家とは距離をとったといわれる(『綿考輯録《めんこうしゅうろく》』)。

光秀は、これまでの昵懇の関係から長岡家は応じるものと考えていたようだが、藤孝・忠興父子は長岡家の存立と行く末（将来）を見据えて、光秀に応じない姿勢をとったのである。これは現代のように個人が重視される社会と異なり、個人が家などの集団のもとで活動を営み、その存立や行く末（将来）を重視していたことを踏まえれば、当然の在り方であった。

説得に失敗した光秀

これに対して光秀は、長岡藤孝・忠興父子の説得に努めた。次の史料は、藤孝・忠興父子への説得にあたり出されたものである。

［史料］惟任光秀覚書（「細川家文書」『明智』一二一）

覚

一、御父子もとゆい（元結い）御払い候由、尤も余儀なく候、一旦我等も腹立ち候へども、思案候程かやうにあるべきと存じ候、然りといえども、このうえは大身を出され候て御入魂《ごじゅっこん》希《のぞ》むところに候事、

一、国の事、内々摂州を存じ当て候て、御のぼりを相待ち候つる、但し若（若狭）の儀、思し召し寄り候はば、これをもって同前に候、指合きと申し付けるべきの事、

一、我等不慮《ふりょ》の儀存じ立て候事、忠興（長岡）など取り立て申すべきとての儀に候、更に別条なく候、五十日・百日の内には、近国の儀相堅めるべく候間、それ以後は十五郎（明智光慶）・与一郎（長岡忠興）殿など引き渡し

申し候て、何事も存ず間敷《まじく》候、委細両人申さるべく候事、

以上、

（天正十年）六月九日　　光秀（惟任）（花押）

この史料によると、光秀は藤孝・忠興父子の剃髪にいったんは腹立ったようだが、思案し直し改めて親懇を求めたことがわかる。そのうえで、自身に応じてくれた場合は摂津国を、また藤孝・忠興父子の希望によっては若狭国を与えるとしている。そして、本能寺の変（「不慮の儀」）を起こすに至ったのは、娘婿の忠興すなわち長岡家の行く末（将来）を見据えてのことで、五十～百日の内に畿内周辺を鎮静化したら、嫡男の光慶や忠興に運営を委ねたいと将来構想を語り、説得にあたった。なお、文中の「十五郎」を長岡忠興の弟頓五郎興元《とみごろうおきもと》とする比定もある。けれども興元であるならば、なぜこの時に光秀が頼りにした娘婿で長岡家嫡男の忠興より前に、その名が記される必要があるのか、検討の余地がある。光秀の嫡男光慶のことと考えるべきではなかろうか。

この史料には、光秀の切羽詰まった状況と、それに伴う「本音」が垣間見られる。だが、光秀の願いは空しく、藤孝・忠興父子は説得に応じることなく、畿内へと帰還する秀吉へ近づいていってしまう（「細川家文書」『秀吉』四五八）。

一方、筒井順慶は本能寺の変直後、光秀の要請に従い兵を派遣していた。順慶は、織田権力下で大和郡山城主として、大和国内の統治を主導する立場にあった。そして光秀は、彼の政治的・軍事的後見としての「指南《しなん》」を務め、順慶を与力軍将としてきた。この光秀との関係から、順慶はまずは軍勢

を派遣したのであろう。

ところが六月九日になると、光秀に命じられていた河内方面への出陣を取り止め、六月十日には光秀のもとへ遣わしていた兵を引き上げさせてしまった。この背景には、やはり秀吉の畿内への帰還があり、それに応じた順慶の判断があった。実際、六月十一日に順慶は秀吉に誓紙を遣わしている（『多聞院日記』）。

これに対して、光秀は洞《ほら》ヶ《が》峠《とうげ》（京都府八幡市）に着陣し（『蓮成院《れんじょういん》記録』）、六月十日には順慶へ担当取次《とりつぎ》（交渉役）の藤田行政《ゆきまさ》を遣わして説得にあたらせた（『多聞院日記』）。一般に洞ヶ峠に順慶が着陣して日和見の姿勢をとったことが知られるが、金松誠氏が明らかにした通り、洞ヶ峠に着陣したのは光秀である（金松：二〇一九）。だが順慶は、光秀の説得に応じることなく、秀吉へ接近していった。順慶が、光秀に不順な姿勢を示して秀吉へ接近していったのも、長岡藤孝・忠興父子と同様に筒井家の存立と行く末（将来）を考慮してのことであろう。

このように長岡藤孝・忠興父子、筒井順慶という光秀が頼りとした、いずれもの与力軍将が、家の存立と行く末（将来）のもとに、本能寺の変後における情勢対応の中で、光秀に応じない態度を示していった。光秀は、このような惟任勢力のまとまりをかいた内部状況を抱えながら、畿内へ帰還してきた秀吉や織田方諸勢力との対立を向かえることになるのだった。

山崎合戦への途

天正十年（一五八二）六月十日、頼みとした与力軍将の長岡・筒井両家が不従の態度を示す中、下鳥羽へ出陣していた惟任光秀は、摂津・河内方面の反抗勢力を討つべく向かった。ところがこの日、摂津国尼崎には羽柴秀吉の軍勢が到着した。

この事態に、翌六月十一日に光秀は下鳥羽へ帰陣し、羽柴軍らの進軍に対する京都防衛に備え始めた（福島：二〇一九）。その対応として、山城淀《よど》城（京都市伏見区）の普請をして防備を固めた（『兼見卿記』）。そして、そのあとで山城勝龍寺城に入り、同国山崎（京都府大山崎町）に陣した秀吉らの軍勢と対峙した。

一方、六月十二日に摂津衆の軍勢と合流した秀吉の軍勢は、山城国山崎に進軍し、陣を張った。山崎の地は、山城国以東に展開する惟任勢力との「境目」に位置した。つまり、この地での合戦は、戦国時代の合戦の特徴であった「国郡境目相論《こくぐんさかいめそうろん》」の性格も備えていたのだ（盛本：二〇一六）。「国郡境目相論」とは、勢力間の境界地域にある「境目」の確保をめぐって行われた領土戦争で、その勝敗はその後の勢力の盛衰にも影響することがあった。山崎の地は、まさに惟任・羽柴ら織田両勢力の「境目」に位置した。したがって、同地が戦場となったのは、決して偶然のことではなかったのだ。

着陣した秀吉は、早速足軽を派遣して、勝龍寺城近辺で惟任軍を鉄砲で攻撃した（『兼見卿記』）。そして翌六月十三日には、織田信孝・惟住長秀の軍勢が、淀川を越えて、秀吉らの軍勢に合流した。ここに、信孝を総大将とした織田軍が結集を遂げた。その軍勢数は、『太閤記』によれば、四万人に及んだとされる。

しかし、これは過大で、実際は『兼見卿記』が記す二万人ほどであったのではなかろうか。このうち秀吉の率いる軍勢数が、その多くを占めたのは間違いない。けれども注意したいのは、織田軍の総大将は信孝であったことである（盛本：二〇一六）。つまり、山崎合戦とは、天下人信長の座をめぐる光秀軍と秀吉軍の戦争であったのではない。その性格は、本能寺の変から引き続く織田権力内部の政争から至った、光秀が率いる惟任軍と信孝・秀吉らの織田軍との今後をめぐる勢力争いの戦争だったのだ。それが、山崎の地で「国郡境目相論」として起きようとしていたのであった。

いま惟任・織田両軍が対峙する状況の中で、一万人ほどの軍勢であった惟任軍は、六月十三日、山城勝龍寺城を出て、織田軍への攻撃に出た。この直前の軍議で、宿老の斎藤利三は近江坂本城に退却し、織田軍を迎え撃つよう進言したが、光秀はこの利三の進言を斥けたといわれる（『太閤記』）。

山崎合戦の展開

山崎の地に着した惟任軍は、『太閤記』によると、先手に斎藤利三らの軍勢、その加勢として阿閉貞征・小川祐忠《すけただ》ら近江衆、山手備えには松田太郎左衛門尉や明智（並河《なみかわ》）掃部助《かもんのすけ》ら丹波衆の軍勢、右備えには旧幕府衆の伊勢貞興《さだおき》・諏訪《すわ》飛驒守・御牧《みまき》三左衛門尉の軍勢が配置された。

なお『太閤記』には、光秀が配下の松田太郎左衛門尉に山崎の地を見下ろす天王山《てんのうざん》の占拠を指示したが、秀吉も武将の堀尾吉晴《ほりおよしはる》に占拠を命じ、松田太郎左衛門尉の軍勢を退け、占拠に成功し戦況を優勢に導いたという記載が見られる。けれども、この事実は同時代史料には見られない。このことから、事実かどうかは検討が必要であるとされている。

一方、織田軍の陣備えは、摂津衆の高山重友・中川清秀、堀秀政《ひでまさ》の軍勢を先備えに、池田恒興と信孝・惟住長秀の軍勢、秀吉の軍勢が展開した（「金井文書」『秀吉』五一二、『太閤記』）。そして惟任・織田両軍は、午後四時（申刻）頃から鉄砲戦を行い、惟任側の攻撃に大山崎に陣していた高山勢が応戦することで、開戦したようだ（『兼見卿記』、一五八二年十一月五日付けのルイス・フロイス報告書〔前掲〕）。ここに、山崎合戦は始まった。この高山勢との戦闘に中川清秀の軍勢も加わり、惟任軍では伊勢貞興、諏訪飛驒守、御牧三左衛門尉が戦死したとされる（『太閤記』）。

光秀は「おんばうか塚」まで陣を進軍させ、味方の軍勢の奮戦を鼓舞したが（『太閤記』）、数で優る織田軍の攻撃を前に敗れ去った。この直後の秀吉の書状によれば、織田軍は、この戦いで惟任勢の首三千余を討ち取り、淀・桂《かつら》川に流れた死体の数は数知れないとある（「大坂城天守閣所蔵文書」『秀吉』四四四）。

光秀の敗死と惟任家の滅亡

戦いの勝利後、織田軍は勝龍寺城に退却した光秀の軍勢を追い、同城を包囲する。織田軍に勝龍寺城を包囲された光秀は、夜中に同城を抜け出し、再起を図るべく居城の近江坂本城へ向かった。だが、その途次に山科《やましな》・醍醐《だいご》（京都市山科・伏見区）周辺にて、光秀は同地の村人の「一揆」（集団による武装行為）によっての落人狩りで殺害された（『兼見卿記』ほか）。この村人の「一揆」は、織田軍の勝利に応じて動員された村人の主体的な活動によるものであった（藤木：一九九七）。光秀の享年は、諸説あるが、近世初頭に編纂された『当代記』によれば、六十七であったといわれる。

光秀の首は、溝に隠されていたが、村人によって拾われ、信孝のもとに届けられた。そして、首は胴体と共に焼失した本能寺の跡地に晒された（『兼見卿記』）。また斎藤利三は、近江国堅田《かたた》（滋賀県大津市）に逃れたところを捕縛され、六月十七日に京都市中（洛中）を車で引き回しにされたうえ、六条河原にて斬首された（『言経卿記』）。

一方、勝利した織田軍は山城国南部の惟任勢力を制圧しつつ、京都へ向かった。そのうえで引き続き惟任勢力の討伐を続けた。丹波国へ遣わされた高山重友・中川清秀らの軍勢は、六月十四日に同国内の惟任家居城にあった亀山城（京都府亀岡市）に向かい、同城を落城させている（『豊後岡中川家譜』）。信孝・秀吉らの織田軍本隊は、近江国へ向かい、坂本城を攻撃した。この時、坂本城には光秀の嫡男光慶のほか、安土城を退いた光秀二男の自然と宿老の明智秀満も籠っていた。自然を擁した秀満は、山崎合戦の敗報を受けて安土城から退去するにあたり、安土城に火を放ったと秀吉の御伽衆である大《おお》村由己《むらゆうこ》が著した『惟任退治記』には見える。なお、発掘調査の成果によると、山腹から山麓にかけては焼けておらず、この時に炎上したのは五層七階の「天主《てんしゅ》」を含む主郭部分に限られているとされる（松下：二〇一四）。

その後、織田軍の攻撃に、六月十五日には光秀の二子（光慶・自然）を刺殺のうえ、明智秀満は腹を切って坂本城に火を放ち、同城は落ちて惟任家は滅亡した。光秀に味方した近江衆も平定され、奪われていた佐和山や長浜などの諸城も奪還された。その中で秀吉は、近江山本山城に籠城した阿閉貞征一族を赦さず、滅亡させている。これによって、秀吉の北近江での領国である長浜領は、阿閉領を併呑し拡大する（柴：二〇二二）。

近江国を平定した織田軍は、引き続き美濃国へ軍を進め、同国の惟任勢力を鎮めた。そして、戦後処理と今後の織田権力の政治運営を決めるために、信長の嫡孫で家督相続者の立場にある三法師がいる尾張清須城に向かった。

こうして本能寺の変から引き続いた織田権力内部の政争は、ここに惟任勢力の討滅をもって、いったん幕を閉じることとなったのである。

山崎合戦の性格とその後

天正十年（一五八二）六月二日に起きた本能寺の変は、織田権力の置かれた情勢とそれに伴う内部の政争から起きた惟任光秀のクーデターであった。クーデターを成功させた光秀は、以後は事態の鎮静化と「天下静謐」に務めるべく事後対応に追われるが、このクーデターは信長・信忠父子がたまたま京都に会した機会を狙ったという、突発的なところもあった。そのため、事態の進展の中で、光秀は家の存立と行く末（将来）を重視して対応を図っていた与力軍将の長岡藤孝・忠興父子や筒井順慶らから不従の態度を示されてしまう。

その一方、畿内の織田勢力は、態勢の立て直しのうえ、光秀に反攻の姿勢を貫いていた。この事態に光秀は、討伐を進めるが、そこに予想外に織田勢力を救援すべく駆けつけてきたのが、安芸毛利家との戦争を切り上げて畿内へ帰還した羽柴秀吉だった。

この結果、羽柴勢を主力に結集した、信長三男・織田信孝を総大将とする織田軍との対決を余儀なくされ、両勢力の「境目」にあった山城国山崎の地で戦争に至る。これが山崎合戦で、その性格は本能寺の変後も引き続く織田権力内部の政争から起きた戦争だった。なおかつ勢力の「境目」で争われたその戦争は、今後の主導権争いにも関わる「国郡境目相論」としての性格ももって行われた。したがって、この戦争は、あくまでも本能寺の変後の混乱における主導権争いであって、まだ信長・信忠父子の討滅後の政局に充分なビジョンを築け得ていない中途で戦われたものであった。

このため、この勝敗は信長・信忠父子を失った中央政局における勢力の保持・奪還と、これからの方向性の構築をめぐる性格をも併せ秘めていた。山崎合戦は、このような情勢に応じた複雑な性格を持ちながら、惟任・織田両軍の間で戦われたのだった。

この結果、敗れた惟任勢力はその勢いのもとに滅亡し、勝利した信孝・秀吉らは織田権力の再興に努める。その中で、六月二十七日の清須会議によって、織田家嫡流のみが家督を継承するという生前の信長の方針に従い、幼少の三法師（秀信）が擁立された。そして宿老衆の柴田勝家・羽柴秀吉・惟住長秀・池田恒興が三法師を支えながら、合議のもとで織田権力の政治運営にあたるということ（「織田体制」の展開）で進められていく。

だが、その後、信雄・信孝兄弟や羽柴秀吉・柴田勝家ら宿老間の対立を機にした内戦の中で、織田権力は中央権力としての存在意義を喪失させていってしまうことになる。この結果として、織田家宿老の一人だった羽柴秀吉が台頭し、やがて織田家に代わり天下人へと歩み始める。そして秀吉は、その立場を固めたうえで、信長の死によって中断した「天下」＝日本の中央に国内諸勢力の統合を目指した「天下一統」に向けて活動していくことになるのである（柴：二〇一八）。

【主要参考文献】

金松　誠『シリーズ実像に迫る18　筒井順慶』（戎光祥出版、二〇一九年）

柴　裕之「羽柴秀吉の領国支配」（戦国史研究会編『織田権力の領域支配』岩田書院、二〇一一年）
柴　裕之『シリーズ実像に迫る17　清須会議　秀吉天下取りへの調略戦』（戎光祥出版、二〇一八年）
柴裕之編著『図説 明智光秀』（戎光祥出版、二〇一八年）
柴裕之編著『シリーズ織豊大名の研究8　明智光秀』（戎光祥出版、二〇一九年）
中西裕樹『中世武士選書41　戦国摂津の下剋上　高山右近と中川清秀』（戎光祥出版、二〇一九年）
藤木久志「村の動員」（同『村と領主の戦国世界』東京大学出版会、一九九七年）
藤田達生『証言本能寺の変　史料で読む戦国史①』（八木書店、二〇一〇年）
藤田達生・福島克彦編『明智光秀　史料で読む戦国史③』（八木書店、二〇一五年）
福島克彦『明智光秀と近江・丹波――分国支配から「本能寺の変」へ』（サンライズ出版〈淡海文庫〉、二〇一九年）
松下浩「第四章第四節　天下統一へ」（近江八幡市史編集委員会編刊『近江八幡の歴史』第六巻通史Ⅰ、二〇一四年）
盛本昌広『本能寺の変――史実の再検証』（東京堂出版、二〇一六年）

おわりに

明智光秀については謎が多いゆえ、様々な俗説がまかり通っている。今回は取り上げなかったが、「天海は光秀だった」などもその一つだろう。妻との麗しい夫婦愛を物語る逸話も、よく知られている。それらは歴史ロマンとしては面白いが、おおむね史実とは言い難い。

このようなことを言うのはほかでもないが、今や史実と逸話・伝承の区別がついていない人が多いからである。逸話・伝承の多くは二次史料や口碑によるもので、史実ではない。むろん、逸話・伝承や二次史料・口碑に価値がないと言っているのではない。

それらは文化史的な観点から解き明かせば、また違った意味で価値を有することになる。しかし、光秀の前半生について価値の低い二次史料から導き出された結論を正しいと主張するなど、憂慮すべき事態に陥っている。最近は歴史と観光が密接に結びついており、観光客を呼び込むために史実を無視あるいは歪曲する例が散見する。光秀の出生地論争は、その一つであろう。

最も残念なことは、大学教授のような研究者でさえも史料を読まず、研究史を無視し、単なる思い付きだけで光秀を論じている例があることだ。そこでは間違った説を「正しい」とし、正しい説を「間違っている」とするなど、もはや常軌を逸脱していると言わざるを得ない。

人間のすることなので、誤字・脱字、校正ミス、思い込みや勘違い、あるいは何らかのケアレスミスがあるのは止むを得ないが、史料や研究史に基づく実証主義を放擲するのは、もはや歴史研究とは言えないだろう。それは、俗に言う「トンデモ歴史本」も同じである。

今回は急な執筆依頼にもかかわらず、執筆者の各位にはご多忙のところを速やかに原稿を提出いただいた。記して感謝を申し上げる。

なお、本書は一般書であることから、本文では読みやすさを重視して、学術論文のように逐一、史料や研究文献を注記しているわけではない。執筆に際して多くの論文や著書に拠ったことについて、厚く感謝の意を表したい。また、研究文献は紙数の関係から、参照した主要なものに限っていることをお断りしておきたい。

最後に、本書の編集に関しては、東京堂出版の小代渉氏のお世話になった。小代氏には原稿を丁寧に読んでいただき、種々貴重なアドバイスをいただいた。ここに厚くお礼を申し上げる次第である。

二〇二〇年四月

渡邊大門

◆執筆者略歴（五十音順）

片山正彦（かたやま・まさひこ）
一九七三年大阪府生まれ。佛教大学大学院文学研究科博士後期課程修了。博士（文学）。現在、市立枚方宿鍵屋資料館学芸員など。主な業績として、『豊臣政権の東国政策と徳川氏』（思文閣出版、二〇一七年）、「筒井順慶の「日和見」と大和国衆」（『地方史研究』三九二号、二〇一八年）など。

木下　聡（きのした・さとし）
一九七六年岐阜県生まれ。東京大学大学院人文社会系研究科博士課程単位取得退学。博士（文学）。現在、東洋大学准教授。主な業績として、『中世武家官位の研究』（吉川弘文館、二〇一一年）、『室町幕府の外様衆と奉公衆』（同成社、二〇一八年）、『斎藤氏四代――人天を守護し、仏想を伝えず』（ミネルヴァ書房、二〇二〇年）など。

堺　有宏（さかい・ありひろ）
一九八九年福岡県生まれ。福岡大学大学院人文科学研究科博士課程前期修了。修士（文学）。主な業績として、「天正九年京都馬揃えと朝廷」（『日本歴史』七八八号、二〇一四年）、日本史史料研究会監修・渡邊大門編『信長研究の最前線2　まだまだ未解明な「革新者」の実像』（洋泉社歴史新書y、二〇一七年。共著）など。

柴　裕之（しば・ひろゆき）
一九七三年東京都生まれ。東洋大学大学院文学研究科博士後期課程満期退学。博士（文学）。現在、東洋大学非常勤講師など。主な業績として、『実像に迫る17　清須会議　秀吉天下取りへの調略戦』（戎光祥出版、二〇一八年）、『図説　明智光秀』（戎光祥出版、二〇一八年。編著）など。

須藤茂樹（すどう・しげき）

一九六三年東京都生まれ。國學院大學大学院文学研究科博士後期課程単位取得退学。修士（文学）。現在、四国大学教授。主な業績として、『武田親類衆と武田氏権力』（岩田書院、二〇一八年）、『戦国武将　変わり兜図鑑』（新人物往来社、二〇一〇年）など。

千葉篤志（ちば・あつし）

一九八一年千葉県生まれ。日本大学大学院文学研究科博士後期課程満期退学。修士（文学）。現在、日本大学文理学部人文科学研究所研究員。主な業績として、「天正六年の佐竹氏と白河結城氏の和睦に関する一考察――喝食丸の白河結城氏養子入りの意義について」（渡邊大門編『戦国・織豊期の諸問題』歴史と文化の研究所、二〇一八年）、「文禄期の結城朝勝の政治的位置について――『大和田重清日記』における朝勝の表記を中心として」（『研究論集　歴史と文化』五号、二〇一九年）など。

長屋隆幸（ながや・たかゆき）

一九七二年山形県生まれ。愛知県立大学国際文化研究科博士後期課程修了。博士（国際文化）。現在、名城大学非常勤講師など。主な業績として、『近世の軍事・軍団と郷士たち』（清文堂出版、二〇一五年）など。

秦野裕介（はたの・ゆうすけ）

一九六六年京都府生まれ。立命館大学大学院文学研究科博士後期課程単位取得退学。修士（文学）。現在、立命館大学授業担当講師。主な業績として、渡邊大門編『戦国古文書入門』（東京堂出版、二〇一九年。共著）、渡邊大門編『虚像の織田信長　覆された九つの定説』（柏書房、二〇二〇年。共著）など。

福島克彦（ふくしま・かつひこ）

一九六五年兵庫県生まれ。立命館大学文学部史学科西洋史学専攻卒業。現在、大山崎町歴史資料館館長、学芸員。主な業績として、「中世大山崎の都市空間と『保』」（仁木宏編『日本古代・中世都市論』吉川弘文館、二〇一六年）、「丹波内藤氏と内藤ジョアン」（中西裕樹編『高山右近』宮帯出版社、二〇一四年）、「中世城館における櫓台の成立と展開」（『城館史料学』一、二〇〇三年）など。

八尾嘉男（やお・よしお）

一九七三年三重県生まれ。佛教大学大学院文学研究科博士後期課程単位取得満期退学。修士（文学）。現在、京都芸術大学非常勤講師。主な業績として、『千利休　茶道教養講座五』（淡交社、二〇一六年）、「利休七哲」（茶の湯文化学会編『講座　日本茶の湯全史』第二巻 近世、思文閣出版、二〇一四年）など。

山田康弘（やまだ・やすひろ）

一九六六年群馬県生まれ。学習院大学大学院人文科学研究科博士後期課程修了。博士（史学）。現在、小山工業高等専門学校非常勤講師など。主な業績として、『戦国期室町幕府と将軍』（吉川弘文館、二〇〇〇年）、『戦国時代の足利将軍』（吉川弘文館、二〇一一年）、『足利義稙――戦国に生きた不屈の大将軍』（戎光祥出版、二〇一六年）、『足利義輝・義昭――天下諸侍、御主に候』（ミネルヴァ書房、二〇一九年）など。

渡邊大門（わたなべ・だいもん）

※奥付参照。

【編者略歴】
渡邊大門（わたなべ・だいもん）
1967年神奈川県生まれ。
佛教大学大学院文学研究科博士後期課程修了。博士（文学）。
現在、株式会社歴史と文化の研究所代表取締役。
［主な業績］
単著
『本能寺の変に謎はあるのか？——史料から読み解く、光秀・謀反の真相』（晶文社、2019年）
『明智光秀と本能寺の変』（ちくま新書、2019年）
『光秀と信長——本能寺の変に黒幕はいたのか』（草思社文庫、2019年）
『関ヶ原合戦は「作り話」だったのか—一次史料が語る天下分け目の真実』PHP新書、2019年）
『山陰・山陽の戦国史——毛利・宇喜多氏の台頭と銀山の争奪』（地域から見た戦国150年 7、ミネルヴァ書房、2019年）
『戦国時代の表と裏』（東京堂出版、2018年）ほか多数。
編著
『戦国古文書入門』（東京堂出版、2019年）
『虚像の織田信長——覆された九つの定説』（柏書房、2019年）
『戦国・織豊期の政治と経済』（歴史と文化の研究所、2019年）ほか多数。

考証《こうしょう》 明智《あけち》光秀《みつひで》

2020年5月25日　初版印刷
2020年6月10日　初版発行

編　者　　渡邊大門
発行者　　金田　功
発行所　　株式会社 東京堂出版
〒101-0051　東京都千代田区神田神保町1-17
電話　03-3233-3741
http://www.tokyodoshuppan.com/

装　丁　　鈴木正道（Suzuki Design）
組　版　　有限会社一企画
印刷・製本　　中央精版印刷株式会社

ISBN978-4-490-21030-9　C1021